AI时代重新定义

精益管理

企业如何实现爆发式增长

李科　王润五　肖明涛　张林◎著

人民邮电出版社

北京

图书在版编目（CIP）数据

AI时代重新定义精益管理：企业如何实现爆发式增长 / 李科等著. -- 北京：人民邮电出版社，2019.11
ISBN 978-7-115-51947-4

Ⅰ．①A… Ⅱ．①李… Ⅲ．①企业管理 Ⅳ．①F272

中国版本图书馆CIP数据核字(2019)第193683号

内 容 提 要

随着"人工智能+"潮流来袭，企业精益生产、智能生产显得尤为重要。如何融入人工智能实现精益生产，提升生产效益，赢得竞争优势，成为我国众多企业极为紧迫的时代课题。

在"人工智能+"的时代潮流中，本书特对本土化的精益管理实践进行了阐释，基于"新益为"咨询与实践过程中的案例，提出方法、策略、方案等，通过精益意识、精益管理、精益运营、精益现场、精益质研、精益团队等板块，将精益的精髓运用到企业生产、管理、运营的各个环节，帮助更多企业完美解决市场竞争中存在的问题，并构建起高效、实战、系统化、模块化的方案。

本书内容丰富，图文并茂，结构清晰，实用性和可操作性强，适合企业一线管理人员、企业经营者以及研究者阅读。

◆ 著　　　　李　科　王润五　肖明涛　张　林
　　责任编辑　李士振
　　责任印制　周昇亮

◆ 人民邮电出版社出版发行　　北京市丰台区成寿寺路 11 号
　　邮编　100164　电子邮件　315@ptpress.com.cn
　　网址　http://www.ptpress.com.cn
　　北京捷迅佳彩印刷有限公司印刷

◆ 开本：720×960　1/16
　　印张：17.25　　　　　　　　2019 年 11 月第 1 版
　　字数：284 千字　　　　　　　2025 年 4 月北京第 25 次印刷

定价：79.80 元

读者服务热线：(010)81055296　印装质量热线：(010)81055316
反盗版热线：(010)81055315

在"人工智能+"的时代潮流中，需要解决企业转型升级、精益生产以及融入人工智能提升生产效益等问题。

本书以8大板块为主线，为企业全面呈现生产、管理、运营各环节的精益管理思想与方法。本书内容贴近我国各类型企业的生产、管理现状，并结合多个案例、表格、示意图等，使本书内容更加通俗易懂。本书提出了更适合我国企业精益化生产与管理的方案与方法，以增强其市场竞争力，为其参与国际竞争提供更强有力的支撑。

本书共有8章，各章主要内容如下。

第1章主要介绍精益的由来、概念，如丰田的精益模式等。此外还介绍了企业应如何从"制造"迈向"智造"。

第2章主要介绍精益意识，倡导要想精益生产，必须在思想上先落实精益的意识，特别介绍了精益改善的十大精神。

第3章主要介绍本土化的NLEAN精益管理思想，以及其从JIT（Just In Time，缩写为JIT，准时制生产，又称作"无库存生产方式"）过渡到本土化的过程等。重点介绍了NLEAN精益管理的多个层面，如运营载体、系统架构、价值体系、目标体系、NLEAN精益管理的四维四阶推进、NLEAN精益管理的推进6步法、5年推进计划等。

第4章主要介绍了精益运营的内容，从运营的基础架构到组织运营，从管理改善到NLEAN精益管理评价，读者可以从中系统地了解并掌握精益运营的策略与方法。

第 5 章主要介绍了精益现场的相关内容，如"一周一标杆"的管理推进、6S 管理策略与技巧、KTPM 管理落实实施、单元生产方式等。

第 6 章主要介绍了精益质研的相关内容，教企业如何打造完美的产品品质。主要内容包括精益研发、精益质量管控、精益标准化管理等。

第 7 章主要介绍了精益团队的内容，如多能工、五星班组养成策略、企业精益学院构建方法等。

第 8 章主要介绍了精益经营的相关内容，如阶段目标管理、经营目标管理、目标管理计划及实现等。

本书内容实操落地，对企业在智能时代的升级转型极有价值，适合各企业生产、管理岗位的从业人员，也适合精益管理领域的学习者与研究者。由于内容庞杂、时间紧迫，书中难免有不足之处，欢迎读者批评指正。

第1章
精益之道：精益的"快"与"精"

第 2 章
精益意识：要变革生产先变革思维

第 3 章
精益管理：从 JIT 到 NLEAN 精益管理

第4章
精益运营：从管理基础到管理改善

4.1 精益运营的管理基础架构 / 97

4.2 精益运营之组织运营 / 110

第 5 章
精益现场：低成本促成高效益的秘诀

第 6 章
精益质研：流程再造打磨完美品质

第 7 章
精益团队：组织到文化系统的方法论

第 8 章
精益经营：质量 / 成本 / 效率 / 安全同频共振

第 **1** 章

精益之道：
精益的"快"与"精"

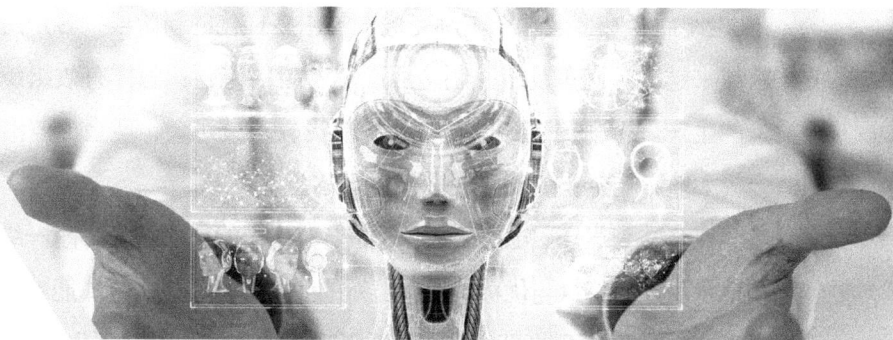

精益经营模式从发轫到成熟再到影响世界，已经走过了将近半个世纪的历程。在这漫长的岁月中，精益之道从实践走向理论，再以理论指导实践，越来越受到各国企业的广泛重视和充分应用，体现出了其重要价值。

单从字面上分析，"精"包含着质量精细的含义；而"益"既有"更好"的追求，也有"更快"的内涵。"精益"的追求，离不开企业对"快"和"精"的执着梦想。

1.1 丰田精益模式的价值

1.1.1 丰田精益经营理念

丰田是精益经营思想的开创者，也是精益管理模式发展历史上不容忽视的前行者。

20 世纪后半叶，全球汽车市场进入需求多样化的新阶段，客户对汽车质量的要求越来越高。汽车及相关制造业面临着新的课题：怎样有效组织多品种、小批量的生产。否则，生产过剩、设备浪费、人员冗余、现金流停滞等一系列问题会极大地影响企业的竞争状态甚至基本生存。

在这种历史背景下，1953 年，日本丰田公司的副总裁大野耐一综合了单件生产和批量生产的特点与优势，创造出新的生产方式。这一方式能够在多品种、小批量混合生产条件下做到高质量、低消耗，被命名为准时制生产。

丰田准时制生产方式的诞生被看作精益生产模式正式成型，并由此开创了丰田精益经营思想体系。

其实，精益经营思想体系并非大野耐一首创。早在 1935 年，丰田公司总裁丰田喜一郎就提出了"JIT 思想"，并在 1937 年编制出了业务权限规范。正是在这一思想体系的继承发展中，丰田两代人经历了从经营到运营的全面革新，不断整合西方的改善思想和东方的儒家文化，终于形成了令世界为之震惊的全新经营管理思想体系。

那么，什么是丰田 JIT 思想呢？ JIT 是"Just In Time"的缩写为，意思是在必要的时间内，以最低的成本完成必要数量的必要产品。图 1–1 所示为准时制生产的支持手段，能比较全面地反映丰田 JIT 思想。

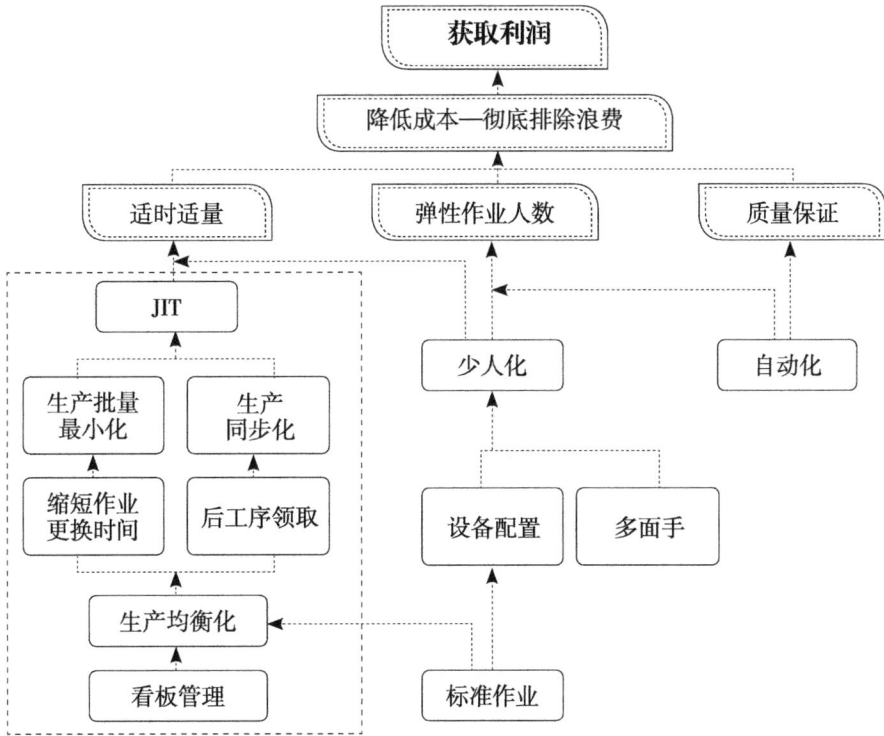

图 1-1　准时制生产的支持手段

　　经过数十年的革新与丰富，今天，JIT 思想的核心集中表现为追求无库存或使库存最小化的生产系统。采用 JIT 思想，企业将不断消除一切只增加成本而不为产品增加价值的生产过程。

　　从这一基本生产理念出发，众多企业在实践中形成了完备的 JIT 生产体系，这个体系包括：实行生产同步化、提高生产系统灵活性、减少不合理生产过程、推行标准化作业、追求产品零缺陷、保持库存最优化、推行人本管理等。

　　除此之外，JIT 的最终目标在于利润最大化，基本目标是努力降低成本。因此，JIT 思想还要求企业能够实现"四低两短"的具体生产目标：

　　废品量最低。消除各种不合理因素，对加工过程中的每道工序都精益求精。

　　库存量最低。库存是生产计划不合理、过程不协调、操作不规范的表现。

　　零件搬运量最低。零件搬运是非增值操作，减少零件和装配件的运送量与搬运次数，可以节约装配时间，并减少这一过程中可能出现的问题。

机器故障率最低。低故障率是生产线对新产品方案做出快速反应的保障。

生产提前期最短。短的生产提前期与小批量生产相结合的系统，应变能力强，柔性好。

准备时间最短。准备时间长短与批量选择有关，如果准备时间趋于零，准备成本也趋于零，企业就有可能采用极小批量生产的方式。

1.1.2　持续改善与突破性改进

JIT 思想的实施并非一帆风顺。早在大野耐一推行精益改善时，就面临着来自企业内部从上而下的种种压力。据说，在精益改善初期，他到达生产现场时，甚至曾为了人身安全而不得不将安全帽换成钢盔，这足以见得精益革新推行的难度。

面对巨大的压力，大野耐一说出了代表其终身革新态度的名言："唯晓成事之规律，方持不灭改善心。"

大野所信奉的"成事规律"的要点在于库存。在 JIT 思想的观察体系中，库存才是企业发展迟缓的主要"杀手"。库存能够掩盖企业存在的所有问题，当领导者的注意力被库存所吸引，在企业的经营内容中，从市场到运营都会存在大量浪费，导致生产反应慢、成本高。为此，企业家必须懂得持续突破性改善，从而降低乃至消灭库存。

为此，持续改善思想油然而生。

持续改善（Kaizen），最初由日本"持续改善之父"近井正明提出。持续改善源于一线管理者技能培训（Training Within Industries，缩写为 TWI）和经营管理培训（Management Training，缩写为 MT）的西方管理体系，同时也与丰田 JIT 等管理思想相互融合。持续改善意味着不断改进，涉及企业内从最高的管理部门、管理人员到基层工人的所有人，以及每个环节。

持续改善包括以下五个基本要素，如图 1-2 所示。

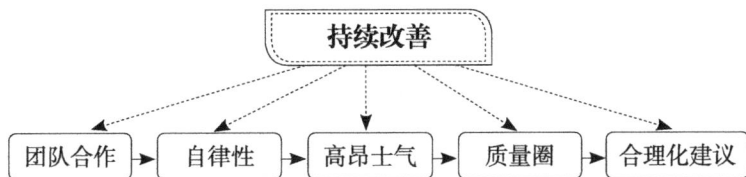

图1-2 持续改善的五大要素

1. 团队合作

团队合作是指一群有能力、有信念的人组成特定团队，为了一个共同目标相互支持、合作、奋斗的过程。团队合作能够调动所有成员的资源和才智，并能自动消除潜在的不和谐、不公正现象，从而给予那些忠诚而大公无私的奉献者以适当回报。

如果团队合作在企业中成为自觉自愿的现象，必然能产生强大长久的力量，从而为企业带来持续改善的能力。

2. 自律性

一个企业的自律程度如何，决定了企业文化如何建设、如何实现。企业管理层将核心经营理念从基层提炼出来后，再以文化形式反馈到基层中，整个过程都需要员工的广泛参与，继而达成共识、引发共鸣和产生共振。为此，企业的全体员工必须在行动中自觉实行，将持续改善的态度自觉运用到日常工作中，并在实践中不断创新、升华，如此才能取得应有的效果。

3. 高昂士气

士气是指运营机构员工在工作中付出努力的愿望强度，在工作中积极负责、有所创新和愿意与他人团结合作的态度。

只有士气高昂，企业才能持续不断地高效运转，同时发挥出全体人员的工作创造力。企业领导者通过积极创造开放、信任而有趣的工作环境引导员工参与决策，加强员工对工作和环境的归属感，为员工提供学习新知识和成长的机会，告诉员工在企业目标下应该如何完成个人目标，建立和每位员工的伙伴关系等方式，都能有效地提高员工士气。

4. 质量圈

质量圈又称质量小组，通常是指在企业内部为了实现某个目标，而由某项具体工作所串联起来的非正式组织。

质量圈为持续改善付出的努力不仅体现在质量方面，还体现在企业成本、安全及运营管理等多方面。例如，质量圈通过对运营机构的影响，建立质量保证体系，对员工培训、运营机构战略目标进行规划、制订和执行，确保各系统得以互联，进而让整个企业达到预期的产品质量、生产成本和生产周期等目标。。

5. 合理化建议

利用合理化建议可以提高员工参与持续改善的兴趣。在精益持续改善中，企业应鼓励员工不断提出合理化建议，尽管有时某些建议看起来似乎没有作用，也不会给运营机构带来巨大利益，但由此能够培养员工积极参与、持续改善的能力和自律性，这对企业的精益经营尤其重要。

持续改善经常从改变企业现有的生产流程和工艺入手，但持续改善并不是企业精益改进的唯一方法，在某些情况下，触发精益改进的结果是产生突破，也就是涉及主要程序变化的突破性改进。

突破性改进是指对企业内价值流进行彻底、革命性的改进，从而减少浪费、创造更多的价值。这一改进形式表现为对经营过程中某活动做出根本改善而去除浪费。

例如，某工厂利用周末时间改变设备的位置，使工人能够在同一个生产单元里以单件流的方式生产之前那些使用不连续工序制造和装配的产品。又如，在装配大型产品如商用飞机时，企业迅速由静态装配转化为动态装配的方式。

因此，突破性改进的日文单词为"Kaikaku"即改革，与那些渐进、逐步性的改善形成对比。

突破性改进所促成的变化本质上是交叉作用或组织的。相比持续改善，突破性改善需要企业高级管理层采取特殊行动，也需要挑战传统并承担风险。

不过，持续改善和突破性改进两者并非各自独立的。

突破性改进的进展需要大量持续不断的改善做铺垫，其中既有概念上的突破，也有日积月累的较小的改善步骤。事实上，虽然从表面看来，突破性改进大都以"闪电战"的形式在短期内做出一系列行动，但这种改变方式如果缺失了实施前的所有细节变化，会导致实际执行者因无法理解、接受而不去操作和执行。突破性改进也会由此而变得不稳定，让基层员工总是试图重新回到之前已经习惯了的状态。

要想将持续改善和突破性改进结合起来，就应在精益经营过程中制订计划，并将之分解，然后系统地将不同的人员和小步改善任务结合在一起。例如，丰田总是在一个小的可控范围内进行持续改善试验，在将这个范围内所有问题都解决之后，再在短时间内进行推广。毫无疑问，这样的持续改善方式最终能够带来突破性改进结果，并持续不断地突破原有的预期。

1.2 精益生产：零浪费的生产方式

1.2.1 精益生产

"精益"是对英文 lean 的翻译，有细小、精确、精准的含义，囊括了少而精的内涵。

20 世纪 70 年代，日本丰田汽车公司的 JIT 生产体系被美国全面研究，并在全球发达国家和发展中国家的企业中积极应用，于 20 世纪 90 年代形成了较为完善的生产经营管理理论，即精益生产理论。

"精益生产（Lean Production，缩写为 LP）"这一名词就是美国麻省理工学院国际汽车计划组织（International Motor Vehicle Program，缩写为 IMVP）在此过程中对日本丰田的 JIT 生产方式的总结性赞誉。

对精益生产的广义理解主要包括以下四个方面，如图 1-3 所示。

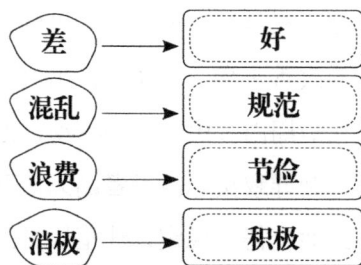

差 ——→ 好

混乱 ——→ 规范

浪费 ——→ 节俭

消极 ——→ 积极

图 1-3　精益生产的广义理解

通过精益生产，企业的经营状况由差转好，经营状态由混乱转向规范，经营成本由浪费转向节俭，员工态度从消极转向积极。总而言之，精益生产能不断创造出原有生产体系所无法创造的价值，这一生产方式无疑是以价值作为核心的。

精益生产的主要内容包括现场改善、新品研发、战略供需关系管理、人力资源优化、设施布置精细化、JIT 生产计划和控制、质量管理等。

其中，现场改善主要通过标准化工作、5S 活动和目视管理等方式，打造清洁、安全和有序的工作环境。

在新品研发方面，精益生产则提出了减少浪费的要求，即在产品设计上必须满足市场多变的需求、减少产品开发的成本。例如，丰田汽车公司就将其新品研发置于经营目标的主轴地位，注重将质量分析纳入到产品开发计划中，通过从源头上减少不合理的产品开发来消除产品浪费和质量问题。此外，企业还可以采用更先进的产品研发管理办法来实现这一目标，如采用面向可靠性、可生产性的工程设计方法，提高产品设计的可生产性；采用面向客户的设计方法来提高客户的响应度；采用并行的产品开发方法缩短产品设计时间；采用模块化设计方法减少零件变化等。

精益生产的管理模式特点更多体现在其"拉动"特征上，与推进式管理模式有着很大的不同。

推进式管理模式是以物料需求计划（Material Requirement Planning，缩写为 MRP）技术为核心的生产物流管理模式。企业的决策部门根据企业经营方针和市场预测制订年度生产计划，并将产品按照零部件展开，计算出不同零部件的需求量和各生产阶段的生产提前量，确定各个零部件的投入产出计划，并按计划发出生产和订货指令。

随后，每个生产环节按计划进行生产，将实际完成情况反馈到计划部门，同时将已经完工的零部件送到下游生产环节，如图1-4所示。其中，虚线代表信息流，实线代表物流，WC代表生产部门。

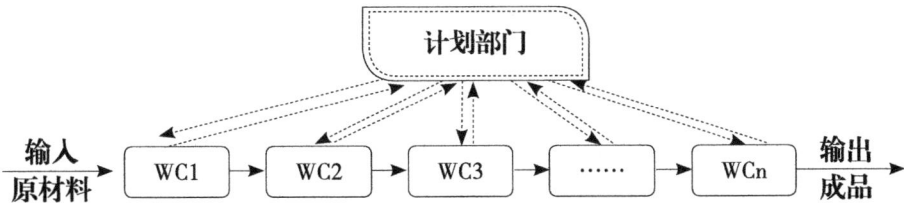

图 1-4　推进式管理模式示意

推进式管理模式的特点包括：在管理上大量采用计算机管理；在物流组织上以物料为中心，强调严格执行计划，维持一定的在制品库存；在生产计划编制和控制上围绕物料的转化来制造资源，由此不可避免地产生在制品库存，即承认库存的作用。

由于计划信息总是存在有限性和不准确性，加上物流和信息流的完全分离，计划不可能做到完全精准。在推进式模式下，实际上也无法做到完全按需生产。

相比之下，精益生产的计划系统由最后一道工序开始，反工艺顺序逐级拉动之前的工作中心，其流程如图1-5所示。

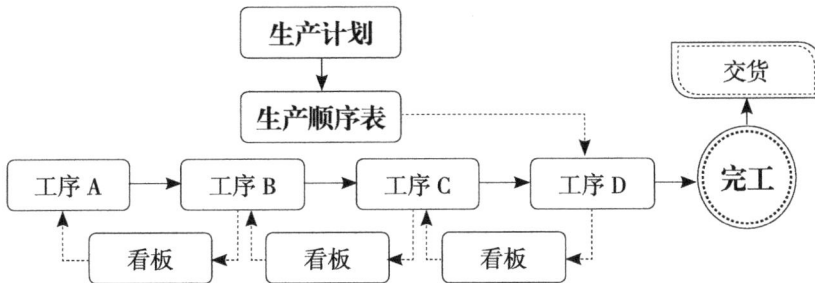

图 1-5　计划系统流程示意

具体要求是，从总装线开始，按反工艺顺序，以逐道工序为步骤向前推进，直到原材料准备部门的各级都能按看板的要求进行取货、运送和生产。

在精益生产中，企业以彻底消除浪费来提高效益。所谓浪费，就是一切增加对象成本而不提高对象价值的因素，包括过量生产和积压、人员浪费、不良品浪费等。为此，精益生产强调同步化即平行化的生产方式、弹性配置作业人数、质量保证等，具体采用的措施包括按照对象专业化组织生产单位、缩短作业转换时间、加强外协配套厂的联系和控制、实行轮岗制、培养多能工等。

想要减少生产经营中的浪费，除了以不同的管理措施来发掘潜力外，减少生产过程中的人力资源浪费也是重要措施。精益生产中经常采取改变设备的配置方式、作业标准改善及优化组合、员工多能化训练等方法来控制和减少人力成本。

值得强调的是，由于精益生产要求各个环节全面实现生产同步化、准时化、均衡化，看板管理成为必要的控制手段。通过看板管理，企业能够实现对内部不同生产工序和物料流动的控制，并扩大到对供应商的控制中。

精益生产中的看板是传达生产任务的工具。这一工具能够确保在必要时间内生产出必要的产品。从本质上看，看板是一种信息媒介，在需要的时间按照需要的量对所需要的零部件发出生产指令。实现这一功能的形式是多种多样的。

实行看板管理需要对设备进行重新排列和布置，由于每种零部件只有一个来源，零件在加工过程中会有明确固定的移动路线，而每个工作地点一般会设置两个存放处：入口存放处和出口存放处。与此对应，看板通常也分为两种：一种是生产看板，主要负责发出生产指令，用于指示工序加工规定数量制品；另一种是取货看板即移动看板，是后工序按看板上所列出的件号、数量等信息到前工序地点领取、运输制品的看板。

除了针对企业内部使用的生产看板和移动看板之外，精益生产中还有另一种常见的看板：外协看板。外协看板主要针对外部协作企业，看板上必须记载进货单位的名称和进货时间以及每次进货的数量等信息。这一看板与内部看板类似，但"前工序"并不在企业内部，而在供应商那里。因此，为了精益生产的效率能够不断提高，当企业规模扩大之后，也应要求供应商推行精益生产方式。

1.2.2　精益思想

精益思想是对精益生产的理论总结。精益生产重视企业现场层次的实践环节，但缺少对这一生产方式的理论性思考。精益思想正是对这种先进生产过程做抽象性概括，并将一般的精益实践过程提炼为普遍性的指导理论。

1996 年，詹姆斯·沃马克（James Womack）和丹尼尔·琼斯（Daniel Jones）联合出版了标志精益思想诞生的《精益思想》一书。这一著作将精益生产方式提升到了理论的高度。在该书的序言中作者指出，如果只注意精益生产过程即产品开发、生产和销售，而没有普遍原则和精确理论作为指导，精益生产虽然能够形成有效的实践，但依然会缺少理论根基。

正因如此，精益思想是对精益生产的理论性总结。在这一基本思路和方法的指导下，企业才能用出色的实践去证明精益生产的强大生命力。

精益思想从丰田公司开创的精益生产方式中总结出五项基本原则：价值、价值流、流动、拉动式生产和追求完美。如图 1-6 所示。

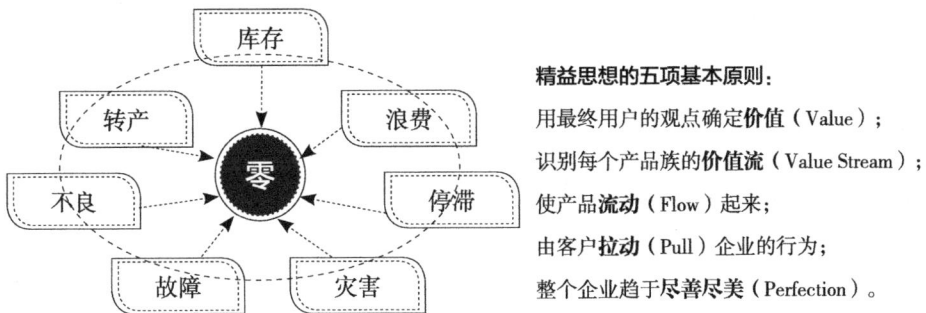

精益思想的五项基本原则：
用最终用户的观点确定**价值**（Value）；
识别每个产品族的**价值流**（Value Stream）；
使产品**流动**（Flow）起来；
由客户**拉动**（Pull）企业的行为；
整个企业趋于**尽善尽美**（Perfection）。

图 1-6　精益思想的五项基本原则

精益思想诞生后，精益管理模式开始作为普遍的管理哲理，在不同行业内传播和应用。其先后在建筑设计和施工过程、服务行业、民航业、运输业、医疗保健领域、通信和邮政管理、软件开发和编程等方面成功发挥了作用。

到了 21 世纪，精益思想在军事后勤补给、政府公共管理等方面也取得了令人瞩目的成就。这一思想的应用发展对社会各领域上百年来习以为常的大规模批量化处理、层级管理等观念造成了冲击，提高了不同社会活动的效率，降低了资源的无谓消耗，也改善了人们生产生活的效率和质量，成为管理革命的重要指导思想。这足以表明，精益思想不仅是一系列管理技术和方法的集合，同样是企业管理者应该持有的心态，是企业雇员必备的素质。

在国内，精益思想中若干具体方法如 JIT 生产、5S 改善、六西格玛体系等，早已被许多优秀企业的管理者所熟悉。但从整体上看，与世界发达国家相比，中国的企业尤其是制造业，对精益思想还缺乏整体、系统的认识，在精益思想的普及、推广和运用上还有很大的短板，必须对精益思想研究和应用进行迅速补课。

当然，精益思想本身也在不断地成长，还有许多领域需要研究者不断去探索和发掘。例如，随着生产方式的革新，会出现新的浪费形式；对活动增加价值与否的认定标准会不断变化；精益思想中人的因素如何变化发展等。这既需要每位精益实践者和研究者去发现，也要他们为精益思想的完善做出自己的贡献。

无论何时何地，都可以用一句话凸显精益思想的本质追求："用尽善尽美的过程，为用户创造尽善尽美的价值。"

1.2.3　从精益生产到精益思想

从精益生产的实践到精益思想的形成，在这一漫长过程中，形成了对今日的企业家最具指导意义的五项基本原则。

1. 价值

精益，需要正确地定义产品价值，具体包括如下内容。

从客户的角度出发，确定企业从设计、生产到交付产品的全部过程，实现对客户需求的最大满足；从客户的角度出发，将生产全过程中的浪费减到最少，避免客户为额外成本买单；最后，利用精益价值观，将企业与客户的利益完美统一。

当企业能够围绕最终客户的观点来形成价值观，并审视企业的产品设计、制造过程、服务项目时，就会发现其中存在太多的浪费。而消除这些浪费的直接受益者不仅是客户，也是企业本身。

与这一价值观形成鲜明对比的是企业的传统价值观。在以企业为中心的价值体系中，企业自行决定产品的设计和制造，而这些产品并不一定是用户所需要或必须的。最终，企业又不得不将大量的浪费以成本方式推向市场并转嫁给客户。所以，精益思想中的价值观是对传统企业价值观的颠覆，是从面向盈利到面向客户需求的转变。

2. 价值流

价值流是指在产品生产过程中将原材料转变为成品，并为之赋予价值的全部活动。包括从概念、设计到投产的技术过程，从订单处理到生产计划再到送货的信息过程，从原材料供给到产品的物质转换过程，以及产品全生命周期的支持与服务过程。

精益思想应该如何识别价值流？其关键是从价值流中找到哪些才是真正增值的活动，哪些是应该删除的不增值活动。那些在业务过程中消耗资源却没有增值的活动就是浪费，识别价值流的意义在于发现与消灭浪费。

识别价值流的方法就是价值流分析，其具体步骤如下。

首先，要按照产品族的单位画出当前的价值流图，再从客户的角度去分析其中每个活动的必要性。这一分析并不是从企业内部开始的，而是需要向前延伸到供应商，向后延伸到客户，再按照最终客户的观点去全面考察价值流、寻求全过程的整体最优，尤其需要推敲部门之间的交接过程，其中很可能隐藏了更多的浪费点。

3. 流动

正确地判断价值是精益思想的基本原则，认识价值流则是精益思想的准备与入门。相比之下，掌握流动和拉动的概念则是精益思想实现价值的核心部分。

精益思想要求将创造价值的各步骤串联起来并强调不间断地流动，价值流的字面含义也清楚地体现出其动态的特征。

然而，由于传统观念影响深远，例如部门的分工、交接和转移时的等待以及大批量生产等因素，阻断了本应在企业内整体运动的价值流。精益思想正是将其中的停滞部分看作企业的浪费，号召所有员工都必须和导致停滞的思想观念与行为做斗争，包括用持续改进、JIT、单件流等方法在企业现有生产条件下创造价值的连续流动。

当然，企业想要贯彻价值流原则，也必须具备应有的环境条件。其中包括：每个过程和产品都应该是正确的，如此才能实现连续的流动，过失、废品和返工都会造成过程的中断；环境、设备必须是完好的，企业可以通过 3P、5S、全员维修管理（Total Productive Maintenance，缩写为 TPM）等方法确保这一点，完善价值流动的前提条件；企业还必须拥有正确规模的人力与设备能力，避免由于产生瓶颈而造成价值流阻塞。

4. 拉动生产

拉动而非推动，意味着按照客户的需求去投入和产出，从而使客户能够精确地在需要的时间得到需要的产品，而不是由企业将他们并不想要的产品推给他们。

拉动原则强调生产和需求的直接对接，消除过早、过量的投入，减少大量库存和现场的在制品，大幅度压缩等待期和提前期。对于企业长远发展而言，拉动原则有着更为深远的意义，一旦企业具备了用户需要就能立即设计、计划和制造产品的能力，就可以舍弃预测阶段，直接按照用户的需求去生产。

企业利用 JIT 和单件流的生产方式，能够最为直接渐变地实现拉动式生产。为了以这两种方式形成单元布置，企业需要对原有的制造流程进行深刻改造。

5. 追求完美

追求完美的制造企业，正是能够持续贯彻上述四项原则的企业。这类企业的内部价值的流动速度会显著增快，随之而来的就是不断地使用相关方法，找到更隐蔽的浪费，做进一步的改善。

正如日本经济学家、东京大学教授藤本隆宏在书中写的那样。

丰田生产方式的强处在哪里？

初级者答：库存少。

中级者说：生产系统流程结构，强制问题明确化、生产性提高、质量提高。

但高级者怎么说呢？

高级者说：因为反复发现问题和解决问题，所以没了问题反而感到不安，于是大家竭尽全力搜寻问题，数万名职员处在"中毒上瘾"一般搜寻和解决问题的状态中，这就是丰田的真正过人之处。

百分之百的"尽善尽美"实际上是永远达不到的。但持续追求尽善尽美，将能够造就充满活力、永远进步的企业。

按照上述原则组成的观点，全面系统地去认识精益思想，将能够帮助企业把握建立精益经营的要点，并使之表现出良好的可操作性。不论是通过丰田生产方式击败美国而崛起的日本汽车工业，还是通过精益制造在二十世纪七八十年代成功复苏的美国制造业，世界上众多企业都依靠这一思想的原则走出了困境，走向了令人欢欣鼓舞的新生。

1.2.4　精益运营的客户价值

在经济"全球化"的深入影响下，蝴蝶效应的威力越来越大。经济环境波动带给企业的负面影响的范围之广、程度之深，超出了许多人的想象。基于此，企业必须结合自身特点大胆探索，通过建立以客户价值为导向的精益模式，利用研发、制造、营销、管理等方面的高效协同，促进服务水平和盈利能力的提升。

客户是企业存在的理由，企业能够为核心客户创造多大价值，决定了企业的生存能力和发展水平。以客户价值为导向的精益运营模式就是企业基于客户价值而为自身设计的提升、创新和识别、解决客户需求的系统解决方案。企业通过为客户提供增值服务，从而建立配套的技术支持流程、管理流程与信息平台，使各部门在统一的制度、流程和规范下高效协同，做到与客户同步发展。

以精益生产中一个细节的拆分为例，如图 1-7 所示，我们能清楚看到客户价值在精益运营中是如何体现的。

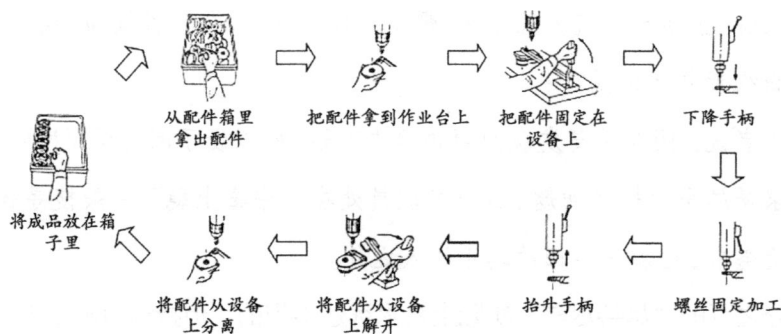

图 1-7　精益运营的客户价值链

在图 1-7 中，从配件箱里拿出配件、拿到作业台上、固定在设备上、下降手柄、螺丝固定加工、抬升手柄、将配件从设备上解开、将配件从设备上分离，最终将成品放在箱子里，这一系列步骤都是为了客户价值而设计与操作的，每个步骤都为客户创造了价值。相应地，原工艺流程中可能减少价值的行为被全部摒弃。

如果将这一价值链模型放大到整个企业，就能形成如图 1-8 所示的客户价值链。

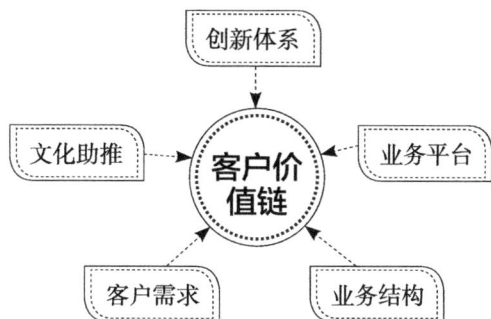

图 1-8　客户价值链

1. 客户需求

从总体上讲，客户需求包含三个层面：首先是技术需求，即将客户的价值需求转化为产品的功效，并形成具体的产品方案与市场方案；其次是商务需求，即对产品和服务的需求，包括产品性能、质量、价格、认证和物流等；最后是关系需求，即把客户成长与成功的心理需求转化为对企业产品与品牌的忠诚。

2. 业务结构

客户价值的实现需要企业有全面的业务结构，能针对不同客户分别设立不同部门与专家团队，确保他们精准地站在不同客户的角度去思考问题、研究工作，使自身的特点与客户特点相匹配。企业围绕客户价值去决定业务结构的精髓，在于确定了市场目标后，形成以项目为中心的运作模式，为客户提供一站式解决方案。

3. 业务平台

围绕客户价值，业务平台能够实现精益研发、精益制造、精益供应、精益人力资源的多方面发展。企业可以利用生产、销售、库存的平衡，对信息网络进行全面管理，促进各个精益模块的协同与融合，实现企业内外资源的合理优化配置。

4. 创新体系

客户价值体现在企业的创新体系上，要求企业建立和客户需求高度匹配的战略模式，建立企业自身的方案体系和快速反应机制。这样，企业不仅能够为客户提供有效解决问题的产品，还能够提供解决问题和使用产品的系统方案。

5. 文化助推

当客户价值真正体现在企业的精益经营中时，企业就能以和市场共同形成的使命、愿景、价值观，凝聚力量，形成优秀的企业文化，集中体现出企业的经济责任、环境责任和社会责任。

总之，客户价值既能够加快企业的成长速度，也能够提高企业的变革能力。建立以客户价值为导向的精益变革观，是每个企业家迫在眉睫的任务。

1.3 从制造到智造的变革

1.3.1 企业发展所处阶段与运营需求

企业的生存与发展无法独立于社会大环境的变化。纵观改革开放以来中国企业运营模式的发展历史，也体现出了不同经济阶段的需求特点。

20 世纪 90 年代，我国的经济发展状况发生了很大的变化，许多民营企业采取"模仿"和"低端"的战略，对内扩大规模、对外强化信用，获得了高速发展。

然而，企业在规模扩大的同时，收益的增长却赶不上成本增加的速度，最终导致企业的利润率甚至净利润下降。企业家开始寻找解决之道，并由此引发了 2000 年前后国内企业重品质、重管理、重产值的革新浪潮。

在创业初期，多数民营企业采用的是购买核心技术、依赖进口设备、吸纳产业转移的生产方式。这一特点决定了它们始终在产业价值链条中处于组装、加工等低端环节，并没有深度参与到研发、设计等技术含量与附加值较高的环节上。到 2005 年前后，随着市场竞争的日益激烈，大型外资企业也越来越重视在华研发机构的建设。那些依赖模仿、缺乏创新的产品逐渐被市场淘汰。在这一阶段，企业中的佼佼者又走向了重技术、重人才、重团队、重信息的征途。

2010 年前后，移动互联网逐步普及，社会环境的新变化与经济转型导致市场环境也发生了重要改变。企业原有的粗放型发展模式已举步维艰。在这一历史阶段中，明智的企业家开始着重发展自主研发能力，加大创新投入，完善研发体系。其中，不少企业掌握了行业内关键技术，在国内和国际上取得了令人瞩目的成绩。一些优秀企业还加强了合作战略部署，并通过积极打造企业文化和利用互联网营销，寻求到了新的发展机遇。

2015 年到来时，广大企业意识到高新技术、自主创新的强大能量。

以互联网企业为例，百度以搜索起家，却走上人工智能公司的转型之路，在通用技术、算法和平台开发等领域取得了令人瞩目的成绩。京东虽然是一家电商平台，却在打造智能的无人配送网络体系……这些成功的案例说明，新时代下，企业不能仅满足于"做好自己"，还要不断寻求跨界突破创新，才能肩负起更大的社会责任。

那么，随着未来经济形势的发展，企业应如何应变，才能在新的社会形态中获取立足之地？

从今天的企业竞争中，人们已经能看出些许端倪。

到 2020 年左右，大数据技术会更加成熟，企业要多方搜集社交媒体及其他来源的数据，以更为清楚地了解终端用户的动态化需求，并以此指导自身的精益经营。这一革新过程带来的不只是过去技术层面的变化，还有实实在在的效益。

到 2050 年，在以创新为内核的竞争中脱颖而出的优秀企业将成为中国社会发展的坚实推动力，其特征不仅在于让客户满意，还在于让企业所在的整个价值链、整个生态系统包括员工、供应商满意，进而让全社会满意。

从制造到智造，40 年来的企业发展历程彰显着改革开放不断深入所提出的一系列新课题。企业家面对这些课题该如何作答，决定着他们该如何去革新自我和员工，决定着他们如何去对企业运营做出新的选择。

1.3.2 市场竞争与全球化挑战

今天，制造业面临的市场竞争压力远远超过过去的想象。

曾几何时，企业的对手近在咫尺，而此时此刻，企业的对手可能远在天涯。

曾几何时，企业的对手只有同行，而此时此刻，企业的对手可能跨界杀出！

从宏观上看，这样的变化源自于"全球化"。

在全球化的旗帜下，世界性生产网络不断形成与完善。各个国家正在日益成为世界性产业链的组成部分，同一产品不同型号在不同国家生产、同一产品各个零部件在不同国家加工、同一产品各个生产加工环节分别在不同国家完成等现象屡见不鲜。国际分工的深化使最终产品日益成为国际性产品。

在这一趋势下，世界各国的企业发展格局开始转向国际化整合过程，摆脱了本国资源与市场的约束，也不再受国界的限制。当世界各国经济发展程度越来越高，经济分工、互补与交换的需要就会越来越强。这让企业面对的市场范围与规模变得更大，也让企业内的管理不再局限于原有边界。因此，每个企业都有机会获取更大的客户群体，同样也有可能因为意想不到的竞争者而被打压到价值链的底层。

全球化带给企业的是机会，更是挑战。在 1900~2000 年的 100 年间，曾经的世界 500 强中有将近一半退出了榜单；从 2000 年到 2018 年，退出者就有 126 家。面对全球化，企业不进则退，并无他途。

具体而言，中国制造业在全球化下面临的问题与挑战，包括以下几个方面。

1. 成本上升

（1）人力成本

企业管理人员是一种稀缺资源。而企业想要留住优秀的管理人员，必然要付出更高的人力成本。

（2）劳动力成本

由于国外加工制造企业的竞争，加之全球化影响下国内社会经济政策与人口结构的变化，在劳动力需求持续增加的大背景下，劳动力价格必然随之增长。

这决定了企业劳动力成本的增加。

（3）公共关系成本增加

公共关系成本既包括市场营销的成本，也包括企业公关活动的成本。随着政府招商引资范围的扩大和产业结构的转移，本土企业想要获得原有的优惠政策和条件，就必须花费更高的成本。

2.产品附加值偏低

总体来看，中国制造业产品的附加值明显低于发达国家。在许多工业领域，国内企业或选择以零部件进口组装来实现加工，或对国外核心技术与关键部件高度依赖，只能位于产业链的低端位置，获取少量的加工利润，产品附加值也由此被限制在较低的水平。

3.产业技术创新能力差

相当长一段时间以来，中国工业结构中高技术产业发展滞后，制造业研究与开发不足，低于世界平均水平。

面对全球化带来的压力，企业家必须扪心自问。

企业是否能做到快速生产、准时交货？

企业是否能增加新的需求品种种类，能否做到为客户个性化定制？

企业能否按照客户要求，生产高质低价的产品？

产品的生命周期越来越短，企业该如何应对？

全球化意味着生产无国界、业务无国界，企业如何与多方竞争者抗衡？

…………

答案是精益经营，能够帮助企业家面对和解决这些问题。

对企业而言，在全球化的市场竞争中，能否顺利渡过难关，要看其能否有效应对三大显著变化：经济发展的模式变化、市场竞争的层面变化和相关制度的规则变化。想要有效应对内外部的这些变化，企业只有推进精益管理，实现转型升级，才有可能提高产品质量和效益。

实际上，精益经营本身就是企业不断探索、实践、深化与完善的过程。企业家必须立足当前，对企业加以革新，既要满足精益管理的实际需要，又要着眼未来，对企业做出超前的战略布局。

同时，企业家还要进一步深入思考研究三个方面的问题：一、具有较强竞争力的一流企业有哪些特点，与传统企业有何区别；二、具有较强竞争力的一流企业有什么样的成长规律；三、企业领导层应该怎样协调统一资源，推动企业成长为具有较强竞争力的一流企业。

对这些问题要以行动给出回答，企业才能在激烈的竞争中引领潮头、扬帆远航。

1.3.3　性价比挑战

当消费经济成为拉动社会经济发展的关键点时，消费者对价格尤为关注。企业对产品定价的重要性也将格外突出。换而言之，消费者眼中产品的性价比高低，直接关系制造企业产品的销售和利润目标能否实现。

从表面上看，性价比与产品质量和售价有关，但其根源却在于成本。

由于售价是很难变化的，利润又必须保持在一定的水平，企业在发展中，大多只有致力于降低成本，才能使客户获得高性价比。

如图 1-9 所示，只有通过对企业整体运营进行有效设计变革后，才能通过改变售价，提高企业的利润。同时，成本费用中又包含着无法降低的固定费用，那么企业当前最为可行的方案，就是通过精益变革降低成本费用中能够变动的部分。

通过减少浪费，企业将可以持续做到成本低、质量好、交期准，以量身定做的精益变革体系去赢得胜利。

当然，在生产中的每个环节中确定并消除浪费，是相当繁复又必须深入的事情。企业家必须在战略上为提高性价比找到主线：加快企业运营流程的速度，如图 1-9 所示。

网络时代，消费者选择性价比最高者

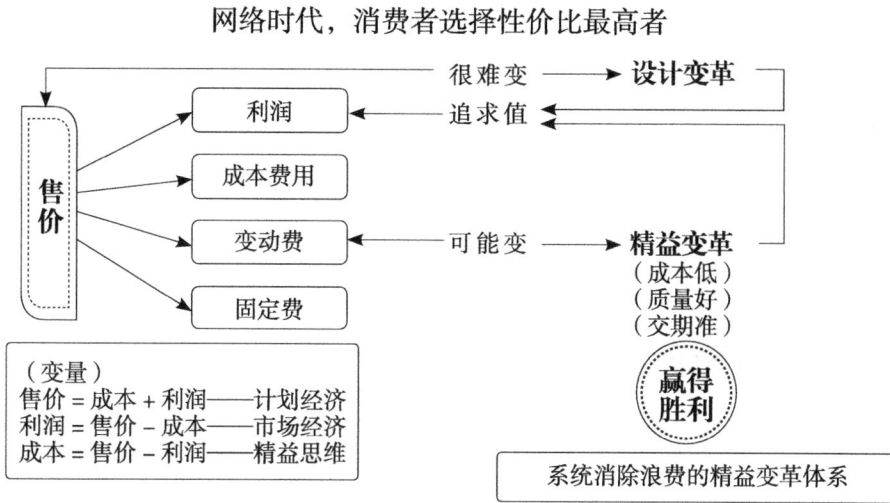

图 1-9　系统消除浪费的精益变革体系

　　企业提高性价比能力的高低，重点体现在其制造周期的长短上。通过有效缩短制造周期、降低库存，暴露成本结构中各方面的浪费，迫使企业着手解决。正如大野耐一所说："我们原本想做到的，就是尽量缩短从原材料入库到产品出厂的时间。"通过选择这样的主线，企业才能充分降低成本、提高性价比。

第**2**章

精益意识：要变革生产先变革思维

实现精益经营，必须对生产流程进行变革。但所有的生产实践都离不开人。只有先变革人的思维，才能改变人的做法，进而改变整个企业的生产状况。因此，精益之路即便漫长而艰辛，但其发愿之初，注定离不开对"心"的变革。

2.1　意识变革与心态变革

2.1.1　革新的 4 大基本思维

革新就是革"心"，企业从传统的经营管理模式转向精益经营，势必需要企业家具备一往无前的变革意识，去指引全体人员进行彻底改变。要做到这一点，就必须了解革新的四大基本思维。

1. 无止境思维

无止境地追求进步与超越，是企业家的一种精神状态。具体表现为探求管理规律、追求经营完美、注重细节表现、坚持不懈努力的内驱动力和思维方式。这种始终追求第一的精神，可以称之为一种"理性狂热"。

所谓理性，是指企业家从市场需求、客户需要以及外界竞争出发，客观、理智、细致地分析问题、探究真相，找出合理方法，对企业管理进行点滴而细微的改善，直到取得重要突破。所谓狂热，是指企业家同时具备"咬定青山不放松"的执着精神和永无止境追求极致的热情。

在丰田汽车公司内，精益文化表现为对工人作业动作分解的逐步细化、对工艺改进的不断追求、对生产节拍和周期进行缩短、对工人操作熟练程度的不断提高等。这种对精益改善的迷恋，就是一种典型的"理性狂热"。

只有拥有"理性狂热"，企业家才会坚信自己能够成为第一并始终保持领先，以此催生企业的组织机制和内生文化，从而实现精益意识和精益管理的不停转换。

2. 学习超越思维

当今，学习已经成为潮流，许多企业正在大张旗鼓地进行学习型组织的构建。但是，如何学习、如何构建学习型组织，很多企业家还需认真思考。

企业想要具备在学习中超越的意识，最好的方法就是选定一个标杆企业，全力以赴且毫不怀疑地向其学习。例如，企业家可以学习日本企业的 5S 管理、精益制造、精益品质，也可以学习美国企业对技术革新的独特偏好、重组模式以及激发员工积极性的经营特点等。企业家应该学习一切有利于精益经营的知识，并在学习中不断形成追赶超越的意识。

在此过程中，企业家必须清醒地认识到：企业是为了寻求满足市场需求这一结果进行学习的。学习是为了得到最终明确的改善结果，形成自我改进的力量。

3. 优秀者思维

一个人如果没有使自身足够优秀的志向与行动，优秀就不可能成为他的标签，一个企业同样如此。

企业家必须注重自身工作中的每个细节，并将之倾注到企业精益改善中。整个企业的员工都要充分把握细节，不断让软件与硬件变得更为高效、实用，力求不出差错并达到尽善尽美。

4. 否定思维

1985 年，海尔集团的前身青岛电冰箱总厂厂长张瑞敏亲自用一把大锤，将 76 台有质量问题的冰箱砸烂，这一行为在企业里引起巨大反响。该厂由此开始不断变革创新，对产品精益求精，最终成长为世界著名企业。

精益管理正是在对原有管理模式的质疑与否定的基础上形成的新模式。企业家对自身和企业的否定是为了完善与发展自我，对"目前"的否定则是对未来的追求。为此，企业家必须从自身做起，时常进行自我反思和总结，不断提高发现错误的能力。同时，他们还要将自我否定的意识灌输给员工，激发他们的上进心。无论是自身还是员工在工作中出错，企业管理者都应及时予以纠正。

尤其需要注意的是，当企业刚创业时，企业家和员工大都充满激情，奋发向上。但在企业发展到一定阶段、取得一定成就时，人们很容易滋生自我满足情绪，变得不求上进、容易满足。此时，否定意识对精益改善的推动尤为重要。

当企业家意识到自身或员工出现自我满足感时，就必须激发起企业经营中的危机感。以行业领先者为榜样，找到差距，向员工指出需要改进与提高的地方。

2.1.2　意识变革

人的一切行为都来自于意识或潜意识。精益变革就是意识的变革。

所谓意识变革，是指对企业内外看似理所当然的事物果断提出质疑，并寻求更加合理的途径，从而最大限度地降低问题发生的概率。对于新的经营管理方式，企业决策者尤其是企业家本人的意识变革极为重要。这是因为精益管理的开展不仅需要设立新部门，还要出台一系列的新管理政策，涉及企业内部资源与资金、人员分配的问题，很容易受到企业内部"惯性"观念与保守意识乃至既得利益者的抵制。因此，这就要求企业家能够做到未雨绸缪，打破企业内部停滞保守的意识，形成开放性的企业文化，从企业上层推动意识变革，再促使中层管理者与普通员工步调协调一致。

具体而言，意识变革主要应从以下几点着手。

1. 态度变革

在精益经营中，转变员工的态度就是在企业内通过逐级影响改变，将原有的消极态度转变成积极态度。为此，必须了解影响员工态度转变的内外因素。其中，外部因素主要包括人际影响、企业内部信息沟通、企业文化等；内部因素主要包括员工的认知、需要、个性、心理特征等。企业应根据员工现有态度中体现出的共性问题，利用宣传法、员工参与法、组织规范法等手段转变其态度。

宣传法即借助一定的手段如会议、网络、电话、书面材料等，将精益革新的有关信息传递给员工，教授他们形成新态度的方法。

员工参与法即组织员工参与活动，与他人进行交流，并在交流过程中得到启发教育，从而改善自身态度。

组织规范法即利用群体规范的强制力、影响力，或采用一定的行政、经济和约束手段，迫使员工了解精益管理的信息，并在压力下逐步改变态度。

2. 先易后难的转变

在意识改善中，企业领导者不能指望获得一步到位式的成功。

企业进行精益变革要坚持先小后大、先易后难、先短后长的原则。先选取那些在短期内就能让员工看到效益的简单项目进行革新，随后再逐步提高难度。同时要引导员工培养积极心态，让他们意识到做好每件小事的改善和变革，就已经很优秀了。这样，他们就能够逐步提高信心，去尝试更大的改善。

3. 结果导向

精益意识的形成与企业的考察与评价体制密切相关。而这一体制也会对企业内从事实际工作的每个人产生重要影响。

为了引导员工培养正确变革的意识，企业必须通过人力资源管理部门、供应商管理部门有针对性地设立考评指标，并对变革及其之后的具体工作结果进行考核，再根据考核结果给予奖惩。

通常企业需要以怎样的变革意识为导向，就要围绕这一意识所需要的结果来进行考核。员工应清楚，上级对其考核的重点不是过程，而是结果。例如，所有的激励措施、奖惩政策都是根据结果完成的情况制订的。在这种评价体系下，员工才能清楚，做了不等于做好。

当然，精益管理体系的理念同时也是过程导向的。精益变革本身也是激励员工积极参与发现和解决问题的过程。因此，考察也需要倾向于对过程的评价。但这并不意味着企业只追求短期的利益，还要考虑长期的结果影响。

2.1.3　心态变革

即便企业管理者已经了解到一些精益管理的理念，但如果只是生搬硬套地使用精益管理的工具，依然无法得到理想的结果。如果想要通过变革将企业管理方式转变为以价值流为重心的管理方式，领导者就必须具备全新的心态。

首先，企业的管理团队要拥有解决问题的心态。这种心态要求他们能够深入一线，对实际情况进行观察，询问员工操作情况，寻求问题的根本解决之道。同时要真正尊重基层管理者和员工，通过不断提出问题来激发他们寻找正确答案的意向。

其次，管理者要避免代办者心态。一个高层管理者不应该去解决基层的变革问题。相反，他们要懂得正确授权。管理者应要求不同的基层管理团队之间紧密合作，讨论并界定问题，同时进行横向交流。

再次，管理者要避免一劳永逸的心态，他们必须有充分的耐心去面对困难。事实上，一次精益的改善可能解决某个部门的问题，但也可能导致其他部门产生新的问题。管理者要帮助员工养成追根究底的思考方式，不断解决新的问题。

此外，管理者还要有正确的变革心态。一些企业之所以选择精益化变革，并不是企业家本身的愿望，而是因为客户的强烈要求，或是看到同行企业取得的成就，希望采取精益化以带来可观的利润。

毋庸置疑，企业选择精益化变革是正确的。但企业领导者应该站在企业长远发展的角度来看问题，避免自身错误心态影响到整体，避免变革推行过程中因受到个体效率提升的诱惑而导致整体效率下降。

最后，在精益变革过程中，每个企业都必然会遇到不同的问题和困难，而变革的方案和手段也会存在诸多不足。当企业领导者面对美好愿景与实际状况之间的差距时，应该学会及时调整心态、面对现实，避免挑剔与批评的现象发生。只有这样，才能在面对挑战时更加积极主动地去应对，让企业变得更加完善。

总之，传统企业领导者的心态往往是被动的。他们采用既有的固定模式，以固定方法对待不同的问题。相比之下，精益变革的心态要求企业家不断去审视变化着的企业，并用试验方法去寻求应对变化的最佳对策。

2.2　精益改善的 10 大精神

2.2.1　观念改善：抛弃固有观念

企业想要真正推行精益化，领导者就要抛弃固有观念，并将精益观念运用到日后推行的决策中。

例如，传统企业管理者喜欢引进昂贵的大型设备，进行大批量生产，以此降低成本。但在精益改善中则倾向于缩短产品的交货周期从而使价值快速流动，这就意味着企业需要改善观念，从追求"大而全"到追求"小而精"，按照小批量的原则进行满足客户需求的生产。

又如，在传统企业经营管理中，员工和管理者很容易陷入被动应付问题的观念怪圈中。一个问题看似被解决了，人们就会忽视这个问题，去解决下一个问题。但在精益观念中，相同问题多次出现才是问题的根源，他们宁可牺牲短期的产量效益，也要从根本上解决这些问题。

同时，精益观念的树立还包括对生产企业一线员工价值的重新认识。在传统管理模式中，很少有领导者会去考虑一线员工的具体想法，管理团队对基层员工的管理大都停留在发出工作指令并要求员工执行的阶段。然而，企业的变革能否成功且持久，与直接参与的员工有很大关系。如果他们感受到来自管理者的信任，就会干劲十足。

从这个意义上而言，领导者应该重新看待员工，要将他们看作企业价值创造的直接来源。为此，管理团队除了发号施令，还要扮演辅导员的角色，通过培训、活动、个人技能展示等方式，给予员工实现自我价值的平台。

精益改革的推进过程本身即为暴露和解决问题的过程，埋藏在观念中的问题首当其冲。面对固有观念，企业管理者必须去其糟粕，留其精华。在此基础上，更要做好革新的改变。这样，企业才能通过观念革新，树立精益改善的精神。

2.2.2 思维改善：寻找改善对策

在丰田的车间现场，精益精神体现在每一处细节中。走廊上安装着一块看板，所有工位都对应着看板上的亮灯，并标有应出产品数以及实出产品数。生产现场的每个工位上都有一条绳，任何工序出现问题，工人都可以通过拉绳来停下整个生产线，出现问题的工位便会亮灯。这样，车间中所有人都会知道出现问题的工位，并明确浪费者。

由于有了这一对策，每个员工都形成了改善思维，积极寻求改善对策而非推脱责任。

今天，企业在推行精益精神时，必须营造浓厚的精益文化氛围，让每位员工都能将"寻找改善对策"的思维植入脑中。这是因为精益管理最大的特点就是"精益求精"，企业在管理时越是强调这一文化，就越是能让员工的思维集中到改善上，使生产方式变得更为灵活，从而降低成本、提高效率、增强竞争力。

企业应努力让员工认识到，改善是通向精益的必经之路。只有努力改善，质量才能趋向于完美；只有充分改善，才能通过每个细节的变化，让生产成本尽可能降低，最大限度地为客户创造附加值，为社会提供更多财富。这种追求改善对策的企业文化，能够让精益思想深入生产经营现场过程的每个环节，有益于员工加强精益观念，指导企业做好精益管理。

在寻求对策的过程中，最重要的步骤就是逆向思维，这一思维不仅体现在"准时化"和"革新性"这两大特点上，还应着重体现在对司空见惯的问题进行大胆质疑，从看似普通的工作环境中寻求到帮助改善的重要资源。因此，精益精神强调"绝境求生"的毅力品质，将这一品质同对策思维结合，企业的改善才会有深入灵魂的精神积淀。

2.2.3 目标改善：以事实来说话

在企业精益改善的理念中，需要建立正确的科学精神与人文理念，将追求事实真相作为企业文化的基础。

在企业精益文化建构中，必须将客观事实上的改善作为目标，坚持管理实践的科学态度。具体应包括以下 4 方面的内容。

1. 求真的科学精神

在精益改善中，企业要认识到过程决定结果。没有好的过程，就必然不会有稳定的良好结果。尽管目标导向和结果导向都存在合理性，但不能因此忽视了过程的重要性。

2. 重视实质性措施

企业的要求与目标能否实现，要看企业自身是否有实质性举措。任何改善的方案，只有落实到影响结果的具体措施上才能发挥作用。

3. 探究根本因素的意识

企业的改善发展一定有其最深层的推动因素，需要改善的问题也一定存在最根本的因素。企业要本着探寻真理的积极愿望，去找到纷繁复杂的表象之下的症结所在，才是推动改善和解决问题的正确途径。

4. 重视实践

企业一切的改善活动都属于管理的实践活动。领导者提出的改善要求也应通过具体实践结果来检验。实践所体现出的事实变化是企业精益管理的试金石。企业家不应只满足于纸面上的数据，而应在实践中调整完善，并最终作用于经营实践，产生效果。

总之，企业领导者无论对内对外，都要秉持唯实的科学精神。在精益改善活动中，无论企业出台怎样的宏观战略、形成怎样的具体决策，都应该基于企业的实践。实事求是，是企业必须坚持的原则。

2.2.4 行动改善：懂得立即行动

通用汽车公司 CEO 杰克·韦尔奇（Jack Welch）曾说过："企业目标达

成的关键，在于企业的执行力。没有执行力，一切都是空谈。"经济全球化趋势下，执行力是企业领导者必须面对的最关键问题之一。对于企业精益革新而言，战略、人员与经营是三个决定性要素，想要将这些要素有效结合，关键在于执行。

企业精益改善的效果是通过企业全体员工个人执行力的提升所塑造的。当然，企业执行力和员工个人执行力这两者不仅仅是数量上的叠加关系。企业的执行力是企业组织行为，即便企业组织成员有很强的行动能力，也并不意味着整个组织具备了强大的执行力。因此，企业家需要通过流程、技能和意愿三方面因素的作用，让企业组织执行力得到提升。

企业运作流程包括战略、人员和营运流程；技能包括企业成员在各自岗位上的职业执行技能；意愿则指企业员工面对精益工作时的主动性和热情。只有从这三方面去不断延伸，企业的执行力才会逐渐变强。

其中，最值得提倡的是"立即行动"精神。与传统的革新认识不同，有效的精益改善并不力求马上得到完美结果，而是要从企业最高领导者开始，全面深入且充满热情地推动改变的发生。任何类型的企业家都要对目前的企业组织、人员和运营环境有全面了解，并通过积极强调行动的意义，推动企业建立起执行文化。如此，执行文化才能成为企业的基因，贯穿于整个企业追求完美的全过程。

2.2.5　精神改善：知错就改是勇气

人非圣贤，孰能无过，即便是成功的领导者，也会有不足和过失。精益精神强调的并非拒绝犯错，而是要求从领导者开始，都不要回避自己的错误。

当发现自身做法有了失误或缺陷时，领导者应积极地鼓起知错就改的勇气。懂得做出自我检讨和改进。这样不仅能够赢得下属的信任和支持，更能够以身作则，去激励下属在精益管理中不断发现错误、自我反省，从而不断发现浪费的问题及根源。

然而，在企业改善过程中，领导者通常很容易就能指出下属的错误，却并不容易发现和公开自己的错误。其原因在于害怕被否定，害怕改正过程中的失败。

领导者之所以害怕被否定，是因为改变现有的问题，就代表着否定现状。而现状是自身之前带领员工努力的成果，改变就意味着在一定程度上否定了自己之前的努力。这对其地位和权威是一种挑战。

同样，他们之所以害怕改变中的失败，是因为觉得一旦改变失败了，自己就需要承担失败的责任。

为此，领导者必须能够克服上述两大"心魔"。在推行精益管理中，他们无需过于在意面子和责任问题。相反，从上到下的管理者都要有宽阔的胸襟，能够为了企业长远发展而忍受一时的内心波澜和外界非议。只有能够经历这样的风雨，企业才能在他们的指导下看到明天的彩虹。

2.2.6 投资改善：善于节约投资

在目前的中国制造产业中，"精益改善就是花钱投资"似乎成了一条不成文的定律。然而，那些真正得到了大笔投资的精益改善项目又很容易形式大于内容。

其实，精益改善并不一定要花大钱，而是要善于使用投资，将好钢用在刀刃上。

精益改善的目的并非为了花钱，而是为了解决成本居高不下的问题。例如，如何精益管理供应链以便降低采购成本、如何控制生产过程和质量以便控制制造成本。

为此，在精益改善中，企业经营者与管理者的职责除了在于推动改善项目之外，关键在于加强内部成本的控制。其中尤其需要他们以精益思维去发现隐藏在原有模式和改善过程中的那些"隐藏成本"。这些成本存在企业的每个角落，出现在精益改善的每个环节中，以至于人们不仅不对这一问题的存在加以质疑，反而认定其合理性。甚至一面推行改善，一面依然在以改善之名浪费成本、追加投资。

为了树立节约投资的改善精神，企业家在工作中必须树立"算账"意识。可以鼓励员工先从不花钱的改善做起，以看到具体的利润成果。随后，再将利润不断投入到新的改善项目中。这样不仅能够解决投资来源问题，还能让员工意识到精益变革成本的来之不易，从而更加珍惜手中的每一分钱。

在战略部署上，必须引入成本核算步骤。企业组织任何改善项目，都要重新进行成本核算，这是对企业管理者的要求，也是整个管理团队都必须掌握的工作技能。没有经过成本核算，任何项目即便在理论上看起来有良好效果，也有可能对企业造成不必要的投资浪费。

在制定企业精益改善项目投资的成本预算时，一般要遵循以下原则。

1. 树立全局观念

进行精益改善项目，通常要由多个部门共同协调完成。因此，投资预算必须考虑到不同部门的具体情况，由企业高层通过充分调研，在科学预测和决策的基础上，制定出明确、切实可行的预算总体方针。具体应包括投资总体目标、细分目标、项目方针、保证措施等，并下达到参与改善的各部门，做到总体和局部的合理性兼顾。

2. 科学合理原则

制定投资预算的方式方法应科学合理。通过使用各种预算和控制表格，注意参考不同的财务指标与数据，使预算尽量均衡且具有针对性。在改善项目进行过程中，还应根据具体情况，随时修改预算方案，使之更为节约、经济，确保改善项目的成本最低、收入最大。

当然，在预期收益提高程度既定的情况下，也要在改善过程中根据目标来调整投入费用，缩减可变成本，提高改善项目的经济性。

3. 轻重缓急原则

一个从未经历过精益改善的企业必然存在种种需要革新的问题。为此，企业领导者应根据轻重缓急的原则，对所有问题的重要性进行排序，从而明确投资管理的计划重点，保证每一笔投资都能发挥出最大的效果。

2.2.7 问题改善：及时发现问题

企业对问题的正确认知程度高低，取决于两大重要因素：一是企业是否具备了承认问题的意识，对问题不回避不遮掩；二是对问题是否有正面积极的态度。

企业应该积极审视自身对待问题的态度。不应将问题看作不光彩的事情。只有承认问题的存在，才能发现进而解决问题，推动经营进步。只有承认问题的困难，才能有效避免风险的积累与集中爆发，避免更加严重的危机。企业越是想要躲避问题，问题就越可能干扰到企业发展。企业领导要以客观态度承认经营中的问题，将没有问题看作最大问题。

同时，面对问题，企业还要有正面积极的态度，将发现问题看作企业进步的原点。问题的发生必然意味着企业经营模式上存在不足，或是制度、流程、规范上有缺陷，或是员工技能不足、培训缺失或责任心不强等。所有这些都可以从寻找到的问题出发，进一步去寻找解决措施，继而对之加以弥补。只有保持这样的态度，才能让全员放下对待问题的思想包袱，乐于主动去查找问题。

2.2.8 逻辑改善：问 5 个为什么

为了解决问题，必须找到问题的根源，而强大的逻辑思维能力则是通向问题根源的路径。企业家要培养自身连续追问"为什么"的精神，并将之传递给企业内的每个人。通过连续追问，才能帮助人们理清每个问题背后所隐藏的因果关系链，去更好地认识工作中出现的问题。

当然，连问 5 个"为什么"，并非强制要求对每一件事情都提出 5 个问题，而是根据情况多次发问，找到问题的根源。顺着连续发问的逻辑链条，企业就能透过问题的表象看到其本质，找到更深层次的原因，从而发现问题的症结所在，以客观恰当的思维方式去定义问题。

在问题暴露后，可以组织相关人员不断提问为什么前一个事件会发生，直到没有人能找到更好的理由为止。而最终的理由就是问题最主要与最深层的原因。

提问精神犹如一把钥匙，总是能打开精益改善中一扇又一扇未知的大门。只有不断地问对问题，问题才会引导企业找到通向改善的道路。

2.2.9　团队改善：群策群力的魅力

在成长初期，由于竞争压力和淘汰风险，企业最重要的事情是把握住生存与发展的机会。在这一阶段的积累中，企业内会逐步形成一种"能人文化"。这种文化固然有其积极作用，但同样也造成了领导层、管理层和员工之间思维方式、工作理念和实际习惯的差别。在这样的企业中，精益改善就会变成"火车头"，即任何一个行动方向都需要火车头带领，越是到车尾就越是难以自主改善。

随着企业的壮大，精益模式内的专业性和复杂性会达到一定高度，"火车头"式的企业管理精神只会让企业管理变得力不从心。此时，企业成功的关键在于群策群力的精神，树立这种精神的最大挑战，在于如何让企业领军者彻底改变思路，实现企业文化的转变。

如何培养群策群力的团队精神？

首先，企业要树立这样的理念：企业管理的最高智慧程度并不取决于个人，而是取决于团队共同思考的能力，同样，企业的经营管理水平，最终也取决于团队的能力。

其次，领导者需要从自身出发，改变领导方式，将培育团队作为管理的主要工作内容，而不是由自己直接指挥团队实现业绩。企业家作为领路者，应该具备独特的知识和经验，并能够和整个企业内不同团队分享这些知识与经验，将个人能力转化为团队能力。当团队能力成长起来后，团队领导的能力也就能够得到升华，其精神就能提升到更高层面，从而去思考精益改善过程中更为宏观的问题。

2.2.10 改善永无止境

精益精神最难掌握的部分并不在于如何实施改善，而在于改善顺利完成之后，下一步怎么办。

改善完成后，企业家有两种选择：满足于企业已经取得的改善成果，认为就此成功而停步不前；始终不满，以更大程度的改善换来更大效益的发展，树立新的目标。企业选择的道路不同，会让其发展有天壤之别。

在丰田公司，曾经发生过这样一件事情。

一位年轻的丰田中层员工通过精益改善，将原本需要五个人做的工作，改善为只需要三个人就能完成。他对自己取得的成果感到自豪，却被大野耐一教训道："好好想想接下来如何做！能对自己的改善成果做进一步改善的人，才是真正的专业人才。"这名员工在之前改善结果的基础上，又一次进行改善，随后将结果报告上去。大野耐一再次提问说："有没有收到测试结果？"这名员工随即花费几天时间仔细观察结果，又对其中的问题进行改善，并报告说一切正常。大野先生依旧不满地说："既然一切正常了，为什么还不进行横向推广？"

此时，这名员工终于认识到，改善是没有终点的。后来，这位叫做张富士夫的员工，成了丰田汽车工业公司的董事长。

同样，企业内所有"该我做的事我已经做完了"的观点，都是自满情绪的不同表现。精益精神强调改善是没有尽头的。只有不断思考新的方法、新的策略，并有勇气去实践的人，才是真正掌握了精益精神的人。

在企业内必须培养充分的不满足精神。不能因为在改善中有了些许进步就满足，必须有每天都追求不同的心态，不断去发掘新的改善可能。只有这样，精益工作才会越来越顺利。

2.3　变化的意识与榜样的力量

2.3.1　变化就是唯一的不变

世间万物，无时无刻不处于变化之中。正所谓"变化就是唯一的不变"。企业家的精益精神也必须包含对变化的尊重、敬畏、应对乃至掌控。

从诞生之日开始，企业自身和外部环境的各种变化都会给其带来不同形式的影响。企业家在精益革新过程中应该扮演趋势观察者的角色，将变化看作永远被关注的主题。这些变化有些是局部的、企业的、资本的，有些则是全球的、市场的和资源的。但无论是何种类型的变化，都说明了一个重要问题：只有对其充分认识和利用，外部变化才是内部发展的动力，否则就将成为企业成长的抑制力。

很多时候，企业家习惯于依赖过往的成功经验，难以突破既定的思维模式。但他们必须意识到，经验并不是成功的唯一法宝。尤其在精益革新中，那些看似经验较为丰富的人，反而容易受到思维的限制，使工作只能按照固有路径展开。

为了适应变化，企业必须懂得如何改变自己、观察市场。

改变自身，需要企业家在遇到种种变化时，能立即修正计划，包括达成计划的时间、支持计划的资源、完成计划的必要条件和充分条件等。

观察市场，需要企业家能够随时随地关注客户需求的改变，哪怕是最细微、最个性化的改变，都应设法将之映射到精益改善项目中予以满足。

更为重要的是，领导者要让求变意识成为企业中每个人的思考意识。除了内在的影响力，领导者还要在外因建设上，创造出能够积极适应和推动变化的企业氛围。这样，变化中的消极因素才能被逐步消灭，企业才能逐步获得最好的变化。

2.3.2　榜样就是员工的习惯

企业想真正建立精益经营理念，只有流程制度还远远不够，还要培养员工的行为习惯，以行之有效的方式和途径，将精益经营理念传播到企业生产经营的每个角落中，树立榜样就是最直接有效的方式。

在精益革新中，企业家有着不可替代的作用。无论是企业理念的建立、完善、重塑和企业文化的形成、传播与创新，都离不开企业家的榜样作用。

面对精益精神，企业家必须具备"苦行僧"的理念，坚信对精益的追求价值，能够用发自内心的热情信仰，去自我节制与自我磨炼。一个优秀的企业家不会只是描述和宣扬价值观，或者改变流程制度，而是能身体力行，让每个员工直接看到精益思维的闪光之处。

为此，企业家不仅要知道自己在做什么，还要经常反思自我定位是否偏离了精益方向，是否履行了自己的职责，是否拥有改善管理的技能，是否能够不断自律学习。这样，他才有资格成为榜样，去影响员工的行为。

精益是一种文化，企业家则是文化传播中一马当先的旗手。建立和塑造自身理念，同时融入其他文化思想，最终形成企业层面的精神内涵，是企业员工思考和习惯的根源所在。

第 **3** 章

精益管理：从 JIT 到 NLEAN 精益管理

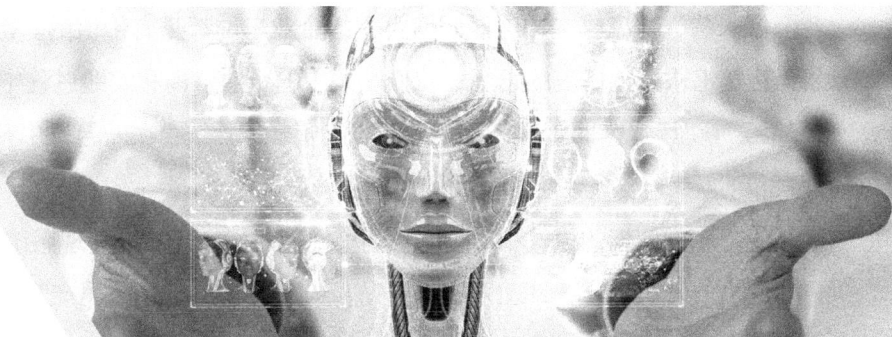

JIT 思想自诞生至今，影响了无数的生产制造企业，也让除丰田外的诸多企业从中受益。但任何思想都在变化与发展中不断完善。JIT 思想在进入中国后，经过本土化的发展，结合中国传统文化，已进化为 NLEAN 精益管理系统。这套适合我国企业发展的独创精益管理模式，将深远地影响我国生产制造企业的发展、转型与升级。中国智造也必将影响全世界。

3.1　什么是 NLEAN 精益管理

JIT 生产管理系统作为重要的生产管理模式和思想，影响范围极广。其核心思想是消除一切无效的劳动与浪费，在市场竞争中永无休止地追求完美。这种追求使企业更加注重客户的个性化需求，重视全面质量管理，更重视人在生产管理中发挥的巨大作用。

对整个生产链条来说，JIT 重视对物流的控制，并且主张在生产活动中有效降低采购、物流成本，这对任何类型的企业来说都是有价值的。但秉承 JIT 永无止境追求尽善尽美的思想，我们在国内的企业咨询和实践过程中发现，将 JIT 生产管理系统和欧、美、韩等地的先进管理经验结合在一起，并不断实践、探索和创新，能够产生更加完美的系统化管理模型。

这套精益管理的模式和系统，我们称之为 NLEAN 精益管理系统。

想要真正认识这一管理系统，首先要从了解 LEAN 精益生产管理思想的发展史说起。

精益生产（LEAN Production，缩写为 LEAN），又称为精良生产。其中"精"表示精良、精准、精确、精美；"益"表示效益、利益等。精益生产的内涵就是及时制造、消灭故障，消除一切浪费，向零缺陷、零库存进军。这种生产管理和运营的理论方法在美国诞生后，综合了大批量生产与单件生产方式的优点，力求在大批量生产中实现多品种和高质量产品的低成本生产，针对当时美国大批量生产方式过于臃肿的弊病，发挥了重要的革新作用。

随着环境的变化，LEAN 精益生产的理论和方法也在不断发展。尤其到 20 世纪末，随着世界各国学术界和企业界对该理论的深入研究和广泛传播，越来越多的专家学者、咨询团队、生产企业参与进来，各种新理论和新方法层出不穷，其中包括大规模定制（Mass Customization，缩写为 MC）与精益生产的结合、单元生产（Cell Production）、JIT2、5S 的新发展、TPM 的新发展等。

在此过程中，很多大企业将精益生产与本公司实际相结合，创造出了满足本企业实际竞争需要的精益管理体系。其中包括 1999 年美国联合技术公司（United Technologies Corporation，缩写为 UTC）的获取竞争性优势管理（Achieving Competitive Excellence，缩写为 ACE）、精益六西格玛管理、波音的群策群力体系，通用汽车 1998 年的竞争制造系统（GM Competitive MFG System）等。

无论这些管理体系采用何种名称，其实质都是对精益生产思想内核的积极运用并将使用方法具体化，从而对企业内部各个工厂、子公司顺利推行精益生产方式提供指导作用。其共同特点在于，企业管理者在精益思想指导下，将每一种管理或执行工具的使用过程进行分解，形成一系列的图表计划，员工只需要按照图表的要求具体实施即可，每一种管理或执行工具，都对应有具体形象的标准来评价实施情况。

在中国，精益生产理论也正在为广大企业带来新的管理成绩，创造了巨大的利益。"新益为"所开创的 NLEAN 精益管理体系，就是其中的杰出代表。

图 3-1 为 NLEAN 的视觉设计。

图 3-1　NLEAN 的视觉设计

总体来说，所谓 NLEAN 精益管理系统，就是在 JIT 生产管理系统和欧、美、韩等地的先进管理经验的基础上，结合中国传统文化，创造出的一套适合国内企业的、本土化的精益管理模型、理念和方法。

正如 JIT 追求尽善尽美的哲学思想一样，NLEAN 精益管理系统追求创新、热情、挑战、精益的精神与境界。

从构成逻辑上来讲，NLEAN 精益管理系统包含多个层面的内容，如图 3-2 所示。

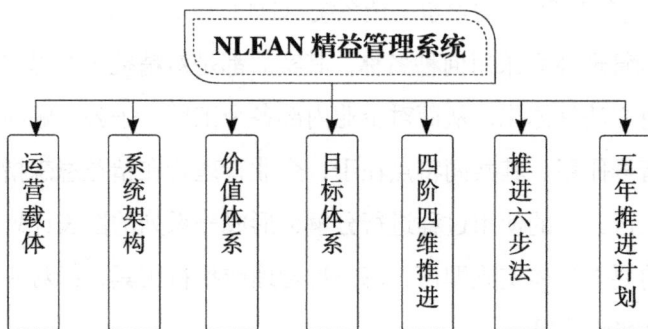

图 3-2　NLEAN 精益管理系统包含的内容

NLEAN 精益管理系统所包含的知识，不仅在企业整体的精益管理中发挥作用，更细化到了具体的操作层面。企业在精益管理过程中可根据自身情况适当修正使用。

接着，我们从细分层面来具体认识 NLEAN 精益管理系统。

3.2　NLEAN 精益管理之运营载体

3.2.1　运营载体 3 大板块

在企业的生产过程中，从生产计划到出库 / 交货，中间有多个环节和要素，一旦某个环节出现浪费或问题，都可能导致生产成本的增加。我们熟知的 JIT 生产方式正是以准时生产为出发点，首先暴露出生产过量和其他方面的浪费，然后对设备、人员等进行调整、淘汰，最终达到降低成本、简化计划和加强控制的目的。

JIT 的基础之一是均衡化生产，即平均制造产品，使物流在各作业之间、生产线之间、工序之间、工厂之间平衡、均衡地流动。为了达到均衡化，在 JIT 中采用月计划、日计划，并根据需求变化及时对计划进行调整。

在此过程中，JIT 以订单驱动，通过看板，采用拉动方式把供、产、销紧密衔接起来，使物资储备、成本库存和在制品大为减少，提高了生产效率，如图 3-3 所示。

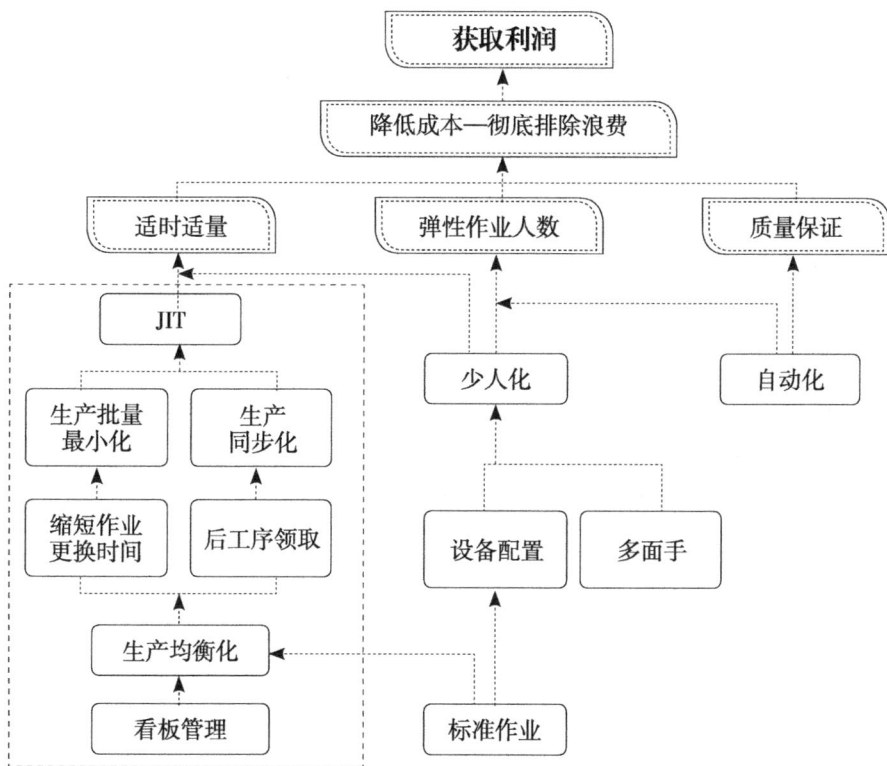

图 3-3　JIT 达成目标的手段

为了适应新的市场和生产环境，在吸收 JIT 思想的基础上，NLEAN 精益管理系统将从生产计划到出库 / 交货整个环节中的运营载体划分为 3 大板块，10 个关键要素，如图 3-4 所示。

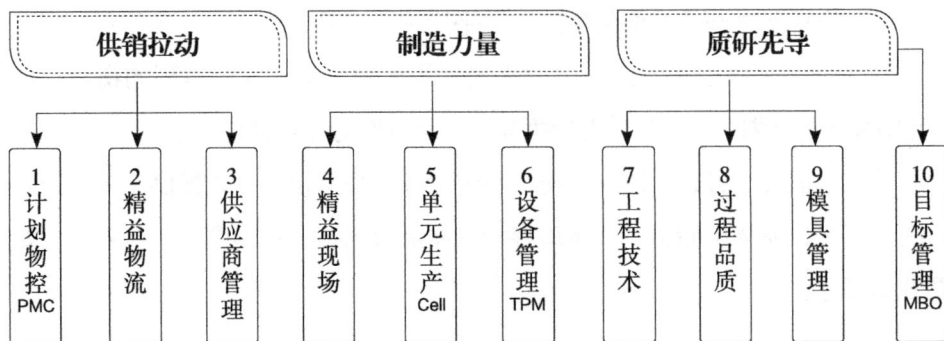

图 3-4　NLEAN 精益管理系统的 3 大板块

这 3 大板块分别从供销拉动、制造力量、质研先导三个层面，将生产计划到出库 / 交货统一在一个目标下，将供、销、产、研凝聚为一体，围绕着市场需求进行精益化运作。如此，物流自然就能在各作业之间、生产线之间、工序之间、工厂之间平衡、均衡地流动，效率当然就能得到极大的提升。

下面是 3 大板块中 10 要素的简要介绍与分析。

1. 计划物控

计划物控（Production Material Control，缩写为 PMC），即企业的生产计划与对生产进度的控制，以及对物料的计划、跟踪、收发、存储、使用等各方面的监督管理和呆滞料的预防处理工作。传统意义上包括主生产计划、物料需求计划、生产指令和实施进度追踪等内容，近年来，企业计划物控工作也开始介入战略规划、产能规划部分。

在企业中，主要实施计划物控的岗位角色包括生产计划工程师、物料计划工程师。近年来还出现了产能规划工程师，也称为统筹工程师。

企业如果没有做好 PMC 管理，生产管理过程中的计划、控制和沟通协调就会出现问题，如造成经常性的停工待料、生产节奏紊乱、物料计划不准或控制不良、生产计划流于形式，以及难以准确预测销售情况或分析产能等。

通过对该要素进行 NLEAN 精益管理辅导，企业能够提升产品交付准时率、降低在制品和成品库存，提升物料齐套率和计划达成率、工单结案率，建立完善的工时系统。

2. 精益物流

管理学大师彼得·德鲁克（Peter Drucker）曾说："物流是企业的第三利润源。"诺贝尔经济学奖得主克里斯托弗·西姆斯（Christopher Sims）曾说："未来企业竞争不是产品、价格、质量的竞争，而是企业所在供应链与对手供应链的竞争。"物流作为企业供应链管理的重要战略领域，如何能从传统流通过程中发掘出利润源的蓝海，这也是 NLEAN 精益管理体系着重需要解决的问题。

精益物流管理体系最早起源于日本丰田汽车公司，是一种物流管理思想，其核心是追求消灭包括库存在内的一切物流浪费。这一思想起源于精益生产理念，是精益思想在物流管理中的应用，主要体现在以复合管、流利条、快滑条、平滑筒等柔性化产品构筑的物流体系中。

精益物流是建立在精益思想基础上的物流方式，其特点在于通过提供满意的内外流动服务，将浪费降到最低程度。在精益物流过程中，应该秉持的基本原则包括：从服务对象而不是企业或职能部门的角度研究可产生价值的方式；根据整个价值流需要，确定产品供应、生产和配送活动中所需的步骤和活动；打造无中断、无绕道、无等待和无回流的增值活动流；创造的价值应及时、有效且仅由服务对象拉动；不断消除浪费、追求完善等。

3. 供应商管理

由于供应商是企业生产管理的重要对象，供应商管理水平的高低，直接影响企业精益管理的质量。在传统的企业采购模式中，更多采用事后把关的方法来控制质量和交货期，导致企业作为采购方很难参与到供应商本身的生产组织过程和质量控制活动中，更不用说还有其他种种因素会降低对供应商管理的效率。

在采用 NLEAN 精益管理系统后，企业在进行采购时要主动改变宗旨：以订单的方式来驱动采购订单，再通过采购订单来驱动供应商。通过及时化的驱动模式，企业才能确保供应商在正确的时间、地点，以正确数量和品质的产品来满足精益生产要求。这意味着企业不仅要对供应商进行重新评估和选择，还要在信息共享的基础上，提高供应商的应变能力，通过反馈不断对订货计划加以修改，力求制造计划、采购计划和供应计划同步协调，缩短供应商的响应时间。

4. 精益现场

历史上有过这样一个故事。

19 世纪末 20 世纪初，一位年轻的炮兵军官上任后，到下属部队视察操练情况，发现多数部队都有个奇怪的现象：在操练中，总有一个士兵自始至终站在炮筒侧方纹丝不动。经过询问，军官了解到操练条例就是这样规定的。感到好奇的军官进一步探询究竟，原来操练条例诞生于"马拉大炮"的时代，当时站在炮筒侧方的士兵负责拉住马的缰绳，避免大炮发射后由于马的运动而导致距离偏差过大。新时期炮战已经不再需要这一岗位，但条例却始终没有调整。

这个故事告诉管理者，精益管理必须着力于因素，了解生产现场过程中的实际情况。这样才能以务实的态度进行与时俱进的创新，对司空见惯的操作细节进行改进。

对今天的中国企业而言，竞争的阵地在市场，竞争力的培养在现场。精益现场管理是推行企业精益管理的重要基础，也是企业降低管理成本、改善产品质量最直接、最有效的方法。任何企业想要丢掉粗放式、高能耗的生产模式，实现绿色的可持续的发展，就必须重视现场要素，走精益现场管理之路。

5. 单元生产

该方法最早源自 20 世纪 50 年代中期苏联的斯·帕·米特洛凡诺夫提出的成组技术（Group Technology）。美国从 20 世纪 50 年代末开始研究这项技术，20 世纪 60 年代应用推广。从 20 世纪 80 年代开始，日本开始相关研究，并由早川先生创造性地在索尼进行大范围的运用，成功改善了当时的生产局面。NEC、欧姆龙、佳能、松下等企业紧随其后，纷纷引入单元生产方式，以适应多品种、多批次、小批量、短交期、定制化的市场需求形态。单元生产成为日本主流企业都在用的先进生产方式。

进入 21 世纪后，少量生产、多样化消费成为市场趋势，由于传统的流水线生产方式需要大规模投入，更适合大规模生产，因此灵活机动的单元生产方式将会随着精益管理体系的普及，成为制造业的主流生产要素。

单元生产的名称，来源于英文单词 Cell。在精益生产中，每个单元（Cell）由生产流程中按顺序排列的人力、设备和工作站组成，这些都是为整个生产流程或流程中的一部分而进行工作的。因此，单元生产应被看作精益生产方式中最主要的组成要素。正是在这一生产要素中，材料和零件才能以最小的浪费来形成产品，企业才能以尽可能小的成本制造一系列满足最终客户需要的产品。

想要理解单元生产的重要性，首先要理解"一个流"。"一个流"指产品在生产时，每个工序只有一个半成品。在单元生产的生产线设置方法中，生产线按照流程布局，呈现完整的作业单元，作业员在单元内进行目标为"一个流"的作业。

历史上，企业管理者对精益生产的最初认识只停留在拉动生产上，认为在零库存目标指引下，需要利用现有资源建立一套管理系统，将库存降到最低。但实践结果证明这样做效果并不好。人们逐渐意识到，必须打破现有条件，进行真正的现场改造。单元生产体现了这一精神，由于半成品数量少到人手一个，物控人员进行数量控制时更加得心应手，企业在生产布局、人才培养、物料控制等方面发生了极大改变，将精益管理思想深入到对工厂每个"细胞"的改善活动中，使精益生产走向更深层次。

6. 设备管理

生产设备是制造企业生产力的重要组成部分和基本要素，也是制造企业从事生产经营的重要工具与手段。无论从企业资产占有率上看，还是从管理工作的具体内容上分析，生产设备都具有相当的比重和地位。

提高设备管理水平对促进企业精益管理的发展与进步有十分重要的意义。

精益设备管理是指以设备为研究对象，追求设备综合效率，应用一系列理论、方法，通过一系列技术、经济、组织措施，对设备的物质运动和价值运动进行全过程（包括规划、设计、选型、购置、安装、验收、使用、保养、维修、改造、更新直至报废）的科学型管理。企业通过这一管理方式，对设备中容易发生故障的地方进行改善，并预防设备发生故障，从而提高整体生产力。

企业做好精益设备管理，会涉及多方面生产管理领域，包括检维修系统管理、检维修技术运用、设备安全管理、质量检查及控制、生产工艺保障、设备人力资源管理、备件管理及成本控制、生产及设备产业链合作等。企业通过对设备进行精细化管理，提升生产效率，直接产出产品，降低生产成本并提高利润，最终确保企业内精益管理文化能够生成并发挥作用。具体做法包括培养和建立专业化设备维护队伍、加强设备的维护保养、加强设备使用现场的管理、明确责任并进行制度管理改革等。此外，随着信息化技术的发展，设备档案管理、数据管理、定额管理也应实现数据化，促使企业的设备管理更符合精益管理要求。

7. 工程技术

精益管理是一种先进的生产组织体系和方式，而工程技术则是实现精益生产的基础，也是精益生产和管理的重要组成部分及方案结果的评价方法。

工程技术是指对人员、物料、设备、能源和信息所组成的集成系统进行设计和改善的技术。在精益管理中，工程技术的优化是对系统的整体优化，而非对某个生产要素如人员、物料、设备等或对某个局部如工序、生产线、车间等的优化。

工程技术的精益化追求的最终目标，是形成整体效益最佳的工程系统，这就需要从提高企业总体工程系统生产率的目标出发，对各种生产资源与不同环节进行具体研究、统筹分析、合理配置，寻求最佳的设计与改善方案，充分发挥各要素和各子系统的功能，协调有序地运行。

8. 过程品质

过程品质主要是指从物料进厂到形成最终产品的整个过程中，生产者和管理者对产品品质的控制和影响。过程品质的高低决定着产品品质的核心水准。在精益管理中必须对各种影响制造品质的过程因素加以控制，从而确保企业能够生产制造出符合设计意图和规范品质的精益化产品。

在过程品质控制中，要完成的基本任务包括：严格贯彻设计意图和执行技术标准，使产品达到品质标准；对制造过程中的不同环节实施品质控制，以确保工序品质水平；建立能够稳定生产符合品质水平要求的产品生产制造系统等。

9. 模具管理

在制造业中，模具有"工业之母"的美称。制造者通过使用模具，改变所成型材料的物理状态，来实现对物品外形的加工。

在模具管理中，模具的安装调整在精益生产现场最为频繁。同时，模具的安装调整是否良好，也与其寿命和零件精度有很大关联。因此，在质研先导这一精益管理板块中，必须对模具安装使用的程序进行严格标准化。

10. 目标管理

作为 NLEAN 精益管理系统的重要工作要素，目标管理是为了达成企业在一段时间内的目标，各层级人员全部参与，一起讨论、执行、评价和改善的过程或管理模式。虽然目标管理的执行流程和管理逻辑相对简单，但企业并不能忽视其重要性。这是因为目标管理的重要意义并不在于围绕目标所进行的设定、执行和评价等流程因素，而在于全员的参与。

对目标进行管理，需要着重体现企业高层到基层所有人员的参与度。包括生产计划、材料采购、材料管理、品质管理、生产运营、出库送货等方面的一系列目标，只有全员共同设定并努力达成，才能体现所有管理过程的价值。

然而，在精益管理体系推进过程中，多数领导对目标管理实际上是有所抗拒的。这是因为从领导角度而言，依靠下达指令或指示来安排任务"显然"更为方便、效率更高。而如果让员工参与目标决策，就需要领导层拿出时间和耐性去说服引导他们。实际上，这恰恰是企业领导层应坚决重视目标管理的意义，因为只有在领导与员工充分交流沟通后，才能发现原有计划的不足和问题，并提前进行改正。企业应通过这样的目标管理，为全员提供参与制定目标的机会，以便更好地推动精益管理。

在上述三大板块中的 10 大运营载体之间，如何使之紧密衔接，对设备、人员进行调整和淘汰，从而降低成本、加强控制，是 NLEAN 精益管理系统的核心。

如图 3-5 所示，从销售预测或客户下订单开始，企业首先要做的就是制订生产计划，生产计划内容繁多，如确认型号生产特性和分析生产能力等。

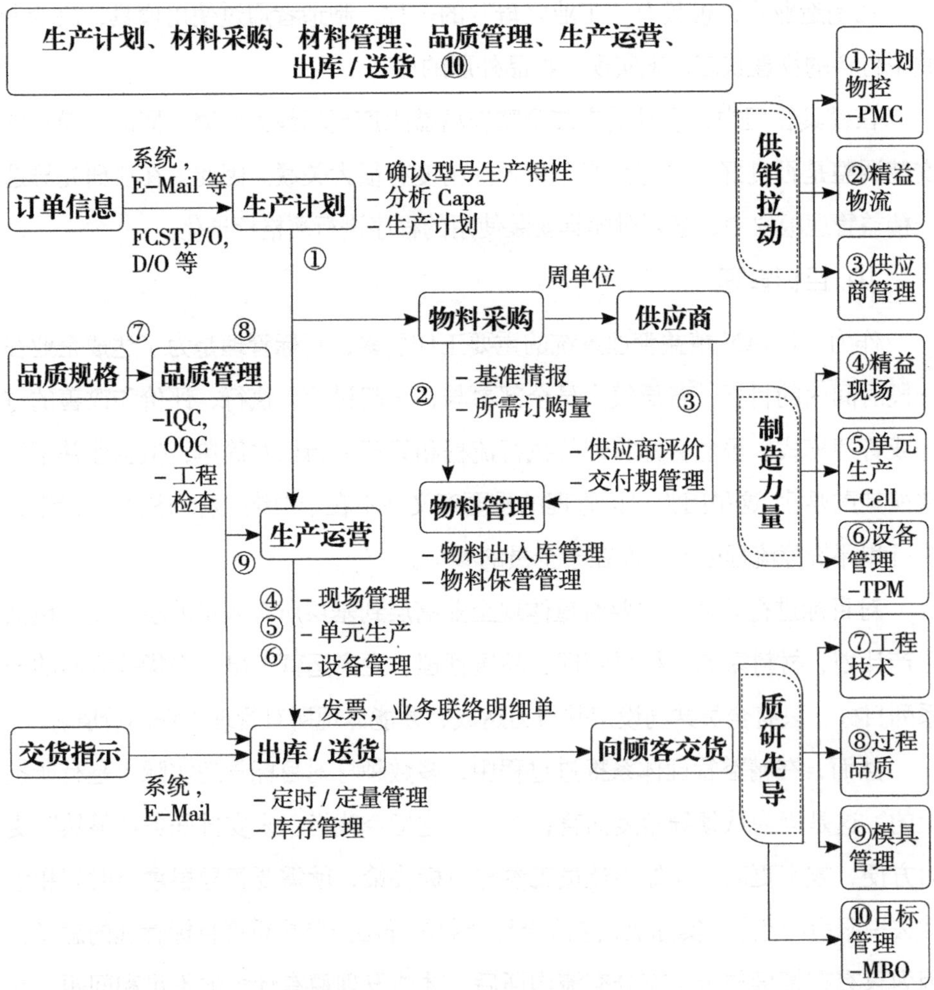

图 3-5　NLEAN 精益管理系统运营载体关系

而生产计划的制订需要与两个部门对接。

其一为制造端和物料采购部门。物料采购部门通过基准情报确定所需采购量，向供应商发出需求信息。如供应商较多，则要进行供应商评价和交期管理评估。然后进入物料管理阶段，物料出入库管理和物料保管管理都是极为关键的环节，中间涉及物流，包括厂外物流、厂内物流、线边物流等。

其二为生产运营端。这个环节对接生产，涉及的环节更加纷繁复杂。如制造力量板块的 3 大要素均需要具体到班组的精细管理中。质研板块的品质管理更是重中之重。品质管理的目标是消除不合格品及引起不合格品的根源，并设法解决问题。

在对接生产、现场的过程中，组装型企业需要考虑单元线，而流程型企业则要考虑设备管理和与生产对应的工程技术、过程品质、模具管理等。

在精益化的流程管控中，所有这些环节进行完毕后，再进行目标管理。

3.2.2　运营载体与供应链协调

NLEAN 精益管理系统的板块与要素之间，除了精益化生产与协调、降低成本、提升企业管控能力外，其核心价值还在于能够消除采购、制造、销售部门、研发部门的所有浪费活动，把成本精细化，并打破不同部门之间的沟通壁垒，全面协调改善整个供应链和价值链，使其形成协作共同体并创造出巨大价值，支撑企业在市场竞争中取得强力突破，如图 3-6 所示。

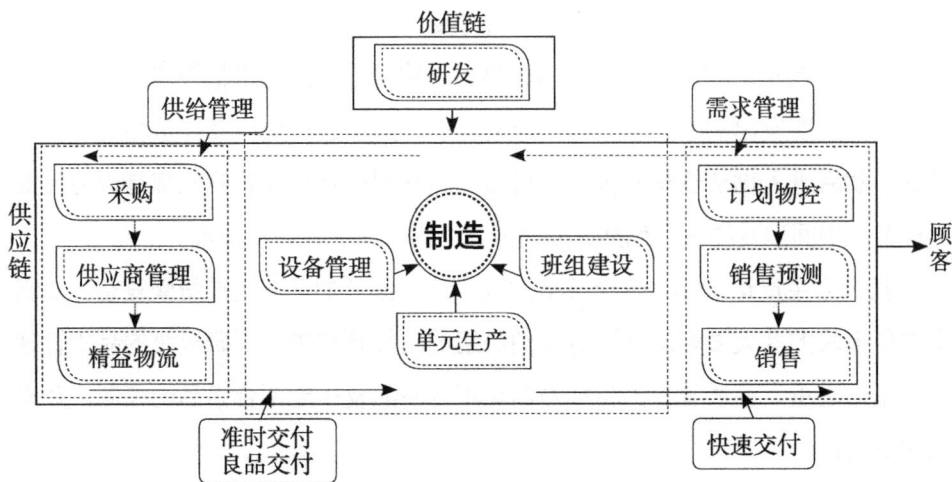

图 3-6　供应链与价值链形成协作共同体

精益生产供应链的内涵在于通过精益管理的运作方式，将不同生产环节用信息管理系统有机连接起来，确保资源能够在整个系统中被有效地整合利用，以便实现系统总成本相对较低、总价值相对较高的整体优化目标。

沃尔玛是全球连锁企业，由山姆·沃尔顿（Sam Walton）1962 年创立于美国阿肯色州，其全球员工总数约 220 万名，2018 年销售额达到 4858.73 亿美元，稳居全球零售企业财富榜单首位。

"天天低价"是沃尔玛取得成功的关键。在精益供应链的作用下，该企业形成了高效的库存管理方法：建立专门的库存控制小组，定期盘查库存；运用高效的信息系统实现高效运输；以长期协作的可持续发展策略对供应商进行有效管理以实现共赢。同时，沃尔玛运用互联网技术，从库存、订货、毛利、销售、促销和价格等多方面对过程和结果进行控制，定期对销售数据进行更新，为企业供应商提供指导数据和信息。

在具体的物流供应过程中，沃尔玛对销售单品进行分类管理，有效避免了库存过量问题。其中心仓储内，员工 24 小时分班分组不间断地搬运和装卸，确保商品在配送中心不会停留超过 48 小时，实现了对每个门店每天进行一次配送的目标，将供应链价值发挥到最大。

精益供应链的管理方法，不仅使沃尔玛接近实现零库存，充分降低了成本，还和供应商之间建立了稳固的长期合作关系，使沃尔玛的利润空间获得更大的提升。

正如沃尔玛所做到的那样，在供给管理过程中，采购、供应商管理、物流管理等方面都需要精细化处理，才能获得价值量的提升。否则，一旦某个环节出现问题，供销拉动板块就会出现问题，进而影响整个供应链。

销售环节如此，制造环节亦然。设备管理、单元生产、班组建设等，任何一个环节出现问题，都会影响生产进程、产品交期，进而影响整个供应链的运行。如图3-7所示，供应链各个环节的联系极为紧密，牵一发而动全身。

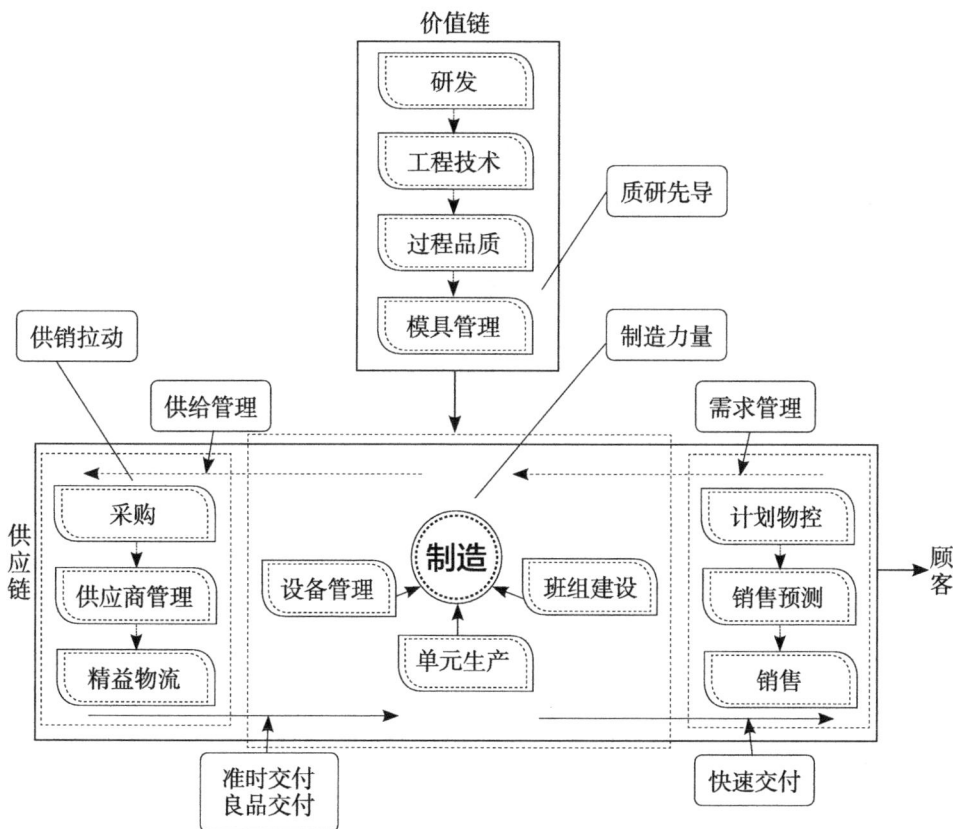

图3-7 供应链环节紧密关系

实际上，采购、制造、销售形成的供应链，正是精益管理努力想要建设的完美链条，它要求这个链条上的每个环节都能实现精细化运作，并通过人力资源、行政支援、IT 信息辅助、财务管理等手段，打破不同部门之间的壁垒，实现全面协调改善，如图 3-8 所示。

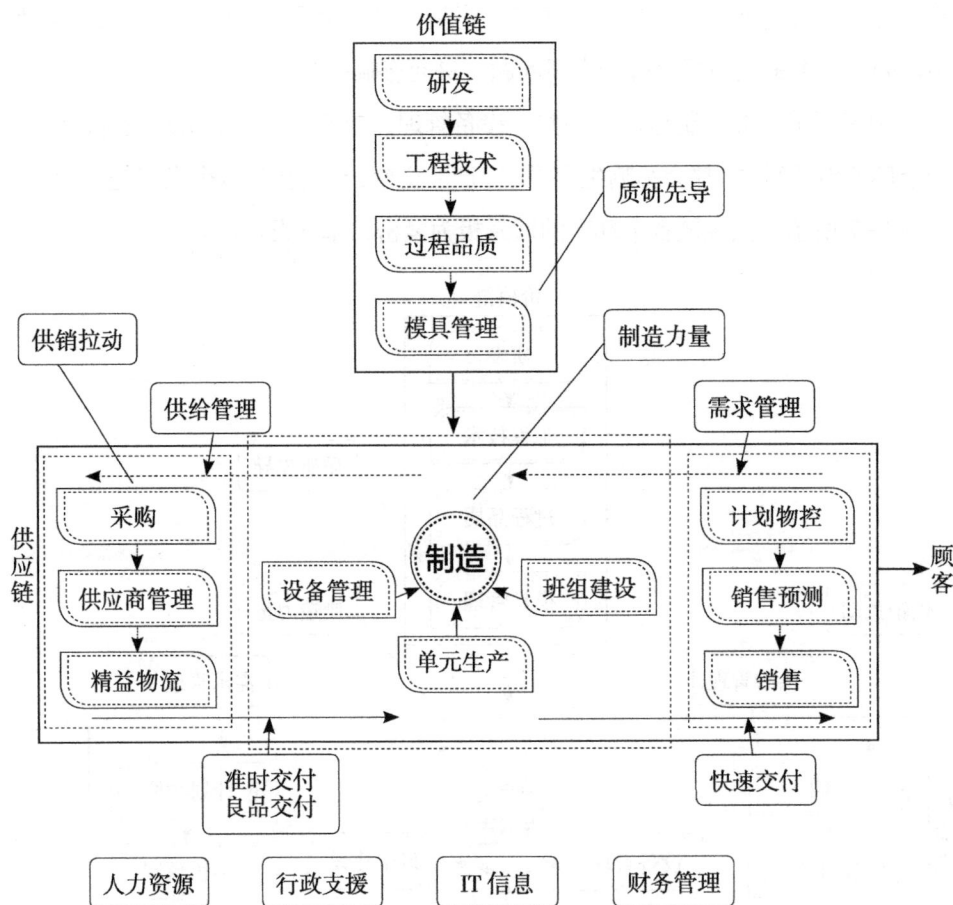

图 3-8 供应链全面协调改善

值得一提的是，采购、制造、销售形成的供应链与研发环节形成的价值链相辅相成，如果价值链和供应链不能形成协作共同体，每个链条就是不完善的。

所谓价值链，可以看作一种高层次的物流模式。在整个企业内，从将原材料作为资产投入开始，到产品通过不同渠道销售给终端客户为止，其中所做出的价值增值活动，都能够看成价值链的组成部分。

从价值链管理角度看来，价值链内各项业务活动之间的联系不仅存在于企业价值链内部，同样存在于企业价值链与供应商和销售渠道价值链之间。因此，供应链也属于价值链的重要组成部分。

正如彼得·圣吉（Peter Sange）在《第五项修炼：学习型组织的艺术实践》中指出的："不同的人处于相同的结构之中，倾向于产生性质类似的结果。"供应链固有的上下游分层结构造成了供应链中的信息扭曲和目标不一致。圣吉又指出："有效的创意往往来自新的思考方式。"这意味着，只有在精益理论的指导下，对供应链进行思考、协调和改善，推动供应链中的各个载体形成新的链接和协调方式，新的制造模式才会诞生，价值链才能得以优化。

当供应链与价值链紧密配合，在精细化的运作当中，需求被预测，计划得以顺利实施，现场被高效管理，整个物流体系畅通无阻，精益供应链就能展现平衡的艺术——达到时间和效率的平衡。

3.3 NLEAN 精益管理的系统架构

3.3.1 抓住 NLEAN 精益管理系统主线

NLEAN 精益管理系统有着脉络清晰的架构主线，其内容为组织建设、人才培养、体制构建和文化宣导，如图 3-9 所示。

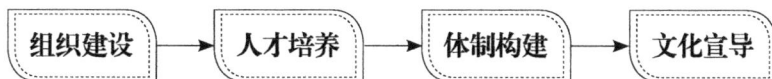

图 3-9 NLEAN 精益管理系统架构主线

作为精益管理思想的继承与发扬者，NLEAN 系统不仅要求在技术上推进制造过程与信息流的自动化，更强调从系统工程角度对企业活动与其社会影响进行全面而整体的优化。

正因如此，NLEAN 精益管理系统才会将企业内生产组织的建设作为系统主线的基础。

从组织建设的视角出发，企业才能充分考虑整体因素，发挥整体优势，以成熟的组织作为平台，实现灵活的小组工作方式和相互合作的并行工作方式。同样，所有的组织建设最终也都是为了使企业的资源获得合理配置和充分利用。

重视组织建设，意味着必须重视人才培养。

在 NLEAN 精益管理思想中，强调个人对生产过程的干预。为此，该思想将人才培养作为主要内容，希望通过激发员工的能动性，提高其相互之间的协调性，通过员工的长期表现来对其个人能力进行正确评价。

例如，NLEAN 精益管理要求将透彻了解且遵循公司理念的员工培养成领导者，让他们能教导其他员工；要求企业能培养与发展信奉公司理念的杰出人才与团队等。这一管理思想将员工看作企业团体的成员加以培养，而并非将员工当成机器死板地管理和维护。

组织建设和人才培养离不开行之有效的企业体制与文化。事实上，许多企业领导者都听说过精益管理思想，但对其完美执行并运用成功却不容易。原因无他，恰恰在于领导者所面对的体制和文化挑战远大于其预期。

对企业的管理进行精益化改造并非一蹴而就，也不可能通过一两个项目就能完成。对 NLEAN 思想的学习与贯彻通常需要企业花费一到两年的时间，通过持续不断地开展精益改革，施行能够带来持续效益的计划，最终才能获得显著结果。

因此，精益管理并不只是工具，而是完整的准则体系与企业文化。精益管理的整体思维方式必须从企业文化入手，影响到企业的生产现场。在生产现场，每个员工拥有精益的思路，从现场的小型精益改善项目等方面着手，培养精益意识。当一线人员有了精益意识后，管理层就要从企业内部流程开始进行优化，随后搭建完善的精益体系，包括管理体系、组织体系、保障体系、指标评价体系、人才培养体系等，让已形成的精益改善成果得到保障。

流程和体系建设完善之后，就会不断反哺企业精益文化，使精益改善成果得到维护，使企业管理科学化、高效化。

3.3.2 NLEAN 精益管理系统体现的 7 个层面

NLEAN 精益管理思想以系统化为目标，其追求的价值最终体现在如图 3-10 中的 7 个层面。

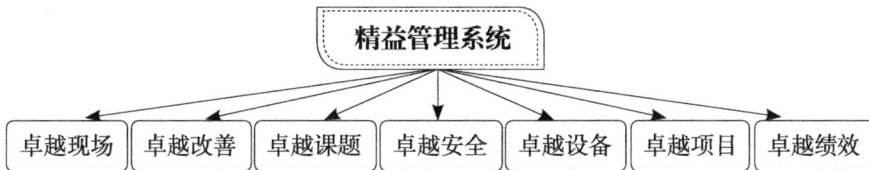

图 3-10 NLEAN 精益管理思想的价值追求

1. 卓越现场

现场就是市场。没有卓越的现场，企业拥有再强大的市场营销能力也只能是巧妇难为无米之炊。一流的现场管理是精益管理的源泉，是企业增效并获得胜利的保证。然而，如何看待现场、如何追求现场的卓越，决定着企业家能否充分理解 NLEAN 精益管理系统的思想。

从这个角度来看，NLEAN 精益管理系统的首要价值在于为现场管理提供强有力的基石。不做好现场管理，只奢望整个管理系统带来卓越成效，只能是空中楼阁。

目前，国内许多企业的现场管理之所以长期停留在低水平的层次，根本原因在于企业管理者对现场管理的追求还停留在"干净、卫生、整齐"上。表 3-1 所示为不同的现场管理思想导致的不同结果。

表 3-1　不同的现场管理思想导致的不同结果

层次	现场管理思想	管理目标
卓越现场	人性化管理；不将希望完全寄托在执行者的自主责任心上；承认员工工作时注意力状态的变化；从改变员工的"大脑"着手	零事故、零缺陷、零浪费、零故障
普通现场	现场干净整齐；责任心决定一切；只要员工按标准执行操作	满足于控制在一定范围内的损耗率、不良率，缺乏追求卓越的意识和方法体系
差现场	企业做好营销是最重要的，生产现场不重要	生产出质量合格产品即可

显然，不同的现场管理思想决定了不同的现场管理目标，随之带来不同的现场管理水平层次。

企业通过 NLEAN 精益管理体系中生产现场管理部分，有效夯实现场质量管理基础，集中于现场品质管理的 10 大焦点，提升员工质量意识与理念。这样，卓越现场的目标方可达成。

2.卓越改善

卓越改善，是 NLEAN 精益管理系统的内在精髓，是企业积累信息和经验、形成组织记忆的管理行为。同时，由于精益管理是自上而下推行的。NLEAN 精益管理系统的价值也体现在领导层必须以身作则，全程指导和参与整个过程的改善。出于对卓越改善意义的认识，他们更需要关注过程，而非单纯注重结果。

以 A 企业为例，在原总经理领导下，精益管理效果出色，甚至引发了同行参观学习的热潮。但更换总经理后，精益活动效果很快江河日下。虽然两任领导者对精益管理活动都非常支持，但原总经理十年如一日坚持点评工厂正在进行的精益改善活动，鼓励并表扬优秀员工，分享其巡视心得，坚持每天不定时巡视工厂，以教练身份引导中基层干部主动发现问题并寻求改善，而新的总经理却没有坚持这些。由于缺失了对卓越改善这一目标的孜孜追求，精益管理体系的价值也就无从体现。

这个案例充分说明，对精益过程与结果认知的差异以及角色扮演的差异性导致了截然不同的结果。

3. 卓越课题

精益管理是众多行业必须面临的战略决策，也是一项长期和重点的工作。精益课题则是充分体现 NLEAN 精益管理体系的有效"抓手"。

试行 NLEAN 精益管理系统，必须发挥好精益课题的带动作用，通过目标引领、标杆示范，带动精益管理思想在整个企业中自上而下的推进，创造实效和收益，确保完成预定的目标任务。

在实践中，精益课题存在以下方面需要改进：有些课题与企业的战略目标、精益管理工作的结合不够紧密，对企业运营管理中暴露的问题缺乏改善作用；有些课题只是对其进行了简单的前期探索，或者在部门内进行小范围试点，改善措施的运行过程较短，难以验证其结果是否持续有效。

针对上述方面，只有强化问题导向，提倡创新精神，拓展研究领域，推广课题应用，不断打造出卓越课题，精益管理思想才能真正得到体现。

4. 卓越安全

在 NLEAN 精益管理系统中，卓越安全的理念和方法与传统的安全管理有显著不同。在精益思想指导下对卓越安全的追求需要将安全管理和精益管理有机结合，以安全价值链为主线，通过对企业各类资源的合理调配，将安全目标整合到组织的各个层面管理和生产实践中，对具有潜在风险的生产工作进行规划并执行，对不同类型的风险进行有效识别、分析与控制。企业通过对生产过程中持续改善信息的反馈和执行，确保员工、环境、企业和公众的安全。

从字面意义看，精益管理与安全管理似乎存在某种"矛盾"关系，这种看法导致在实践操作中，一些企业甚至将安全管理看做一种"成本"。然而，如果仔细分析，就能理解两者之间相辅相成的密切联系，主要体现在以下几个方面。

首先，精益管理强调标准化工作。如果标准化的工作操作无法顺利完成，企业的生产环节就会出现不稳定情况，这很可能导致出现安全问题。

其次，精益管理强调消除浪费，同样，所有浪费也都会导致安全风险的增加，领导者在改善安全管理的同时，也在努力消除浪费，推进精益管理。

例如，某企业由于精益管理体系的欠缺，某个仓库的库存产品超出了其设计参数，存储区域，浪费就发生了。与此同时，更多产品在中转时被堆放到错误的位置，包括员工通道两侧、车间拐角处等，导致员工工作视野受限、叉车行进轨道受阻，加大了安全风险。

从这一角度看待精益管理与卓越安全的联系，就能认识到安全效益与管理效益并不矛盾。安全效益具有可预见性和不可预见性的双重特性，在不发生安全事故的前提下，安全效益大小不可预知，而一旦丢掉了安全保障，就可能给整个管理体系带来灭顶之灾。

在对卓越安全的追求过程中，尤其要重视以下几点。

（1）以基层为本

对员工的尊重与关心是 NLEAN 精益管理系统赖以成功的基础，也是卓越安全的内在要求。任何管理系统能够长期稳定运行并产生价值的前提，是不能对员工造成伤害。因此，尊重员工也是 NLEAN 精益管理的核心理念。无论采用何种管理系统，都需要员工在其中发挥才智并贡献最大潜能。

想要实行精益管理，对现有流程加以变革，领导者需要向正在操作该流程的员工学习。同样，想要消除潜在风险，那么最有助于识别风险并寻找解决方案的人，也是每天面对风险的基层员工。精益管理和卓越安全，一致要求领导者必须到现场去，听取基层员工的建议，解决他们在生产与工作中遇到的困难。当员工满意了，他们的工作热情与责任心才会增强，才能保障企业安全稳定的生产局面。

（2）以培训为本

精益管理和卓越安全的实现都需要持续不断的改善。为达成卓越安全的目标，NLEAN 精益管理系统强调要将不断提高员工的安全素质和能力放在重要位置，包括建立内部培训师机制，加强对一线员工的培训，而不是单纯培训中高层领导。

（3）以现场为本

传统安全管理习惯于通过会议、听取汇报、分析问题、研究问题、协调等方式解决。NLEAN 精益管理系统在追求卓越安全管理时，主张在现场调研、分析和解决问题。这种以现场为本的思维，能让领导者将资源用在正确的地方并制定极具针对性的防范措施。

5. 卓越设备

"细节决定成败，精益成就品质"，企业只有将细节精神贯穿到 NLEAN 管理的执行中，才能满足其发展的迫切需求。无数事实告诉我们，设备上细小的差别会带来生产过程的显著差异，造就市场竞争力的巨大不同。

当前，制造业不断向精益化迈进，设备转型发展速度较快，客观环境对设备技术本身和设备管理体系提出了更高的要求。然而，在当前乃至今后一段时间内，设备管理水平依然会在一定程度上制约设备价值的发挥，其主要问题体现在设备的生产效率无法完全达到应有的水平、设备的使用周期难以完全达到设计水准、设备的经济性无法获得有效应用等。

对这些问题的根源加以分析，重点在于以下几个方面：首先，企业管理者对设备及相关系统的技术研究和掌握水平不够；其次，设备管理的理念更新不够快；再有，设备精益管理的技术得不到有效提高；最后，设备管理的方法相对单一。

针对上述问题，企业需要追求设备管理的精益化。其精髓在于把握好生产经营的特性，处理好设备健康运行与零缺陷之间的关系，建立确保生产设备稳定运行的体系。

打造卓越设备的目标层次，主要包括以下几个方面。

（1）设备寿命周期费用最佳化

设备寿命周期费用包括原始费用和使用费用两大部分。其中，原始费用即设备的购置费用，属于一次性集中支付的费用；使用费用是设备维护费用，一般每年支付一次。在精益管理体系运行过程中，企业对卓越设备目标的追求能够让设备寿命周期费用达到最经济的效果。当然，最经济的目标并不意味着费用越少越好，而是在对设备综合效率等指标的综合考量下所达到的效率最佳化。

（2）设备技术管理与财务管理的结合

企业通过精益管理，对设备在寿命周期内的技术管理与财务管理进行综合研究，从而达到管理科学、技术先进、费用合理的统一。

传统设备管理中，人们过于注重设备的技术管理，满足于用好、修好和管好设备，很容易忽视其经济效益。NLEAN 精益管理系统并非单纯重视管理技术的运用，也要考虑费用的消耗；并非只重视工艺的需要，也要追求设备管理的合理使用和潜力发挥。上述目标最终体现在两个方面：一方面要求设备经常保持良好的技术状态；另一方面要求企业节约设备维修与管理的经费支出。这样才能促使设备的综合生产效率达到最高，设备管理走向卓越，精益管理的精神也就得以体现。

6. 卓越项目

卓越项目是 NLEAN 精益管理系统的重要体现，其内涵包括以下两个方面：首先是产品卓越，即一个产品或意向服务包含了优秀的特征与功能，这些特征和功能能够具体达到竞争对手难以实现的标准；其次是为了交付卓越产品，企业能够高标准、严要求完成所需要做的工作。

简而言之，卓越项目需要确保产品与工作的规范。前者是对产品所提出的度量标准，后者则是产生项目计划的基础。产品与工作的规范应在 NLEAN 精益管理系统上达到高度一致，从而确保项目最终能够交付出满足客户特定要求的产品，以产品质量体现精益管理的价值。

7. 卓越绩效

能持续产生绩效的公司才能长久发展。企业想要获得卓越绩效，就必须有相应的措施。一切精益改善活动都是推动企业绩效提升的活动。NLEAN 精益管理系统下的绩效管理不同于企业一般的绩效评估，而是通过持续发现、分析和解决问题的方法，实现绩效改善的层次目标。

在 NLEAN 精益管理思想中，追求卓越的绩效管理不是简单的任务推进，而是企业领导层与基层员工围绕工作目标与如何实现目标达成共识的过程。这是因为单纯的绩效评估采用"记账"的形式，只关注工作的结果，只能体现过去的绩效。精益绩效管理则从一开始就有计划地制订与开展绩效评估，更强调对未来绩效的影响力，同时不偏离工作过程。这样的绩效管理能够更好地解决问题，并有效实现精益系统的优化。

3.3.3 NLEAN 精益管理系统的"3 高"与"5 化"

在 NLEAN 精益管理系统中，最核心的追求目标可以总结为"3 高"与"5 化"，如图 3-11 所示。

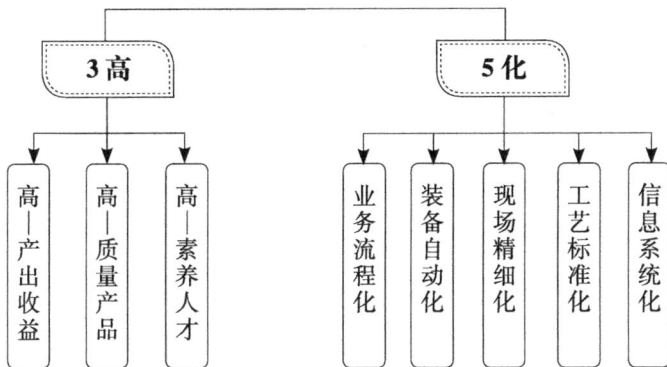

图 3-11 "3 高"与"5 化"

"3 高"即追求高产出收益、高质量产品与高素养人才。

1. 高产出收益

运用 NLEAN 精益管理系统，必然为企业带来效益提升。通过精益管理思路的指引，企业对生产过程中的浪费点进行识别并消除，将管理目标进行分解和传递，能够促使管理流程不断优化完善，进而让员工有效承担各自的责任，明显提升工作效率。

实施 6S 管理活动，能使企业生产现场整洁、高效、有序，促进生产现场的规范化、目视化和节约化，提高员工个人绩效。同时，在精益化管理循环之下，企业管理者能够及时发现问题，改进管理方法，提高管理绩效。

在获取高产出收益的管理和生产活动过程中，企业往往会经历以下 3 个阶段。

（1）重新界定价值与浪费

刚接触精益管理的企业，很容易被"消除浪费，创造价值"的理念所吸引，并收获短期的成果。这样，企业就能以客户为中心，重新审视其产品设计、生产过程、服务项目等，积极发现浪费之处。通过对 NLEAN 精益管理的学习，管理者学会站在客户立场，重新辨别价值与浪费，并产生改善意愿，为企业构建高产出形成有利基础。这是企业进行高产出收益管理的初始阶段。

（2）寻找解决问题的方法和工具

在剔除显而易见的浪费之后，企业管理者需要利用 NLEAN 精益管理系统，帮助员工掌握一些能够迅速上手、简便易用的工具，并在其本职岗位上展开应用。由此，企业能够用这些工具有针对性地发现问题、解决问题，进一步创造更长久的收益。

（3）搭建由点及面的高效系统

通过使用工具进行"点"的改善，企业能够在局部收获较为明显的改善效果。不过，从经营者的战略视野中，还无法看到真正令人惊喜的稳定变化。这是因为运用改善工具时，并不需要从企业整体上对组织与文化进行革新，虽然比较容易在各自独立的岗位或部门工作中取得效果，但却难以持久并通过相互观念作用扩大成效。

因此，当企业达到这一层次时，NLEAN 精益管理体系将从系统角度，通过精益生产管理，让原本的星星之火变成燎原之势。此时，企业高层重视精益管理，中层管理重视精益学习和指导，基层执行员工则改变了原有的思维和工作习惯。这样，从战略到执行，都将精益生产的理念、思想和技术有机结合，为企业的产出带来整体优势。

2. 高质量产品

毫无疑问，销量和利润是每个企业追求的目标。提高产品质量、减少浪费，进而赢得客户信任，更是企业对产品质量管控过程内的题中之义。将精益管理与高质量产品结合，能成就真正体现 NLEAN 精益管理的目标价值。

企业通过 NLEAN 精益管理系统，在对关键质量数据的定量化分析的基础上，综合运用多种知识和方法，对产品质量信息不断进行整理和分析，找到并消除对产品质量产生负面影响的多种因素，对关键质量指标持续进行系统性改进，使产品质量得到持续改进，达到卓越标准。

精益管理中的高质量产品目标是企业提高经营绩效的重要战略标准。在这一目标引导下，企业不断自我促进，发现需要被度量和改进的关键质量指标，通过系统方法，实现持续改进。随后在进一步的精益生产推动下，企业生产的合理与高效因素得以充分释放，灵活地生产适应不同需求的高质量产品。这一目标对于 NLEAN 精益管理系统具有积极的意义和价值。

3. 高素养人才

NLEAN 精益管理中最重要的工作目标之一在于人才的科学任用。精益生产的理念能够用于企业生产运营管理中，同样可以应用于人才管理中。企业招聘、选拔人才时，务必做到准确用人，这也是精益管理中人力资源使用的核心目标。

为了实现这一目标，企业务必要通过 NLEAN 精益管理系统，提高整体用人水平，强化对不同人才的相关考核及测评，制定科学的用人标准。同时，还要将用人目光放长远，通过合理的培训和晋升制度，将有潜力的候选者提拔到合适的岗位上，最终选拔出可以胜任企业领导工作的优秀人员。

具体而言，在 NLEAN 精益管理系统下，围绕培养高素质人才的目标，企业应侧重以下两点做法。

（1）避免大量储备，内外招聘结合

在管理和运营中，企业应适当降低人才需求预测，防止储备过量后备人才。同时，有计划地从外部进行招聘，填补人才空缺。企业可以通过对岗位类型的评估，确定不同岗位的特殊性，并通过内部培训达到其要求。总之，企业应将人才培养看作一项投资，经过精密权衡，决定人才培养的资源投入量。

（2）建立对应体系，适应人才需求变化

人才需求的不确定性是企业必须面对的现实。无论是企业战略调整、外部市场变化，还是信息化技术的发展，都会影响到人才的需求情况，企业想要建立高素质的人才队伍，必须学会真正适应这种不确定性。例如建立多元化的精准招聘渠道，将人才培养计划分阶段进行，针对不同需求情况设立对应的人才库，形成公司内部的竞聘机制，在不同部门之间进行精准调配等。

"5化"即业务流程化、装备自动化、现场精细化、工艺标准化、信息系统化。

1. 业务流程化

业务流程化没有最好只有更好。实现业务流程化目标的过程就是企业不断改善的过程。

在 NLEAN 精益化管理系统实行过程中，企业应明确不同业务领域分别需要解决的问题、解决目标和工作流程。随后企业应对业务流程中产生的问题原因进行深度分析，企业针对这些原因，拟订改进方案，通过讨论和意见征求，确认改进方案并付诸实施。

业务流程化的实现有利于实现企业整体的精益化目标，为精益化工作的开展打下基础。当然，业务流程化也只是精益管理体系中的一小步。精益化本身是持续优化、螺旋式提升的过程，不同发展阶段的企业在使用 NLEAN 精益管理系统时，都可以运用其思想实现业务流程化工作。

2. 装备自动化

装备自动化包括操作自动化，如制造业领域的机械手、螺钉机、点胶机、撕贴机等；物流自动化，如有动力配送、AVG 配送等；信息自动化，如自动扫码、自动预警和自动识别等。

从狭义上看，装备自动化可以有效节省人力、提高生产效率、提升产品品质；从宏观上看，其目标在于改善企业内人与设备的素质，力求以先进合理的方法，彻底排除设备及相关不良因素，最大限度地提高设备效率，达到精益管理提高业绩的目标。

3. 现场精细化

该目标要求企业将精益管理理念落实在现场。包括在现场管理中落实质量基准理念，将能够达到让用户满意的质量水平的理念贯彻落实到所有工序中。同时，企业要彻底消除各种资源浪费。

具体而言，现场精细化目标包括实现标准化操作、遵守已设定的标准、提高改善的速度等。

4. 工艺标准化

企业要实现这一目标，关键在于优化制造系统：按成本、质量、时间和服务的要求，使企业制造系统适应精益管理的需要，包括生产模式、生产组织、工厂布置和现代先进制造技术的应用；在优化制造系统的过程中，需要充分运用系统内的设施、组织、技术，确保产品制造过程的优化，做到按时按质低成本地完成产品制造；培养适应标准工艺的合格人才，由于产品工艺的优化由人完成，工艺标准化必须建立在合格人才队伍的基础上。

5. 信息系统化

从整体来看，企业信息系统化包括产品设计、生产过程、销售、经营管理、决策等多方面。该目标的主要内容可概括为以下两个方面。

人员信息化包括建立信息部门和信息主管团队；培养专门从事信息工作的人才队伍；提高全体员工信息化能力和意识；制定并实施信息化标准规范。

建立企业信息系统与网络，包括建立企业管理信息系统、网络信息处理系统、办公自动化系统、会计电算系统等，进而建立企业内部网，以便于企业生产、流通或服务系统有效运转。

3.3.4　NLEAN 精益管理系统的方针与理念

NLEAN 精益管理系统的方针与理念如图 3-12 所示，是这一管理体系的思想宗旨。企业对之秉持贯彻，能够使之产生充分的指导价值。

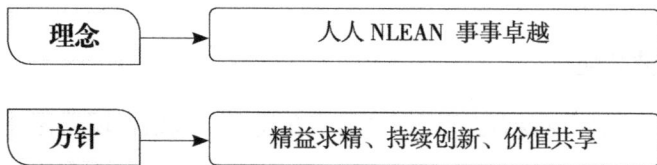

图 3-12 NLEAN 精益管理系统的方针与理念

NLEAN 精益管理系统的理念是：人人 NLEAN，事事卓越。

人人 NLEAN，意味着整个企业从上而下每个人都是精益管理的主体，都应积极参与到精益管理对企业的变革中去。在此思想指引下，每个员工的价值都应被重新评估和重视，并由企业最高领导者开始，逐层激发不同岗位工作者的积极性。

人人 NLEAN，需要企业的管理者花费更多时间来调动全体员工投入到精益生产中，其主要做法包括以下几点。

1. 转变对劳动力的看法

企业要将员工看作最重要的资源，将劳动力看作长远的、比机器设备更能在精益生产中发挥作用的固定成本。因此，企业管理者要将过去那种粗放式的员工管理理念和方法转变为以员工为中心的精益化管理理念和方法，改变短期用工的陈旧思维，利用管理理念、方法、激励、环境、竞争、福利等各方面的新要素去激励全体员工。

2. 充分调动员工的参与性和积极性

NLEAN 精益管理的核心在现场，更在于每个参与的员工。企业要引导和激励每个员工去参与持续改善，通过员工的主动参与，发挥他们的积极性和创造性，增强他们的主人翁意识。

3. 优化生产流程，降低对个人的依赖

无论何种规模的制造企业，员工的流失在所难免。如果没有经过优化的流程，精益管理就会变得越来越依赖员工个人的技能和态度，加大企业面临员工

高流失状况时的风险。

为了让每个员工都能成为 NLEAN 精益管理系统的一分子，企业应该通过自动化措施，尽可能减少现有流程的中断、回流、交叉、共享等，使加工操作过程清晰明确。同时，在精益生产过程中，适当采用小型自动化工具代替手工作业，降低员工操作的复杂性，实现人机分离，减少机器作业时对人的依赖。这样，企业就能避免频繁更换新员工带来的问题，确保 NLEAN 精益管理系统运行的品质和效率。

事事卓越，意味着推行精益管理，要从每件小事都追求卓越做起。

在精益管理系统的构建过程中，企业必须重视每个生产和服务环节中的每个细节，发现问题并进行解决。

这一理念，对企业领导者提出了下列明确要求。

1. 精益管理要从解决小问题开始

不少初次接触精益管理的企业家，总是想要了解 NLEAN 精益管理系统能够立刻带给企业怎样的战略性成就。但实际上，NLEAN 精益管理系统首先解决的是小事。

企业内存在形式多样的浪费现象，大到一个工作流程、一种操作制度、一种管理模式，小到一个螺丝钉、一滴水、一度电，都有能够改善的空间。

2. 精益管理要从小工作做起

企业要经常利用各个部门、车间、小组内的临时性会议、日常会议，向员工传达改善工作中流程和方法创新带来的新成效，也可以利用这些机会，鼓励员工分享自己或身边同事在精益改善工作中的事情。通过看似不起眼的小细节，去逐步影响并改变员工的心态与看法，积极营造浓厚的精益改善氛围，激发员工参与精益生产和管理的热情，最终推广精益标准，形成精益文化。

3. 精益管理要从小事着手创新

在 NLEAN 精益管理系统的建设和运行道路上，企业应着力于微小的创新工作，以精益课题研究、品质控制（Quality Control，缩写为 QC）活动、建言献策等活动为契机，鼓励全体员工从身边工作、身边小事中积极开展"小改革、小发明、小创造"，对于其中形成的成果及时鼓励宣传，让员工看到小事改善带来的改变和进步。

企业应积极引导每位员工，时刻紧绷"精益之弦"，不断发现身边小事中的问题。针对这些小问题，通过对流程梳理进行改善，由此走向"人人NLEAN，事事卓越"。

NLEAN 精益管理系统的方针是：精益制造、持续创新、价值共享。

1. 精益制造

相比大规模制造，精益制造用更少的投入来生产产品、提供服务，包括使用较少的人力、制造空间、工具投资、作业时间完成对新产品的研发和生产。通过精益制造，企业在降低对资源需求的同时，通过提高高质量商品的生产能力从而实现精益的目的。这样，提高生产率的目标就可以顺利实现了。

2. 持续创新

企业经营管理的发展道路永远没有终点。围绕企业战略目标，企业的经营管理总会出现新的问题，而精益化管理从本质上要求企业不断寻找新的解决办法。

因此，NLEAN 精益管理系统提出"持续创新"作为指引方针，要求管理者和基层员工必须始终处在创新环境中，不断从新的视角发现问题、分析问题，不断寻找新的思路去解决问题。在此过程中，企业的管理水平才能不断上升，管理效率才能不断提高。这样，创新就会持续地带来改善效果，使企业得以持续的自我成长。

在我国早期引进精益管理思想的企业中，海尔是较为成功的典型。

中国加入 WTO 后，越来越多国外的家电企业进入中国市场，传统家电行业受到严重冲击，面对国外企业的竞争，海尔全方位学习精益管理思想，不断创新，最终走向世界舞台。

正是在不断创新的过程中，海尔企业内出现了全方位优化管理思想（Qverall

Every Control and Clear，缩写为 OEC）、人单合一的生产管理模式，并对企业业务流程实现了从直线职能到矩阵结构的再造。通过创新，海尔凸显出了企业对"人"的重视，在管理者和员工之间建立起良好的关系，并持续改进了组织结构，让自身不断适应时代发展的要求。

3. 价值共享

企业是一个系统，是由不同人根据共同利益形成契约而结合的团队。价值共享是精益管理体系的本质方针。

在精益管理体系的各个组织层面中，协作意愿都是不可或缺的，任何创新、改善和优化都离不开员工之间的共同协作。企业应将价值共享打造成主旋律，通过协作创造出整合力量，实现管理的放大效应。在价值共享的基础上产生的精细管理成果，才会是牢不可破而具有提升空间的。

3.4　NLEAN 精益管理的价值体系

3.4.1　价值共有中心

NLEAN 精益管理系统的价值体系框架内，价值共有中心是不可或缺的。其具体内容为：精益变革的精神、相互尊重的精神和敢于挑战的精神。

精益管理的变革价值体现在对意识的改变上。只有提供并推广精益变革、相互尊重与敢于挑战的精神,企业才能从上而下将精益看作一种逻辑、一种思想、一种方法。

实践中，不少引入精益管理模式的企业都曾面对过精益化生产无法落地的问题，原因就在于精益改善并非只是对工具的运用，而是要通过精益管理文化的内在精神作用，形成更为持久与强大的影响力。

成功运用 NLEAN 精益管理系统进行变革的企业，无一例外都发挥了其精神上的共有价值中心的作用。例如，启发并引导员工，在相互尊重的基础上进行改善，培养他们识别现场问题的能力、培养他们破除旧观念的习惯、鼓励他们拥有敢于挑战的勇气。有了这样的变革追求，员工才能逐渐拥有积极改善的热情，真正发挥出 NLEAN 精益管理的整体变革价值。

通过这些方法，企业能从以下 10 个方面体现 NLEAN 精益管理的中心精神价值。

1. 颠覆陈旧观念

企业从上到下都应摒弃固有的"上班只为挣钱""没有功劳也有苦劳"等观念，追求拥有成果、有效率地进行工作。

2. 积极寻找方法

相信方法总是存在的，只有想不到，没有做不到。所有能够从源头上解决浪费的办法就是可行的办法。

3. 不分辩解释，而是积极否定现状

无论是领导还是员工，都不要为不合理现象找理由，而是对之积极否定。要坚决认为不良现状是错误的，并在此基础上加以改变。

4. 不追求计划和表面完美，而是立即实施

在精益管理的实践过程中，领导者不应一味等待万无一失的"完美"计划，也不应期待下属能够一次性就将改善措施做到最好。相反，领导更应看重的是改善行动的开始，只要有了行动，就会逐步向前，取得阶段性成功。

5. 勇于面对错误

在改善过程中，对错不决定成败。无论是领导者还是执行者，都要勇于发现和承认错误，只要是在改善过程中发现的问题，都应积极处理而不是选择回避。

6. 计算改善成本

改善同样是经营行为，这一行为要求企业领导者应具有财务意识，需要计算改善的投入和收益，确保取得应有的效益。

7. 追求改变的精神

穷则变，变则通，通则达，达则远。改善的本质精神动力是企业对改变的孜孜追求与渴望。

8. 寻根问底的探索精神

在企业中，不应满足于表面功夫和应付工作，而要对实际存在的问题进行追根溯源，要培养员工和领导者不达目的不罢休的精神与勇气。

9. 集思广益的协作态度

在企业中，要培养员工开放性的思维习惯。员工间互相影响和协作，积极拓宽思路，做到自信而不自负，将方法和智慧充分融合，达到积小成大、积少成多的改善效果。

10. 持续改善，无限进步

不满足于一时取得的成绩，要相信总有新的目标在等待，总有更好的方法值得去发现和尝试。

3.4.2　知识创造中心

作为知识创造中心，NLEAN 精益管理系统所发挥的价值包括：以人为本、最高志向和引领革新三大部分。

在 NLEAN 精益管理系统中，"以人为本"的本意是将人作为改善成功的根本。企业的改善要以提高人的能力、技能为核心，并通过一定的激励手段，让员工自发主动地去解决问题，不断提高工作标准，对工作绩效进行改善。这需要企业领导将员工看成面对改善任务有充分决策能力的主体，要让员工真正成为改善的发起者、实践者乃至倡导者，既要他们用"手"参与改善，也要他们用"脑"参与改善。

以人为本意味着在精益改善过程中，企业必须要让员工认为自己的角色和工作都是有价值的，让他们发挥出创造性的能力，例如独立思考、个性安排等，真正从他们的个人角度去阐发改善的重要意义。

在企业内建立 NLEAN 精益管理系统时，企业领导者必须围绕精益管理思路，形成高瞻远瞩的经营愿景，将之与企业的远期战略相结合，并普及到每位员工的工作理念中，以这一最高志向去带动他们的工作热情。同时，每一位管理者也要在精益管理过程中坚持以人为本的原则，尊重员工自身特点，遵循个人与集体的工作规律特性，创造出适合本企业内外环境的经营管理方法。

可以说，NLEAN 精益管理系统施行的每一步，都能帮助企业管理者和员工从自身特点出发，创造出新的价值，辅导他们寻找到正确的自我变革之路。这应该是 NLEAN 精益管理系统建设和实行过程中的最高愿景与志向。

3.4.3　成果创造中心

NLEAN 精益管理系统能够为企业实现最佳产品设计、顾客满意品质和效益最大化，这些共同构成了其成果创造中心的价值。

通过持续不断地改善，NLEAN 精益管理系统的实施能够为客户带去更好的产品设计、更佳的产品体验。由此，企业不只是获得日趋完善的过程，更能在市场竞争中占据优势，真正满足客户的需求。用良好的用户体验换取强大的品牌口碑。这样，企业效益就能走向科学、合理并能长远维系的最大化。这正是 NLEAN 精益管理系统所能创造的重要成果。

具体到对产品品质的改善上，打造让顾客满意的品质并非一朝一夕的事情，也不是依靠行政命令或口号就能迅速解决的。这就需要企业从细微点滴的地方着手，采取具体有效的改善措施，对产品品质加以改善，保障产品品质的可靠与稳定。因此，对产品品质的提升，需要在设计、生产和检查三方面着手，在改善中创造成果。

首先，产品需要稳定可靠的品质设计。一个精良完善的产品模型必须要在设计阶段就全面考虑产品使用周期中可能出现的质量问题，例如采用的原材料材质和规格状况、零部件基础材料、零部件配套企业的生产情况、原材料质量状况等。此外，产品的结构设计能否在生产工艺过程中稳定实现，同样是设计者需要考虑的。

其次，企业要通过生产过程确保产品质量能够得到保证，让客户真正满意。管理者和生产者应结合设备的加工精度、工艺的保障条件、人员的技术水平以及产品在终端用户手中的使用状态等，力求从产品加工生产的起点杜绝各类设计和生产缺陷。在精益改善活动中，尤其要重视教育、引导和约束设计者，使他们在设计时主动自觉地消除可能会产生的产品质量缺陷。在生产现场，则要通过积极改善和控制生产工艺和过程，保障生产质量。在此过程中，管理者要对生产要素中的人（生产者）、机（设备机器）、料（原料和零部件）、法（正确的作业方法）和环（作业环境）进行有效的质量控制，避免生产要素的不稳定对产品质量带来的负面影响，以实现顾客满意度和产品效益最大化。

最后，企业应通过对精益改善中各环节的检查控制，提高每个员工对合格品的制造能力、对不良品的识别能力，获得效益最大化。如果能实现这一目标，员工就不仅是合格的操作工人，同时也是合格的自我检验员，只有这样，才能真正符合精益生产的要求，防止不良产品的流出。

通过以上三个维度的精益管理成果分析可以看出，产品从设计到生产再到检验的每个阶段中，管理者和操作者都对保证质量负有不可推卸的责任，并以此落实三大成果创造中心，构建 NLEAN 精益管理系统的价值体系。换而言之，精益管理必须聚焦于帮助企业持续改善、尽善尽美的品质追求上，所有相关的精益管理变革也都是为了实现这一价值取向而做出的努力。

3.5 NLEAN 精益管理的目标体系

3.5.1 经营性目标管理与运营

在 NLEAN 精益管理的目标体系中，经营性目标是企业应优先考虑的目标。

NLEAN 精益管理的经营性目标包括利润率、投诉率和库存三个方面。

利润率是企业一定时期的利润总额对有关经济指标值的比率。该指标表明了企业的利润水平，能够综合反映企业整个生产经营活动的经济成果，还能够与同类企业的利润水平进行比较。

对利润率目标的重视，来自于正确的利润理念。NLEAN 精益管理思想要求通过不断降低成本来提高利润，因此，企业必须通过不断进行现场及业务改善，降低产品成本，确保企业利润。

此外，精益管理和生产的利润理念，还体现在评价利润率的标准上。精益思想主张以经济指标作为判断价值的基准，但也强调高利润率并非完全等同于低成本。提高利润率需要降低成本，但企业不能只看到低成本对提高利润的作用，更不能将压缩成本作为唯一的目标，以免形成错误的管理导向。

在 NLEAN 精益管理系统的目标体系中，将利润率的目标值设定为 3 至 5 年内达到行业第一阵营水平。这并不是盲目夸大，而是建立在现实的基础之上：绝大多数中国企业并没有全面实行真正的精益管理，而率先落实 NLEAN 精益管理系统，也就意味着企业能够拥有先发制人的优势。

投诉率是指一定时期内客户投诉总量与客户总数量的比率，与其相对应的是客户满意率。在精益管理中，广义的投诉率不仅包括外部客户的投诉，也包括内部部门对上游部门的投诉。

通过对降低投诉率这一目标的管理与运营，精益管理方式能够使问题再现，即将潜藏的问题全部暴露出来，以便进一步改善。企业结合杜绝过剩生产、追求零库存、目视管理和停线制度等方法，能够科学地降低投诉率，从而避免真正的问题被投诉的表面现象所掩盖，避免影响实质性的改善。

例如，在某企业中，由于其业务流程和协调机制设计得不合理，导致作业和业务中出现停滞和等待的现象，并由此引发销售部门对生产部门的投诉。从 NLEAN 精益管理模式的角度来看待该投诉率问题，企业应采用正确的方法，分析问题的来源，并对业务流程和协调机制加以改善性创新，通过消除引发问题的深层次根源，实现彻底降低投诉率的目标。

在 NLEAN 精益管理系统的价值体系中，企业应力争在全面实行精益管理的 3 年内，将投诉率降低至现状值的 25%。

库存是企业在仓库中实际储存的货物。传统意义上的库存作为企业生产和销售的物资保障，在企业的经营中占有重要地位。企业持有必要的库存，可以确保生产正常、持续和稳定进行，也能科学地满足客户需求。然而，精益管理思想却并不这样看待库存，认为凡是超过最低必要值的高库存率，都会造成以下 3 类损失。

1. 表面损失

包括产生不必要的搬运、放置、堆积等浪费现象，占用过多仓库场地和场地建设产生的浪费，以及随之出现的找寻、防护、处理等浪费动作，也包括保管费用的浪费。

2. 潜在损失

包括对流动资金的占用、额外承担的利息，因市场变动而无法将库存销售出去的风险，产品长期储存而导致质量劣化的风险等。

3. 意识损失

过高的库存率会掩盖企业经营中存在的问题，造成诸多假象。正因如此，在 JIT 精益管理理念中，首次提出了"零库存"的观点。该观点认为，库存即浪费，做到零库存，就能实现高效的库存管理。

NLEAN 精益管理系统吸收了前人理论的精髓，并基于中国企业面对的市场现状，提出将企业库存在 3 年内降低至现状值的三分之一。通过 NLEAN 精益管理系统的改善，这一目标完全能够有效实现。

通过设定与实现利润率、投诉率和库存三大经营性目标，NLEAN 精益管理系统目标体系能够推动顾客满意度提升。

3.5.2　效率目标管理与运营

效率目标是 NLEAN 精益管理系统目标体系的重要组成部分。效率目标的实现能够提高企业的运营可靠性，使企业运营水平在可控基础之上，获得迅速提升。

效率目标包括两大组成部分：直通率和生产效率。

直通率是指产品从第一道工序开始能够一次性合格地进入最后一道工序的比率参数。这一数字能够反映生产过程中产品直接由原料到达成品的能力，是体现企业运营中质量控制能力的重要参考依据。直通率越高，说明企业运营控制能力越好。

有人说，直通率的降低意味着由于产品返工而造成各种成本的上升，也有人说，直通率的降低，说明交货准时率可能会随之降低……将这些说法汇总起来，足以说明直通率代表了一条生产线、一个生产部门乃至整个企业的质量控制能力。

在 NLEAN 精益管理系统中，产品质量的提升，必须从设计、制造到销售的整个流程中分解出每一步生产步骤、每一个生产工位、每一个生产工人所提供的直通价值。在此基础上，引导每个人将下一道工序看作自己的直接顾客，并帮助他们去向自己的"顾客"交付 100% 质量的产品，而不是将质量缺陷传递到下一道工序。

对直通率的重视，要建立在摆脱对最终检验程序依赖的基础上。在成品之后的检验程序中体现出来的产品质量问题可能只是冰山一角，检验者即使采用严格的测试标准也不可能查出所有问题。因此，企业必须在生产流程中利用直通率这一工具，确保质量观念细化到每一个生产步骤中，实现"品质改善"的植入。从这个角度来看，即便直通率数据的起步点很低，企业也应该将之明确展示并作为改善目标，使所有人能围绕着直通率去解决相关问题，深化产品质量的改善管理。这样，企业才能练好"内功"。

通过 NLEAN 精益管理，企业应在 3 年内将直通率提升到 99%。

企业都希望通过合理的方法提升生产效率，并由此降低生产成本。通过 NLEAN 精益管理中对人员、机器、原料、管理方法的不断改善，企业应力求在 3 年内，将生产效率提升至现状值的 1.5 倍。为此，企业需要通过人、机、料、法、环五方面的因素来提高生产效率。

例如，从人员管理入手，通过对生产人员精益改善的绩效评价，进行合理的奖惩管理，为优秀者提供良好的上升路径，激发生产人员的工作积极性，提高生产效率。企业通过定时召开部门员工会议或生产看板的形式，及时公布生产经营情况，让员工了解公司、部门的经营策略，实施目标管理。

又如，做好对机器设备的日常维护，减少故障时间。设备故障时，生产班长要及时将情况上报给主管领导，维修人员必须在规定时间内到达现场，部门领导要到现场组织抢修与协调，争取在最短时间内排除故障，减少停机待机时间。

在物料管理上，企业应注意把控好生产过程中的投料量、中控配料量、包装量等，制定奖惩规定，严格按照制作程序条件实时操作。在作业环境上，加强 5S 管理，杜绝"跑冒滴漏"现象，为员工创造舒适、干净、有序、严谨的工作环境。

总之，企业应通过对生产过程中各个因素的全面综合分析，尽最大努力达到提高生产效率的目标。

3.5.3 研发及工程目标管理与运营

研发和工程是企业在发展中不可或缺的重要开拓能力。为此，NLEAN 精益管理思想也将这两方面目标纳入到整体目标体系中，其中重点是新品研发周期目标和目标成本的管理与运营。

所谓新品研发周期，是指新产品在量产投放市场之前的研制阶段。这一时间段位于产品生命周期的最前端，包括了产品研发团队组建、流程规划、项目实施、成果评估、风险规避、产权认证等一系列活动。在确保产品质量可靠性的基础上，缩短研制周期是精益管理研发目标的主要内容。

利用精益管理思想，减少研发周期和目标成本，企业应积极建立有效的、面向市场和制造的精益研发体系。管理者则需要将制造看做创新的实现场所，充分意识到只有通过设计和制造的相互作用，才能收获创新的价值。

在日本，丰田积极向美国、日本和欧洲的工业工程师学习，并将所学知识融入自身的研发体系中，开发出新的设计制造方法及以下的重要运营原则。

1. 研发流程

大部分传统企业都有书面化的产品研发流程，但这些书面化流程并不能直接解决产品研发目标的问题。在精益管理中，企业要重视的是实际流程，即促使信息传递、改进设计方案、完成测试、原型样品的制造和交付完成品等。这些流程的设计开发，应该将客户看作一切工作的起点，确定客户对价值的需求，从研发源头就将增值活动与浪费加以区分。

在丰田，确定需求被看成产品研发的第一步骤。他们将精益生产中用来消除制造浪费、协调跨部门的工具进行改良，并运用到设计流程中，进行持续改善。

2. 研发体系标准化

在丰田，产品研发体系有三大标准化：

设计标准化，主要是通过结构化设计、模块化和共享零件来实现；

流程标准化，利用制造流程标准化的方法来对产品进行设计，并基于制造流程的标准，建立和管理生产设施；

生产技能标准化，通过对生产技能的标准化管理，更为灵活地安排人员并制订项目计划。

3. 组织结构

在丰田，产品设计和研发是以功能来组织运作的，强调各部门的专业技能，并以此为基础进行等级划分。在此过程中，传统的部门壁垒被总工程师、模块开发和"作战研讨"等新型研发模式打破，以此确保研发参与者能够将目光聚焦于产品开发项目。

4. 整合供应商

在制造业中，供应商的角色越来越重要。丰田除了会对供应商的零件供应能力进行评估之外，也会评估其技术对研发的影响能力。在产品研发前期，通过采购部门，企业就能积极引导供应商参与到研发设计过程中，共同解决开发中的问题。实际上，在如何管理和支持内部产品设计工程等方面，企业都应考虑供应商的作用。

5. 分解问题

在研发中，之所以很容易埋下产品质量问题，是因为人们并未发现它们的存在。丰田将公司策略目标层层展开、跟进落实的方法应用在产品开发研究上，例如将整车的设计目标细化分解为性能、重量、成本、安全等特定目标。这种产品设计管理体系很容易让研发团队提前看到问题。

为了便于在此过程中围绕问题进行沟通，丰田使用了很简单的目视化工具：将产品开发中所有的问题报告限制在一张 A3 纸内，在研发团队内进行传送分享。相比而言，很多公司的问题报告书厚厚一叠，很难让员工愿意仔细阅读。

6. 研发设计的标准化

标准化是精益改善的出发点，产品研发设计也同样如此。丰田利用了强大的工具，对研发设计过程标准化加以支持。例如，他们要求每个工程师围绕自己的工作，根据模板标准，填写详细的设计审查检查表，并就其中暴露的问题展开研讨。这样，有关研发设计的经验技术可以代代传承，而不是随意化、个性化的。

在 NLEAN 精益管理的目标体系中，新品研发周期应在两年内达到现状值的三分之一。具体生产过程中的目标成本也将下降到最低即比同行业少 10% 的水平。

3.5.4 改善文化和组织建设目标管理与运营

改善文化和组织建设目标能够反映领导者如何通过精益管理对企业文化与组织加以改善。其主要衡量方式包括员工满意度与流失率、改善提案两方面。

员工满意度是指员工通过对企业感知之后的效果，与其自身期望值相比，最终形成的感觉状态。这一数值既体现了员工满意的程度，又反映出企业在满足员工需求方面的成效。

权威机构的研究表明，员工满意度每提高 3 个百分点，企业的顾客满意度将会提高 5 个百分点。如果员工满意度达到 80%，企业平均利润率的增长要高出同行业企业 20% 左右。因此，员工满意与否，直接关系到企业整体业绩。提高了员工满意度，也就提高了他们的忠诚度，从而实现企业长期稳定的发展。

员工满意度越高，流失率就越低。由于员工的流失，企业会在不同程度上有一定的损失，例如导致重要的知识技能外流或者管理资源流失。

在企业中，员工关系管理是直接决定员工满意度的工作。然而，员工关系管理可以说是企业内最不容易直接体现出价值同时又琐碎繁杂的人力资源管理工作。不少管理者对其内容和价值始终感到陌生，并没有给予员工关系管理足够的重视与认可。结果，当员工满意度出现问题时，大多数领导者都试图采用回避、压制、敷衍的态度去解决，导致问题长期化、扩大化，成为企业精益改善的绊脚石。因此，企业必须学会用精益思想对员工关系加以改善。

具体而言，企业可以利用生产过程和员工关系管理过程的相似性，将精益思想引入员工关系管理中，构建基于精益思想的员工关系管理模型。企业可以通过对精益思想的运用，达到减少人力资源浪费、提升员工士气的目的。其中最重要的步骤包括以下几点。

1. 肯定员工关系管理的价值

从企业发展角度来看，员工关系管理能够帮助企业目标顺利完成。从员工的个人发展出发，通过员工关系管理，可以让员工实现自我职业规划。因此，企业必须注重和谐的员工关系管理。由于 NLEAN 精益管理思想的出发点在"价值"，企业尤其应该了解员工关系对组织的重要作用和价值，加大力度推动员工关系管理活动的实施。

2. 设计完善的运行体系

在企业对员工关系进行管理的过程中，多余或者不合适的流程都会产生浪费。企业有必要设计完善的员工关系管理流程和支撑体系，将其中可能对价值创造过程产生浪费的环节予以摒弃，确保员工关系管理水平能够不断地循环上升，增强企业人才的向心力与竞争力。

3. 改进员工关系管理流程

精益思想要求将消除浪费的过程不断推进下去。同样，在员工关系管理上，企业也应不断加以改进、发现问题，从而采取措施，再发现问题、采取措施，周而复始不断循环。只有在不断改进的过程中，才能建立起不断为员工创造价值的企业，从而提高员工的满意率。

在 NLEAN 精益管理系统中，企业需要在 2 年内将员工流失率降低到现状值的三分之一，有效提高员工满意度。

另一个能够有效衡量企业文化和组织建设的数字目标表现为员工的改善提案数量。员工提交的改善提案数量越多，企业呈现的改善文化氛围也越浓厚，改善型组织的影响力也就越大。在 NLEAN 精益管理系统的目标体系中，改善提案的目标值为每位员工每月至少提交一件改善提案。

3.6 NLEAN 精益管理中的四阶四维推进

3.6.1 NLEAN 精益管理之四阶

NLEAN 精益管理模式的推进分为四个阶段：精益制造、精益质研、精益供应链、精益目标，如图 3-13 所示。

| 精益制造 | → | 精益质研 | → | 精益供应链 | → | 精益目标 |

图 3-13 NLEAN 精益管理模式的推进阶段

第一阶段，精益制造。

在推进精益管理的第 1 至 3 年，企业应通过 5S 管理、TPM 管理、CELL 等模块，实现精益生产现场管理，进而实现精益制造的目标。其特点为制造水平上的革新。

第二阶段，精益质研。

在第 3 至 4 年内，企业应完成精益质量研发系统，形成企业的精益研发力量，提升制造质量，实现标准化作业。精益质研阶段，企业主要应实现管理的革新。

第三阶段，精益供应链。

在第 5 年之后的长期阶段内，企业要将精益模式向资深供应商延伸，包括计划物控、精益物流、精益供应商管理等，以此打造强大的供应链，并带动企业整体流程的革新。

第四阶段，经营革新。

从第 6 年到长期，企业需要在安全、质量、成本、效率等各方面形成具体、科学、可行的精益经营指标，将之架设成整体的精益指标体系，以此评价精益模式推进的成熟程度。

在上述四个阶段中，第一阶段主要解决"点"的问题，即生产现场每个制造环节中不同岗位的精益管理；第二阶段解决"线"的问题，即将不同环节与岗位的提升链接成贯穿企业研发生产的脉络；第三阶段寻求"面"的突破，从企业自身向行业上下游延伸；第四阶段将企业的精益管理提升为经营体系，形成牢固的精益之"体"。

3.6.2 NLEAN 精益管理之四维

NLEAN 精益管理模式同时也包含了四个维度的目标追求，分别是：组织建设、体制构筑、人才育成与文化建设，如图 3-14 所示。

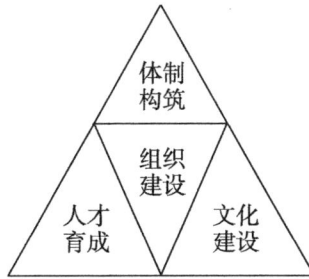

图 3-14　NLEAN 精益管理的四个维度

对企业而言，精益管理方式在生产运作中的优势无与伦比。然而，大多数企业努力向精益管理转型的结果并不令人满意，主要原因在于领导者忽视了维度的重要性。

四大维度的设定，使精益从企业表层的管理活动逐层贯彻到基层，最终改变企业的习惯，融入企业的血液，填充企业的骨髓，熔铸企业的灵魂，形成精益的"DNA"。只有如此，精益的"种子"才能在企业的土地上生根发芽，最终长成枝繁叶茂的大树。

1. 体制构筑

精益管理要针对企业不同的职能系统进行深入变革，而并非只是对生产系统的改变。事实上，能否成功建立精益管理体系，主要在于能否在企业内部建立起可以暴露问题的运营机制，以及能否利用这一机制去不断发现和解决问题。

成熟的精益管理体制包括以下 3 大基础。

（1）管控体系

企业要按照市场给出的价值取向，结合实施精益管理的战略任务，将精益理念提前融入企业的组织管控架构策划中。企业要按照质量和效率优先的原则，重新对生产条件和管理要素进行组织，完善管理体制。企业要成立精益管理战略推动部门，建立从企业、部门、车间到班组、员工五个层次的精益管理队伍，从中培养出优秀的精益改善领导和实践团队。

（2）流程体系

企业要构建以价值提升为方向的流程体系，通过对精益思维的运用，审视并改进工作流程。这样，对外能够适应和满足市场需求，对内则能够以下一道工序为价值中心，开展流程优化。

在流程体系的建设中，企业应适时进行流程驱动型管理，将 NLEAN 精益管理思想与管理创新、六西格玛、QC、TPM 等管理工具体系相结合，提升精益管理的推进效果。

（3）目标体系

企业应以追求效益提升为方向，构建新的目标体系。用精益理念系统对企业目标管理体系进行策划，着手对之进行系统性改善，从而提高内部运营效率和资源利用率，发挥目标在精益改善方面的激励导向作用，实现管理效益的最大化。

企业通过构筑创新的精益管理体制，明确经营管理创新的方法。这样才能开创新局面、获取新业绩。因此，企业必须将体制构筑作为精益管理的主要任务维度，孜孜不倦地去追求。

2. 组织建设

在企业推进精益管理的过程中，经常出现文化上多种管理理念并行，业务上经营模式与需求不符合，管理上交叉过度或粗放无效，生产上分工不科学而导致资源浪费等问题。通过组织建设，企业能够自下而上地强化团队执行力，在精益管理体的建设与发展过程中，系统而持续地解决上述问题。

推行精益管理，必须让组织变革先行，这就需要企业制定好组织策略。组织策略有以下两方面的内容。

（1）组织本身的变革

在传统企业中，从基层员工到组长再到车间主任、部门经理，直到总经理，形成复杂而垂直的组织结构，这对提高企业的工作效率十分不利。进行精益生产的企业应对组织本身进行变革，减少从总经理到项目团队的层级，删除其中不必要的中间环节，提高流程效率和工作效率，加快信息流动和物质流动，提高对终端用户需求的反应速度。因此，在推行精益生产的过程中，组织变革是重要的维度。

（2）组织建设的健全

精益生产组织建设是否健全，也是企业实行 NLEAN 精益管理成功与否的关键。在推行精益管理的过程中，首先要做好企业的组织建设，使组织具有以下特征：组织结构扁平化；以项目团队开展工作，拉近部门之间的协作关系，打破部门之间的壁垒；各部门通力合作，以生产为中心开展工作，及时高效地满足客户需求等。

其中具体步骤包括：确定项目团队的负责人或经理，并由其承担制定团队目标、开展企业精益化转化的工作；确定项目团队核心成员，协助负责人制订项目计划，服从负责人安排，按计划推进项目任务；项目团队管理，加强团队建设，使之具有通力协作的精神，加强团队管理和绩效考核，快速进行转化。

3. 人才育成

21 世纪初，丰田前总裁张富士夫，将人才育成与人才第一列入五个发展方向中最关键的一个。丰田正是将"造人"看作精益管理的重要内容，才能逐步获得发展与变化。

许多企业在精益管理推进过程中，急于掌握精益的生产方式，只是将之看作管理方法和工具。但实际上，没有真正忠诚于企业并具备较高素质的员工，仅靠工具去实现精益的期待是难以实现的。

从人才育成维度来看，企业推行精益管理，必须做到"精细""有序"和"效益"。

其中，"精细"是指在人才培养、管理和考核过程中，力求细化和量化，有实际的可操作性，能够全方位、全过程、全人员覆盖整个企业。"有序"是指在人才培养流程和实施协调运转中，强调人力、财力、物力、信息等资源的高效运用与优化配置。"效益"则是指在人才培养维度中，杜绝一切浪费，追求人才培养和使用的效益最大化。

总之，人才育成是 NLEAN 精益管理系统的重要维度。只有打造出先进的人才队伍，企业才能收获成功。

4. 文化建设

相比企业生产运营的其他要素，企业文化是长期形成而固有内化的，包含多层次的组成文化。但无论是何种文化，都是潜移默化的，是企业生产运营过程中所积淀出的精神实质，不能依靠简单的学习和模仿就彻底改变。

NLEAN 精益管理思想认为，精益文化包含于企业文化，是企业文化的重要组成部分。只有凸显文化建设这一维度的重要性，才能使精益文化与企业文化更好地融合，实现文化对企业管理水平的提升。

在精益与企业文化融合的推进过程中，需要解决下列问题。

（1）深化对精益的理解

目前，在部分企业中，员工对精益的理解过于简单肤浅。例如，将精益看作"减员"，或者将之看成"降成本"。这会导致精益文化在一开始形成时就发生方向上的偏差。

（2）统一对企业文化的认识

只有通过清晰统一的认识，员工才能将企业文化融入实际工作中。通常情况下，企业高层管理人员对企业文化重要性的认知程度较深，在团队内部也比较容易就企业文化达成统一；中层管理者虽然能够不同程度地认识到企业文化的作用，但容易因为各自工作职责的差异而产生分歧；相对于前两种角色，员工对企业文化的认识则相对较浅，尤其对企业文化和精益管理之间的联系缺乏足够认识。

（3）精益与文化的融合

精益化管理所追求的"低成本、高效率"，无疑是对传统粗放式管理和文化的颠覆，它要求企业必须以精益思想为导向，建构与之相对应的企业文化。为此,企业首先要营造能够让全体员工理解与认同的精益价值观,将"零事故""零

缺陷""零差错"作为长远目标。其次，要通过推行全员改善活动，充分调动
每个员工的积极性和主动性，形成全员改善机制。最后，要从信任员工开始不
断提高他们的素质，使之具有发现生产中各种浪费现象并自行分析解决的能力。

在文化建设的维度中，企业需要统一不同层次员工对精益文化的认知，并
逐步将精益企业文化转变为企业内部的高效运作机制，最终以文化建设带动其
他维度，形成良性循环。

3.7 NLEAN 精益管理推进 6 步法

NLEAN 精益管理的推进分为 6 大步骤，分别是：改善文化突破、基础管
理提升、JIT 精益革新、六西格玛质量革新、目标绩效与经营革新、经营战略
与领导力培养，如图 3-15 所示。

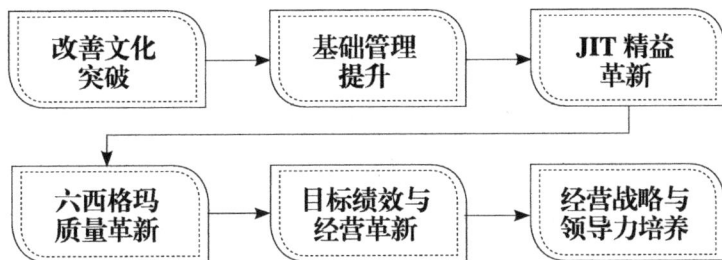

图 3-15 NLEAN 精益管理的推进步骤

6 步推进法的目的在于：实践精益经营理念，创造企业核心竞争力，培育
精益人才，实现客户、员工、企业三赢目标。

具体目标为：实现自主管理，消除浪费，提高利润率，人均产值提升 30%，
库存压缩 30%，质量成本下降 30%，经营业绩提升 50% 等。

3.7.1 改善文化突破

该阶段的名称为"一周一标杆"，核心工作包括"3S 实战"和"3M 改善"。

企业应通过整理、整顿、清扫工作的完成，有效地进行 3S 实战，并形成岗位上的改善。同时以污染源与隐患点的红（黄）牌作战方法，开展团队改善，具体内容包括设备、品质和工艺上的 3M 改善。

通过该阶段的工作，企业能够在其内部有效推广改善文化，取代既有的落后文化，为随后的推进提供支持。

3.7.2　基础管理提升

该阶段的名称为"五星班组建设"。核心工作是主题改善和班组建设。

在前一阶段的基础上，将改善对象从岗位点扩大到班组，利用班组目标管理、团队改善评价激励、班组活动、例会、树立四步法改善样板、计划达成率（浪费）改善等措施，将企业的基础管理水平提升到新的层面。

3.7.3　JIT 精益革新

该阶段的名称是"消除浪费，精益物流"，核心任务是利用看板拉动模式，在企业经营过程中提升效率、降低成本。

通过吸取借鉴丰田 JIT 精益管理中的精华内容，以精益物流（价值流）改善、作业优化与平衡改善、单元生产中的工艺优化、快速转产中的异常改善、工艺标准化计划、看板拉动压缩库存等方法，实现企业生产经营中深入的精益革新。

3.7.4　六西格玛质量革新

该阶段的名称为"工程品质改善"，核心工作是将企业整体经营看作完整工程，实行质量与成本领域的 QC 改善。

企业可以通过吸取六西格玛质量革新思想，利用 QC7 大手法实操训练、4MIE 变更管理与控制、供产销源流改善、防呆防错、绿带培养、提高直通率等方法，关注影响客户满意度的所有方面，将产品缺陷率降到最低。

在这一阶段中，企业必须将资源集中到精益生产的主要环节即对产品的认识、改善和控制上，而不是放在质量检查、售后服务等活动中。企业应利用一整套严谨的工具与方法，实施对流程的优化，识别并排除那些无法为精益管理体系带来价值的浪费，缩短生产与经营的循环周期。

3.7.5 目标绩效与经营革新

该阶段名称为"目标管理"，主要任务为通过对目标的清点与检查，利用经营中的大小课题推动革新。

主要工作内容包括：目标拆解与课题确立、目标看板确定及重点课题推进、精益六西格玛（Lean Six Sigma，缩写为 LSS）革新系列培训、中高管能力提升训练、经营分析年度目标确立、精益黑带专家培养。

通过该阶段的推进，企业对自身改善目标更为明确，并能够在课题的确立、研究、完成等一系列过程中，获取革新收益。

3.7.6 经营战略与领导力培养

该阶段名称为"精益经营"，在最轻量级的可行性产品（Minimum Viable Product，缩写为 MVP）管理模式的作用下，实现对企业战略的重建。

具体推进工作内容包括：技术和市场战略确立、流程再造方案的制定、基于战略进行组织调整、运营"三赢"激励制度、建立精益研发体系、改善利润率目标等。

在这一阶段中，企业的运营体系将得到充分革新。精益管理思想充分融入经营理念中，并持续为企业长久经营战略带去改善。

3.8　NLEAN 精益管理 5 年推进计划

NLEAN 精益管理的 5 年推进规划包括组织建设、人才培养、体制构建、文化宣导 4 条主线。其中每年的主要任务为：导入、扎根、成长、攀登和卓越。其内容如表 3-2 所示。

表 3-2　NLEAN 精益管理 5 年推进计划内容

| | 第 1 年 | 第 2 年 | 第 3 年 | 第 4 年 | 第 5 年 |
	导入	扎根	成长	攀登	卓越
组织建设	1. 精益革新部门 2. 建立明确职能	1. 制造技术科 2.FEA 评价	1. 经营革新部门 2. 课题管理	1. 经营革新目标 2.MBO 管理	战略经营管理中心建立
人才培养	1. 现场专家 2. 班组长培养	1. 改善专家 2. 工程师级	1. 课题专家 2. 中层干部	1. 课题专家 2. 经理级	高层员工全员参与的革新行动
体制构建	1.5S 管理体制建立，互查开始 2. 流程再造改善 3. 生产流程工艺改善，快速转产 4. 系统布局改善均衡化生产 5. 现场可视化管理	1.LCA 工装改善 2.TPM 模范小组建立启动 3. 课题管理体制建立 4. 公司级目标管理体制构建	1. 导入品质革新体制 2. 目标管理部门 / 车间分解 3. 异常 / 课题管理体制建立 4.LSS 专家评委会	1. 素养提升活动展开 2. 关键目标绩效评价制度建立 3. 精益目标课题管理循环建立 4.FEA 制度导入，标准建立	1. 战略管理：分析与选择 2. 经营分析体制建立 3. 企业内训师队伍建设，企业内训教材编制
文化宣导	现场文化、全员提案改善、团队改善文化	改善文化和课题改善文化	改善文化和结果导向	经营革新和学习型组织建立	战略创新型企业文化建立

第 1 年：导入

在本年计划中，企业应建立精益革新部门，并明确其负责的职能。利用现场专家的介入，培养企业基层班组长。

在体制上建立 5S 管理体制，并开始员工互查；开始流程再造改善，对生产流程、系统布局进行改善，形成快速转产、均衡化生产和可视化生产管理的能力。

形成现场文化，利用全员提案改善的方法，提倡和形成团队改善文化。

第 2 年：扎根

在组织上，建立制造技术部门，并利用该部门进行对全企业各部门的有限元分析（Finite Element Analysis，缩写为 FEA）评价。通过改善专家的介入，培养企业工程师级别的精益管理人才。

在体制上，实行低成本自动化（Low Cost Automation，缩写为 LCA）工装改善，建立 TPM 模范小组、建立课题管理体制和公司级目标管理体制。

在文化上，形成改善文化的氛围，并推动相关课题的调研、挑选和研究。

第 3 年：成长

建立经营革新部门，负责对改善课题进行管理。在课题专家的帮助下，培养具有丰富经验与能力的中层干部。

在体制上导入品质革新体制，将相应目标在管理部门和车间内加以分解。建立异常 / 课题管理体制，运用 LSS 专家评委会对课题工作进行审定和评议。

在文化上将改善文化和结果导向文化进一步夯实。

第 4 年：攀登

将经营个性目标和管理层收购（Management Buy-Outs, 缩写为 MBO）管理作为组织建设的重点，凸显组织中对应部门的能力。

通过课题专家的帮助，建立经理级别的人才队伍。

在体制上开展素养提升活动，并进行关键目标绩效评价，从而建成精益目标课题管理循环。同时导入 FEA 制度，建立对应标准。

在这一年，企业应建立起经营革新与学习型组织。

第 5 年：卓越

组织上，企业建立起战略经营管理中心。人才培养方面，董事级全员参与到革新行动中。

企业通过战略管理中的科学分析、合理选择，建立经营分析机制。同时，建设企业内训师队伍，并编制企业内训教材。

通过以上方式，最终形成企业战略创新型文化。

第 **4** 章

精益运营：从管理基础到管理改善

　　精益运营是未来企业管理发展的大方向，不能充分认识和掌握精益运营的企业，终会被市场淘汰。

　　精益运营所覆盖的改善范围包括了企业管理体系中从基础到高层的所有内容，能够影响企业的方方面面，并最终转化成为客户手中产品的附加价值。

4.1 精益运营的管理基础架构

4.1.1 分层管理基础：从基层现场到中层现场

精益运营的基础来自于精益现场管理，并呈现出明确的分层特性：从基层现场到中层现场，是这一基础的主要组成部分。

为了巩固基层管理，必须先帮助企业中基层员工充分明确自身的职责定位。

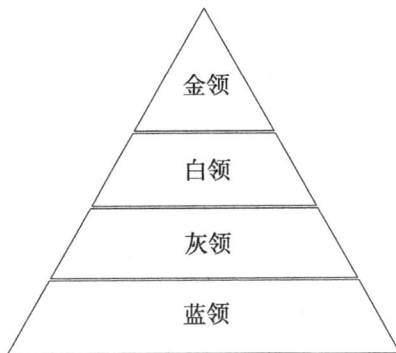

图 4-1　员工分层模型

如图 4-1 所示，企业管理结构从纵向划分包括经营层、管理层、督导层和执行层四个级别，分别对应的俗称为金领、白领、灰领和蓝领。

在现场管理中，管理者主要以灰领与白领为主。

督导层（灰领）一词来源于日本，原意是指既懂管理也懂技术的人，此后在对企业组织关系进行划分时，专门将之界定为车间主任或班、组长。他们肩负着现场中层管理的重任，是企业现场管理的中坚力量。

然而，在目前的中国企业内，灰领却常常是管理体系中的弱势群体。他们往往对企业战略方向一问三不知，对基层员工又缺乏了解，结果既和高层管理团队脱节，又缺乏执行力。由此可见，中层现场管理的实战培训确实很有必要。

执行层（蓝领）负责基层的现场管理。这一角色要求基层员工必须充分流动起来，成为多能型的人才，不能只掌握一种技术。因为一旦他们的角色被固定，就很容易失去对现场管理的责任心和耐心。相反，多能型的员工需要在现场管理中关注3道工序：本道工序、上道工序、下道工序，这样不仅提高了基层的现场管理水平，从长远来看也能培养员工的管理能力与意识。

4.1.2 日常管理：如何完成日常任务

日常管理是现场绩效体系的重要组成部分。中基层员工完成日常任务的方式，会在很大程度上影响企业精益运营的效率与质量。

企业的中基层员工现场日常管理，内容如图4-2所示。

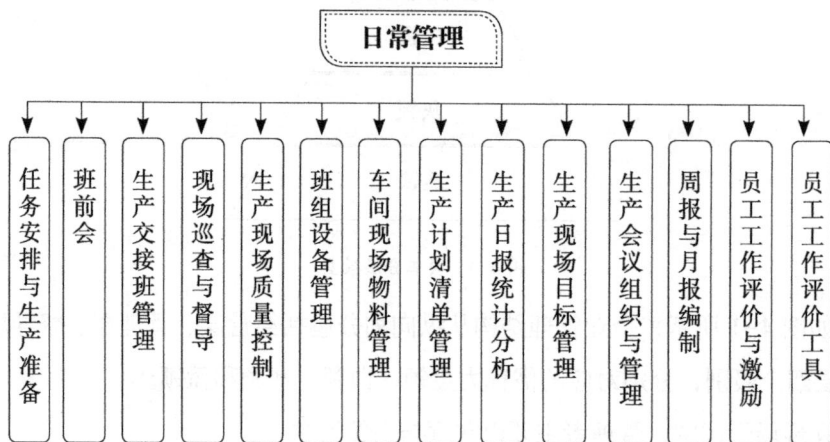

图4-2 现场日常管理内容

现场日常管理的范围几乎囊括了企业生产运营的全部内容，无论是问题发生现场，还是产品制造现场、设备施工或维修现场，都是其组成部分。因此，日常精益运营所管辖的范围是指一切有关产品制造服务的工作现场，包括仓库、生产车间、办公室、人事、后勤等有关人员和机器设备、材料、工艺方法、运营环境等的管理活动。简而言之，现场日常管理即为维持运营和改善活动的总和。

那么，如何提高现场日常管理的水平呢?

中基层现场管理者首先要学习精益管理系统中的角色定位、职责与工作任务等课程，了解"我这个层级和岗位"应该完成的日常任务有哪些。

随后，通过企业的培训和自身的学习，他们还应该得到具体指导，了解每项工作任务应该如何完成。这一部分的学习内容需要涵盖中基层现场管理者（例如班组长）每日实际的工作任务，每项重要任务必须对应一门课程，同时对应他们所需要具备的管理技能。

应当注意的是，对中基层现场管理日常工作任务的培训，不能从通用性出发去灌输概念性、理论性的内容，这对企业的精益运营水平提升并无裨益。相反，应当以流程化的方法，去指导中基层现场管理者完成具体工作任务，进而提升他们的管理能力。

对于中基层员工来说，现场管理课程的内容与他们平时工作的内容如果能直接相关，就不再需要自行完成从知识到实践的转化。这样大大有利于现场管理绩效的提升。

在对现场日常管理水平进行评估时，可以用最简单的方法来进行评估：当日常管理内容中维持部分所占比例大于改善部分时，属于初级水平；两者相等，属于中级管理水平；当改善部分大于维持部分时，属于优秀的管理水平。

之所以利用维持和改善部分的比例来判定现场日常管理水平，取决于精益管理对现场日常管理的要求。一方面，通过维护保持，将已有的精益改善成果维护好并不断保留下去；但另一方面，维持并不意味着将所有事情都保留下去。在现场日常管理中，管理者必须学会识别现状和手段的价值，以挑选出值得完善与需要废除的方法和手段。

在现场日常管理中，企业不能盲目地决定维持和改善的内容，而是要根据实际情况和需求，从价值目标出发，选择最重要的管理工作。

4.1.3　工作关系：上下沟通与协作

如何处理工作关系，不仅是员工个人的事情，也是企业精益运营中需要重点改善的管理基础。当每个中层、基层员工都善于处理工作关系时，企业内部上下的沟通与协作会大大降低成本，避免阻碍，打造出高效运营的关系基础。

在精益运营中，沟通就是员工通过上下级之间、平级之间的充分交流，获得对称的信息。利用有效沟通，员工在获得对称信息的同时，能创造积极的人际关系、和谐的运营行为。

目前，在许多企业的运营过程中充满了无用和低效的沟通，这极大影响了精益管理行为的有效性。尤其是很多基层班组长，并没有意识到自身沟通能力不足给生产运营带来的障碍，也未能意识到有效沟通的重要性和必要性。为了克服类似问题，必须学会从以下角度强化沟通意识、提高沟通能力。

1. 强化沟通意识

由于工作中总是需要沟通，反而容易淡化精益管理中员工对沟通重要性的认识。调查显示，绝大多数传统企业基层领导者认为自己擅长沟通，或者认为工作重在执行，并不需要多少沟通。相反，很少有企业的班组长、车间主任去主动反思沟通效果。

有鉴于此，企业在推行精益运营之前，必须要让员工清楚认识到沟通是最基础、最有效的改善行为。这是因为想要改善问题就要尽早发现问题，而最早能够在运营现场发现问题的是基层员工，员工与班组长之间的沟通越是及时高效，就越是能够揭示问题根源，并予以精准改善。为此，班组长必须拥有充分的沟通意识，能够及时发现沟通的最佳时机，以最少的沟通成本获取最好的沟通效果。

2. 确保信息真实

只有信息真实，才能确保沟通的有效性。在精益运营中，员工要意识到沟通的本质是将信息通过媒介物进行编码传递和解码的过程。在企业的现实环境中，编码和解码的结果受发送者和接受者的工作、生活、教育、文化背景或情境、目的、理解的影响，很容易与真实情况产生差异。因此，在沟通中，上下级之间必须能够排除干扰，确保过滤虚假信息、保留真实信息。

3. 有效沟通

对于精益运营中的基层领导而言，有效沟通不仅是自己传达的信息能被正确理解，或者正确理解他人传达的信息，更重要的是通过传达和接收信息，创造出积极的相互关系。为此，他们必须懂得掌握有效沟通的几项原则。

首先是围绕具体的事情进行沟通，而不是围绕具体的人；其次，要用描述性语言，即客观描述发生的事情、存在的问题，少用评论性语言，确保沟通双方关注的重点始终在客观发生的问题、问题解决的方法上；再次，口头语言与形体语言应一致，在员工之间的沟通中，下级对上级想法和态度的认知经常可以通过形体语言感受到，这种认知会决定着员工之间的关系是否真正平衡、信任与互相尊重。所以，基层领导必须注意保持口头语言与形体语言的一致，以便在沟通过程中释放出自己的真诚、信任和尊重。例如，在沟通过程中，基层领导应使用带有真诚与鼓励的目光去接触员工。如果同意对方的观点，可以赞许性地点头；如果不同意对方的看法，就可以用自己的话语去重复对方所说的内容，随后表达自己的态度，从而告诉对方自己在充分聆听和思考。最后，沟通需要有效倾听，而不是居高临下、颐指气使。尤其是基层领导者，只有真正持有和员工平等沟通的心理，才会有耐心去倾听员工传递出的真实信息。

图4-3所示为上下级之间主要的沟通与协作处理内容。

```
                                              ┌─────────────────┐
                                         ┌───►│    工作指导      │
                                         │    └─────────────────┘
                                         │    ┌─────────────────┐
                                         ├───►│   现场员工培训   │
                                         │    └─────────────────┘
                                         │    ┌─────────────────┐
                                         ├───►│  工作关系四阶段法 │
                                         │    └─────────────────┘
                                         │    ┌─────────────────┐
                                         ├───►│    工作阅读      │
                                         │    └─────────────────┘
                                         │    ┌─────────────────┐
                                         ├───►│   批评与表扬     │
                ┌──────────────┐         │    └─────────────────┘
          ┌────►│   下属管理    ├─────────┤    ┌─────────────────┐
          │     └──────────────┘         ├───►│   沟通与反馈     │
          │                              │    └─────────────────┘
          │                              │    ┌─────────────────┐
          │                              ├───►│   员工情绪管理    │
          │                              │    └─────────────────┘
          │                              │    ┌─────────────────┐
          │                              ├───►│    冲突管理      │
          │                              │    └─────────────────┘
          │                              │    ┌─────────────────┐
          │                              ├───►│   班组团队建设    │
          │                              │    └─────────────────┘
          │                              │    ┌─────────────────┐
          │                              └───►│  下属激励基础原理 │
          │                                   └─────────────────┘
          │                                   ┌─────────────────┐
          │                              ┌───►│  上司沟通与工作汇报 │
          │     ┌──────────────┐         │    └─────────────────┘
          ├────►│   辅佐上司    ├─────────┤    ┌─────────────────┐
          │     └──────────────┘         ├───►│  如何面对上司批评 │
          │                              │    └─────────────────┘
          │                              │    ┌─────────────────┐
          │                              └───►│    辅佐上司      │
          │                                   └─────────────────┘
          │     ┌──────────────────┐
          ├────►│  跨部门沟通与协作   │
          │     └──────────────────┘
          │     ┌──────────────────┐
          └────►│   建立良好客户关系  │
                └──────────────────┘
```

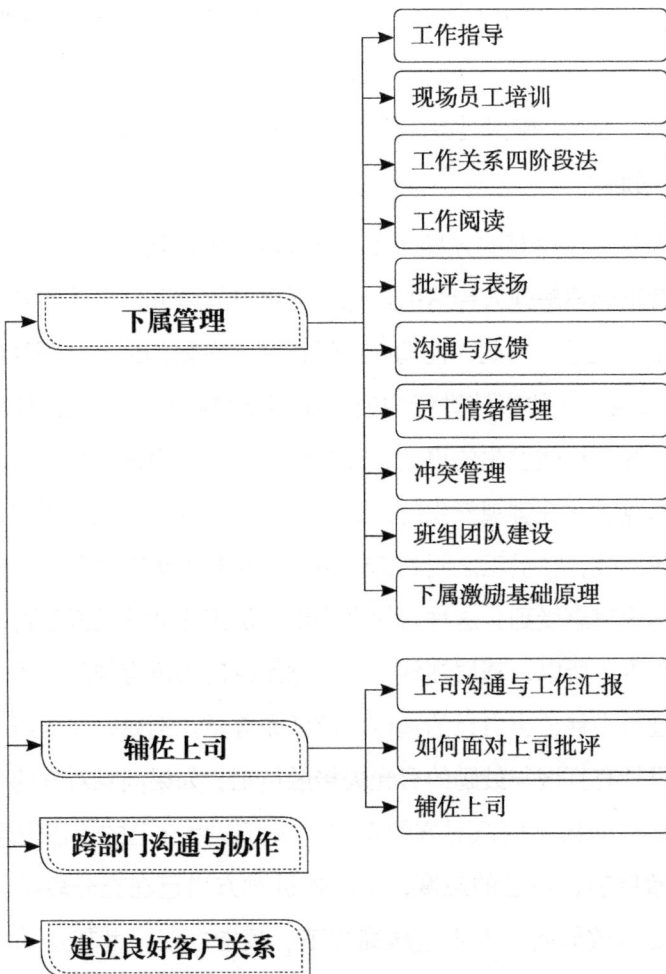

图 4-3　上下级沟通与协作处理

　　企业员工学习好如何处理工作关系，能够使现场管理者清楚了解怎样管理下属、辅佐上司、开展跨部门沟通与协作，并利用现场工作建立良好的客户关系。

　　当企业组织相关培训学习时，需要为相关课程准备真实的业务运用场景。例如，以班组长合理引导下属取得现场改善成绩作为案例，说明中层管理者处理好工作关系的重要性。这样，员工在学习之后，就很容易应用到实际工作中。

4.1.4 改善工具：工具撬动效率

工欲善其事，必先利其器。丰富的工具，是企业撬动管理基础改善的重要杠杆。

在改善工具中，既有为全体员工准备的如 5S 现场改善方法；也有专门为管理规划者准备的如 5S 规划推进。

从种类和内容上看，用于基础运营改善的工具包括下面若干种，如图 4-4 所示。

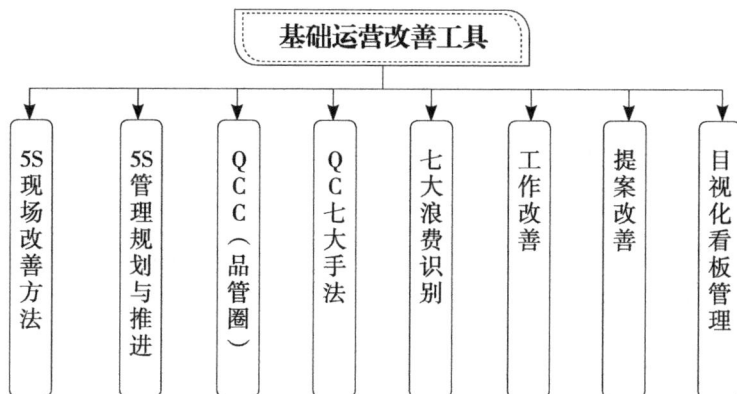

图 4-4　基础运营改善工具

1. 5S 现场改善方法、5S 管理规划与推进

（1）整理（Seiri）

将工作场所的所有物品区分为有必要与没必要，除了有必要的保留外，其他的都清除掉。

（2）整顿（Seiton）

将留下来的必须要用的物品，按规定位置摆放整齐，并加以标示。

（3）清扫（Seiso）

将工作场所内所有的地方都清扫干净，确保工作场内干净、整洁、明亮，并检查清除污染源。

（4）清洁（Seiketsu）

对上述成果加以标准化并维持。

（5）素养（Shitsuke）

通过培训，让每位员工都养成良好的习惯，并主动培养出积极主动的精神。

5S 管理工具也应同样应用于改善活动，并辅以形式多样的培训。类似游戏的培训过程，可以帮助企业员工尽快熟悉掌握工具，增强员工的团队参与感。

2. QCC（品管圈）

QCC（Quality Control Circle，缩写为 QCC）指品管圈，即根据同一部门或工作性质相关联、同一班次的原则，组成品管圈，并选出圈长。由圈长主持圈会，以民主的形式决定圈名、圈徽，填写"品管圈活动组圈登记表"。每期品管圈活动中，围绕一个明确的活动主题，结合部门工作目标，从品质、成本、效率、周期、安全、服务、管理等方面，每人提出 2 至 3 个问题点，列出问题点一览表，呈报上级审核批准后，成为正式的活动主题，交由具体每个圈贯彻落实。

3. QC 7 大手法

QC 7 大手法主要包括以下内容。

（1）关联图，又称关系图。该图用来分析事物之间的原因与结果、目的与手段等复杂关系。主要帮助员工找到事物之间的逻辑关系，寻求解决之道。

（2）亲和图，又称 KJ 图。是针对未知事物、不明确的事实，收集大量意见或构思，形成语言文字资料。再按照相互亲和性对之进行归纳整理，使问题明确，从而形成统一认知，以便协调工作、解决问题。

（3）系统图，即将要实现的目的与需要采取的措施或方法进行系统展开，并绘制成图表。这一工具能够帮助员工明确问题重点，寻找解决问题的最佳方法。

（4）过程决策程序图。这一工具又称为 PDPC 图，是指跟随业务的进展，分析出能够导致不同结果的要素，并确定出最优过程以便达到理想结果。

（5）矩阵图。是指从多维问题中找出成对的因素，排列成矩阵图并分析问题、确定出关键点的工具。

（6）矩阵数据分析法。该工具可以对不同的变动且复杂的因果关系进行解析。对矩阵图上各元素的关系进行数据定量化表示，从而可以更加准确地整理和分析结果。该工具是一种能够用数据分析问题的矩阵图法。

（7）箭条图。箭条图是把项目推行时所需的各个步骤、作业内容，按照从属关系，利用网络图进行表示。

4.7 大浪费的识别

精益运营中的生产浪费是指无法为优质产品与良好服务增加价值的生产活动或管理流程。其主要内容包括：制造过剩的浪费、等待的浪费、搬运的浪费、库存的浪费、加工的浪费、动作的浪费、不良的浪费。

（1）制造过剩的浪费，即从一个工序到下一个工序中间准备或投入了过多的资源。例如材料、零件被提前消耗，能源的浪费、货架与仓储空间的增加、物流成本的增加等。

（2）等待的浪费，当机器或员工停止运转时，就造成了等待的浪费，这种浪费起源于工作流程中任何两个关联要素之间未能完全同步时产生的空闲时间。

（3）搬运的浪费，严格来说，所有的搬运都是浪费。为了尽量减少这种浪费，必须采用合适的运输工具、最短的运输距离，将运输时间减少到最短。

（4）库存的浪费，在库存环节中出现的浪费，包括零部件、材料、半成品、成品的库存浪费，也包括已向供应商订购的在途物料、已经发货的在途成品等。

（5）加工的浪费，机器加工操作时间过长，导致出现"过分精确加工"的浪费。例如，冲床在没有要求时依然执行去毛边的动作，就是典型的加工浪费。

（6）动作的浪费，任何操作者的人力动作，如果没有直接产生附加值，就是没有生产力，并形成动作的浪费。

（7）不良的浪费，即产品品质不良而需要处置所造成的人力、物力和时间的浪费，其原因包括原材料质量不良、加工水平较低。

在精益运营中，可以在识别、分析并消除上述运营环节中的浪费，显著提高企业运营效率。

5. 工作改善

即能够在工作中直接应用的改善工具，包括：

（1）删除作业，将不必要的作业剔除；

（2）合并作业，尝试将两种及以上的动作结合在一起；

（3）重排作业，改变部分操作次序、地点和人员；

（4）简化作业，将复杂或无附加值的动作加以简化。

6. 提案改善

即将提案作为精益运营的操作工具，让身处一线的员工投入到改善过程中。例如，可以使用分任务的形式，要求各单位按计划完成相应的改善提案和活动，否则将给以相应处罚；也可以用奖金的形式，推动员工改善提案活动的开展；还可以采用小竞赛的形式，推动员工对提案改善工具的使用。

7. 岗位标准化作业

在对不同岗位作业系统进行调查分析的基础上，将现有作业方法的每个操作程序和动作进行分解，形成优化作业程序。这一工具既包括标准化的形式，也包括标准化的内容，主要类别有简化、系列化、综合标准化、超前标准、组合化等。

8. 目视化看板管理

目视化看板是可视化管理的重要工具，能够对数据、资料等状况进行一目了然的透明化管理。目视化看板的形式多种多样，包括标语、现状板、图表、电子屏等，将现场、文件或头脑中与制造生产相关的信息揭示出来，以便所有人都能够及时掌握运营现状与必要信息，从而能够迅速制定并实施应对措施。

企业生产现场的目视化看板能够吸引员工注意力，起到加强现场精益管理系统和模式的作用。在这一工具的使用过程中，应当着重围绕员工团队设置看板内容，应当体现出现场管理过程和结果。

4.1.5　专业技能：专业化与系统化

在精益运营的管理基础架构打造中，专业技能的准备也相当重要。通过对专业技能的培养和培训，企业能够为职能部门提供专业、完整的知识体系。

具体技能如下。

1. 精益生产系列

例如，一个流生产技能，即各工序内只有一个工件在流动，使工序从毛坯到成品的加工过程，始终处于不停滞、不堆积、不超越的流动状态。其中具体需要的生产技能要点包括：单件流动、按加工顺序排列设备、按节拍进行生产、站立式走动作业、多能工操作、小型便宜设备的操作技术、生产设备的 U 形布置、标准化作业等。

2. 质量管理系列

质量管理不仅要求企业具备组织精益生产、质量监督的能力，还要求现场管理者和领导者具有符合精益运营的个性特质和价值观，包括自信且目标性强、诚信务实、乐观外向、冷静而有计划同时敢于创新等内容。在此基础上，他们应具有联结各职能部门并进行改善优化以提升产品价值的能力，在此过程中，他们还应具有冲突管理的能力，以促使企业的精益质量管理水平登上新台阶。

3. 生产计划系列

计划是管理的首要职能，生产计划是实施精益生产的基础，其相关能力为生产及物料控制能力。

生产计划职责分为两个部分，生产控制和物料控制。前者主要指对生产的计划与生产进度的控制，后者主要指对物料计划、物料购买、物料调度等的控制。编制生产作业计划的能力与此两方面职责紧密相关，其内容包括。

制订先进合理的期量标准能力；

编制基本生产车间的月、周、日作业计划能力；

编制班组岗位的短期作业计划能力；

编制生产措施计划能力；

由后工序依次向前工序传递生产指令的能力。

4. 物流管理系列

企业通过精益物流管理，结合客户的价值需求，提供让客户满意的物流服务，同时将物流服务中的浪费与延迟降到最低。为此，企业需要提升以下能力。

（1）物流仓储管理能力

包括规划仓储、分拣、发货暂存、车辆停放管理等能力，利用这些能力可实现仓储管理更优、流程更简、效率更高。

（2）物流质量管理能力

包括部署物流管理工作、加强备品备件管理、设备维保工作、分配质量管理目标等能力。

（3）物流技术创新能力

主要有设备运行保障能力、设备现场管理精细化能力、全员现场改善和技术创新能力。

（4）送货服务能力

即物流部门员工从业行为的能力。例如"区块化"送货能力、弹性送货能力、提高车辆装载率能力、配送线路优化能力、配送及时率和准时率的管理能力等。

除了上述能力之外，现场的 5S 与目视化管理能力、成本管控能力、TPM 能力、工业工程 Cindustrial engineering，缩写为 IE 能力、CELL 生产模式革新能力、采购与供应链管理能力等，都是企业在精益运营中需要注意推动不同部门和岗位员工分别提高的专业技能。

4.1.6 组织绩效：从个人能力到企业目标

企业通过上述步骤对运营基础架构进行管理，可以确保个人能力的提升。例如以改善工具、专业技能的培养，使员工拥有丰富的改善能力；通过构建工作关系，将员工个人的提升凝聚为团队的提升。

在精益运营中，精益绩效管理并不是企业中普通的绩效评估，也不是简单的任务管理，而是领导者和员工通过精益改善和管理实现个人目标和组织集体目标统一的过程。为此，企业需要通过以下步骤，实现从个人到集体的精益绩效管理。

1. 筹划个人目标

精益绩效的提高需要高水平的管理和执行人员。企业需要结合精益目标意愿、精益改善空间、精益项目的约束条件等方面，分别筹划不同岗位、不同部门内各个成员的个人目标。

2. 部署管理策略

在精益运营体系中，需要结合企业整体战略计划和个人成长计划，制定出管理策略并加以部署。

3. 绩效分析

企业精益运营的管理团队需要观察并收集数据、员工或客户意见，将这些数据和意见同精益运营的管理策略相结合、比对，寻找到问题所在，并寻求提高其具体负责人的能力。

4. 制订绩效提升计划

针对具体的能力问题，从企业各个部门、供应商和主要客户中挑选合适人员，组成指导委员会。指导委员会成员互相交流绩效提升方针、项目策略和项目目标，确定个人和集体提升项目的远景规划，建立相应的组织体系。这种指导委员会需要定期召开会议，协调公司管理层、项目管理层和各个部门、具体员工之间的交流。

企业在构建精益运营基础的过程中，当提升了员工个人能力，又拓展了企业的目标时，企业精益运营的体系就能得到充分强化，最终实现企业组织绩效的改变，完成组织发展目标。

4.2 精益运营之组织运营

4.2.1 平台运营，以平台提升效率

企业的精益化运营需要有统一完善的平台。在这一平台上，企业能够为每个员工、团队和部门提供良好的环境去实现精益化。

运营平台的搭建内容包括：组织结构、评价制度、制度文件、会议机制等，如图 4-5 所示。

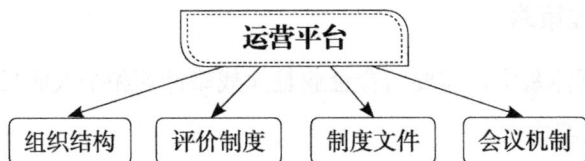

图 4-5 运营平台的搭建内容

首先，企业应建立起适宜于精益化运营的组织结构，打破企业内原本存在的不合理结构要素，剔除不必要或不能产生应有价值的组织元素；其次，要建立和推行科学的评价制度，以便强化员工和团队对精益运营的认知与重视，并以制度文件加以保障；最后，还要形成定期会议机制，便于保障精益运营组织建立过程中的内部沟通。

下面是一份精益运营管理的会议制度示例。

精益运营管理会议制度

目的：为确保公司《精益运营改进项目》各类改善计划、工作的稳定推进与执行，随时掌握各项目部的工作质量、工作进度，有效分析、总结并改进项

目推行中发现的问题与不足，发动全员参与，建立、完善沟通机制，保证各项目部的信息共享、管理更加有序，现特制定《精益运营管理会议制度》。

适用范围：实施小组例会、各项目部例会、月例会。

与会人员：领导小组相关成员、项目执行组长、各实施小组组长、各项目部组长、各项目部其他组员。

例会形式：实施小组例会，各项目部例会，月例会。

各例会时间：（略）

各例会要求如下。

实施小组例会要求

（1）会议主持：项目执行组长。

（2）参会人员：实施小组组长和副组长、各项目部组长和副组长。

（3）会议管理：会议需使用公司 OA 信箱，在会议前一日发出《会议通知》，根据会议目的选择对应参会人员；对会议预约时间要秉持合理、节约、守时的原则，不得随意更改会议计划，如有变动应及时通知；参会人员不得在会议规定时间内迟到、早退或缺席，如有特殊情况需向项目执行组长进行申请；不执行者按违反公司管理条例处理，每次扣罚当月考核分 2 分。各实施小组、项目部相关人员应在会议前准备对本周工作进行总结及下周工作计划，并对具体工作加以分工。

（后略）

整个运营平台要有充分的覆盖力度，能够影响到企业运营过程中的每个环节，确保建立完善的运营机制与对人的管理力度，以实现效率的提升。

4.2.2 教育培训，持续精进

员工是企业财富的直接创造者，利用培训来培养员工对精益运营的正确认识，打造团队意识并提高操作熟练度，使员工克服对精益生产与管理的畏难情绪，树立充分的信心，形成良好的生产品质观念、设备保养观念。

从更大范围来看，在精益运营中，通过教育培训可以在企业内得到充分的传承，使企业形成持续精进的组织文化氛围。

具体的教育培训内容包括培训计划、培训实施、理论考核、人才认证等，如图 4-6 所示。

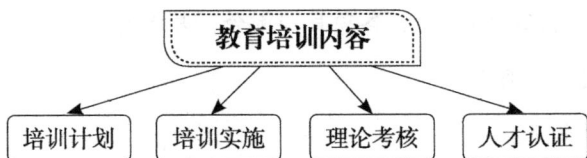

图 4-6　教育培训的内容

企业为确保精益运营的持续推进，首先要建立完整且行之有效的培训计划，对有关的培训内容与培训日程进行科学的部署安排；随后要让相关部门负责实施具体的培训执行；在培训结束后，通过针对性强的理论考核与人才认证，确保培训效果及时、有效、长远，确保完成培训的员工能通过运营产生理想绩效。

在此过程中，企业需要重视以下要点。

1. 全面安排课程内容

在培训计划的制订过程中，企业应围绕消除浪费和提高生产率的生产理念来安排工作。一般而言，专业的精益生产咨询公司会从精益生产的基本情况、精益目视化管理、精益物流建设、精益改善管理等方面对培训内容进行设计安排，确保面面俱到。与专业咨询公司合作，获得深入浅出的培训课程介绍，能够使企业人员进一步认识到精益生产的精髓。

2. 提高内部生产水平

在精益管理培训中，企业必须学会应对市场的快速变化，将提高内部生产水平和抗压能力作为目标。企业领导要将计划与实际相结合，将精益培训的成果应用于生产部门的管理，对工厂内部的生产指标、流程乃至设备进行改造，降低成本、提高效率，强化对抗市场波动的能力。

3. 积极培养和利用人力资源

在对员工进行精细灵活、系统深入培训的同时，企业还应注重培养对机器和操作流程熟悉的一线员工，这些员工更容易发现生产过程中出现的问题，通过不同以往的培训方式，使他们获得解决现行生产模式中问题的空间和能力。

4.2.3 主题活动，提升竞争

以主题活动的形式加强精益运营思想在企业文化中的影响力，深化各级员工对精益运营意义的认识，能够从根本上提升企业的竞争力。

主题活动可以采取精益征文、工具开发、技能比武、6源改善等形式，如图4-7所示。

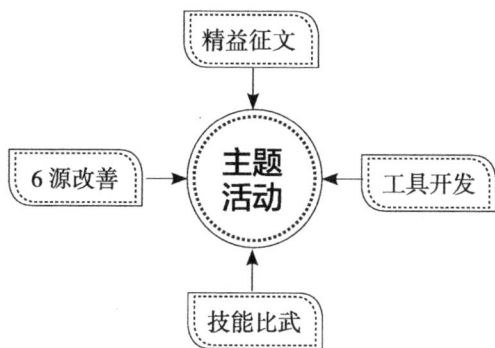

图 4-7 主题活动的内容

企业可以围绕精益运营过程中某个具体主题，设置具有吸引力的奖励内容，开展征文活动。征文应着眼于员工自身的学习过程和思想感悟，引导员工分享自身对精益运营的认识。通过征文，可以强化员工的精益工具运用技能，验收他们在精益管理和工具方面所获得的学习成果。

同时，企业还应将活动内容与主题进一步延伸到生产实践中。例如，开展工具开发、技能比武等竞赛活动，在同一部门、相同岗位或跨部门之间营造浓厚的竞争氛围，最终以此为契机，点燃员工对精益革新的热情。

"6 源"（也称"6H"）是精益管理中的术语，包括污染源、清扫困难源、故障源、浪费源、缺陷源和危险源。其中污染源是指灰尘、油污、肥料、加工材料废屑的来源；清扫困难源是指难以清扫的部位，包括空间狭窄、污染频繁、危险部位等；故障源是指造成故障的潜在因素，包括设备固有故障源、操作不当故障源、维护不当故障源、自然劣化故障源等；浪费源是指生产现场多种多样的浪费源头，其中如设备开关、跑冒滴漏、材料浪费、无用劳动浪费等；缺陷源即影响产品质量的生产或加工环节，表现形式为精度劣化引起的质量缺陷、工艺切换或参数调整不当引起的质量缺陷、设备故障或误操作引起的质量缺陷、原材料引起的质量缺陷等；危险源即潜在的事故发生源，主要包括生产现场环境危险、设备运行危险、人为操作危险等。

基于6项源头的改善，是维护全面生产、提升现场精益管理水平的重要基础。

4.2.4 标准建立，培养认同

建立标准是建立精益运营组织的基础步骤。标准决定着员工如何看待精益管理思想，也指导他们如何在认同的基础上进行实际操作。

精益运营应建立的主要标准内容包括：服装标准、看板标准、目视标准、安全标准。如图 4-8 所示。

1. 服装标准

企业在制定精益运营标准时，首先应要求员工保持规范的工装着装形象，以图像和文字相结合的形式，向员工普及工作时如何正确着装。带有企业标志的规范工装，能够对员工在企业内外的言行产生良好的约束作用，也可以使员工有良好的企业归属感与团队感。

图 4-8　精益运营如何建立标准

2. 看板标准

在精益运营中，看板是协调管理整个企业生产的必备产品，其主要种类包括"领取看板"和"生产指示看板"等。其中，领取看板记载着后工序应该从前工序所领取的产品数量、种类，生产指示看板则指示前工序所必须生产的产品种类和数量。

看板标准包括两部分的内容。

首先是看板内容标准。企业应结合看板的不同用途，对看板内容做出标准化规定；其次应当指定看板的底料、架子材质、长宽大小、文字字体和设置地点；最后，还应当在看板指定位置张贴管理责任人的标签。

其次是看板使用标准。具体包括如何确定看板内容、设置看板地点、领取看板、使用看板等。

3. 目视标准

目视标准与通过文本进行描述或说明的标准不同，企业应利用图片、图样和简短文字来设置操作的优化标准。为此，企业管理者应结合不同岗位的实际情况，建立符合要求的目视化标准。标准中需包含生产区域所有内容，同时应简单实用、推广性强。当操作者经过培训后，就能利用对应的目视化工具和资料，迅速对生产过程情况、产品质量情况、安全防护情况进行判断。

4. 安全标准

为夯实精益运营基础，企业需要建立应有的安全标准。通过对安全标准和要求的规范化，可以避免经营管理过程中可能出现的不良结果。

符合精益运营要求的安全标准应基于现有适用的行业规范和标准，保护企业员工、公众与环境，同时满足精益运营的基础要求。在制定安全标准的过程中，还要对法律法规中适用的要求加以识别，将这些法律法规应用到标准中，确保标准内容符合规定。

4.2.5　精益宣传，凝聚团队

精益宣传能够通过精益思想的普及、气氛的营造来凝聚团队士气，树立集体目标。

精益宣传的结构包括 3 个级别：公司级、部门级、班组级。

公司级宣传需要将之与企业文化建设充分结合，采取自上而下的方式进行。如采取活性化方式宣传，提出企业整体的精益愿景、精益使命、精益规划、精益口号、精益 LOGO 图标，设置精益标准报告格式；也可以利用静态化方式，如悬挂精益横幅、张贴精益标语、发放精益宣传单页等；此外，利用动态化活动如精益比赛、精益知识竞赛，采取常态化方式如精益定期会议、精益改善报告会、精益早会、精益评价活动等，都是公司级宣传值得选取的方式。

部门级宣传可以采取多种形式。如在部门内设置精益成果展示专栏、精益知识专栏、员工展示专栏和建议专栏、部门监督专栏等；也可以建立部门内部精益宣传微信群。结合不同形式的宣传方法，确保部门内宣传力度与持久度。

班组级宣传主要在班组内部开展。在宣传过程中应将精益管理方法与实际管理经验相结合，形成适合岗位特点的精益文化，以指导精益技术方法的应用。

4.3　精益运营中的管理改善

精益运营来自于对问题的发掘。如果运营中没有发现问题，自然就谈不上改善。企业中的大多数问题都表现在中基层人员所感受到的阻碍中。这意味着，在企业运营中，"制造"问题的人，通常并不会意识到问题的存在，而那些看到别人问题的人，也不容易发现自己所"制造"的问题。

因此，想要切实推动精益运营、解决问题，就要从管理改善工作开始。管理改善总共分为 5 个步骤，如图 4-9 所示。

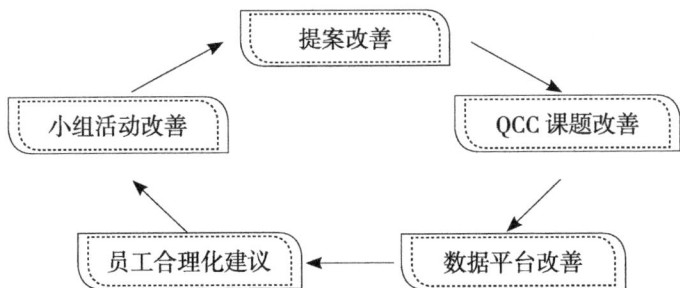

图 4-9 管理改善的步骤

4.3.1 提案改善

企业通过提案改善，不仅可以发现问题，还可以提升员工参与企业管理的积极性，改善员工内部关系，提高他们分析与解决问题的能力。这样，员工才能充分发现自身工作中存在的问题，而不是紧盯别人的问题相互推诿。此外，改善提案活动还能从员工个人到团队整体逐步减少浪费、降低成本并提高管理水平。

在发起提案改善活动的初期，企业应发动全体员工积极参与到这项工作中来。企业需要坚持不断地对员工发现问题的能力与意识进行培养。当问题暴露之后，还应继续推动员工形成积极的行动意识并自主实施对策。

提案改善通常包括 3 个阶段，如图 4-10 所示。

图 4-10 提案改善的 3 个阶段

在抵制期，大部分员工主观上并不能很好地接受提案活动，只有少数人在上层压力下勉强提出提案；当上层推动一段时间后，员工逐渐适应了这样的现实，并根据上级要求开始提出改善的建议；最终，员工在参与和实施提案改善活动的过程中，获得了成就感与乐趣，由此他们可以在没有任何外力的推动下，主动参与到活动中。

提案改善的最终目标是在企业内建立全员改善系统。通过这一系统的建立，员工对企业产生高度的归属感，并由此产生奉献和持续改进精神。为此，企业需要从一开始就保持清晰的方向感，确保全员改善系统中的每一个决策都不会偏离方向，包括如何分配改善任务、如何定义改善提案的范围、如何做好引导、如何制定阶段性改善目标等。

在丰田，经过多年的全员改善系统建设，每月每人必须有 1 项改善提案得到实施，全年每人共有 12 项改善提案被实施。当然，这已经是相当成熟的系统运行标准，普通企业可以将目标先设定为全年每人 3 条改善提案。

4.3.2　QCC 课题改善

QCC 课题改善着力于将改善从员工个人的意识和行动推广到团队范围内。因此，QCC 课题选定的原则在于小而实用，避免大而无当。

选定课题时，应秉承先易后难的原则，避免好高骛远。课题的选择应具体明确，防止空洞无物。课题的来源要有具体依据，防止空穴来风。

对于班组团队的 QCC 课题，通常应讨论经常发生或形成困扰的问题。例如，下一道工序或客户经常投诉的问题、领导重点要求的事项、主要评价的项目如品质、效率、成本、安全等。

在选择 QCC 课题时，还要考虑以下几点。

（1）所选课题应符合企业发展方针、所在部门的重要目标，并能够配合部门主管指示；

（2）所选课题是目前团队内最迫切需要解决的问题；

（3）团队圈确实有能力解决所选课题；

（4）所选课题在短期内即可解决；

（5）QCC 圈内，全体人员都真正了解所选课题。

4.3.3　数据平台改善

做好精益化运营，仅依靠传统方法是不够的，还需要大量的数据来支撑管理改善的决策，这对于企业数据采集和分析能力都是新的挑战。

在推进精益运营的前期，企业要完成数据平台的搭建，并在其上布局与企业增长有关系的核心指标。这些指标并非为了衡量整个企业当前的表现，而是为了在未来管理改善过程中，能够获得可以用来比较的基准数据。

随着精益改善的步步深入，企业应利用数据平台对各个部门和渠道的业绩进行分析，随后对相应内容加以优化，从而提高单位时间内的工作效率。

在改善过程中，数据平台不能只用于解决小范围的问题，而应形成体系并凸显大局观。在数据采集与整理上，要有充分完整的计划并将之执行到位；在数据分析上，不能只体现为报表，而应由具有一定数据分析能力的专门人员对其进行持续跟踪，让数据平台物尽其用。

4.3.4　员工合理化建议

为了凝聚全员的改善力量，鼓励广大员工直接参与到管理改善中，同时也为了促进管理者与员工保持经常性的沟通，企业需要打造员工合理化建议系统。

员工合理化建议系统应该是能让员工充分表达个人对管理、运营、生产等方面建议的平台。所谓"合理化建议"可以涉及企业内部各个方面，包括改善质量、节约成本、提高工作效率、有利于企业管理等建议，也包括工艺程序创新、节约材料和工作时间、提高生产安全、环境保护、劳动保护等方面的建议。

想要得到经过员工仔细观察、投入思考的合理化建议，企业不能依靠"购买"或"摊派"的形式。某些企业公开标明价格，试图以"采购"的形式来获取合理化建议，也有些企业将合理化建议任务硬性摊派到员工头上，并不顾及他们是否真正理解。而事实证明，类似方法都会在不同程度上被员工抵制，导致合理化建议的采集过程变成了单纯的敷衍任务、完成指标。

企业想要让员工持续给出优秀的合理化建议，唯一的方法是让员工真正感受到企业在为其着想，并因此而认同自己与企业是"一家人"。这样，员工才会通过企业的日常决策去理解领导者推行精益运营并不只是为了提升利润，更是为了所有员工的切身利益。

例如，领导者如果始终致力于提高每个员工的收入，而不是尽量压低普通员工收入；领导者如果能够投资建设供全体员工共同使用的餐厅，而不是将之分成若干等级；领导者如果能够为员工修建车棚、提供宿舍空调……这些具体措施都会影响到员工对企业的归属感，并决定员工是否愿意与企业共享自己的才智，从而提出合理化建议。

为了在企业内部更好宣传并利用合理化建议，企业可以设置建议邮箱或专门的建议网站。在得到员工的建议内容后，企业可以根据建议特点，对之进行以下分类。

（1）短期建议。通常在一周内加以执行，企业或部门领导获得建议并评议后，可以马上批准通过。

（2）中期建议。通常在两周到两个月内执行，该类建议需要企业对其进行评估后才能实施。审议通过后，可以分配到指定的相关部门，由单一或多个部门人员通力合作执行。企业也可以对这类建议专门设置协调人员或小组对其进行整体追踪和管理。

（3）长期建议。通常在两个月以上执行，该类型建议通常与企业的长远发展目标相关联，有必要对其进行长期评估与追踪。

4.3.5　小组活动改善

QC 小组活动改善，是企业最为倚重的改善环节。通过该环节，可以让改善工作从员工延伸到团队、从部门延伸到跨部门，发挥重要效果，尤其能够针对难度较大的课题加以重点解决。

小组改善活动的程序主要根据 PDCA 循环进行，如图 4-11 所示。

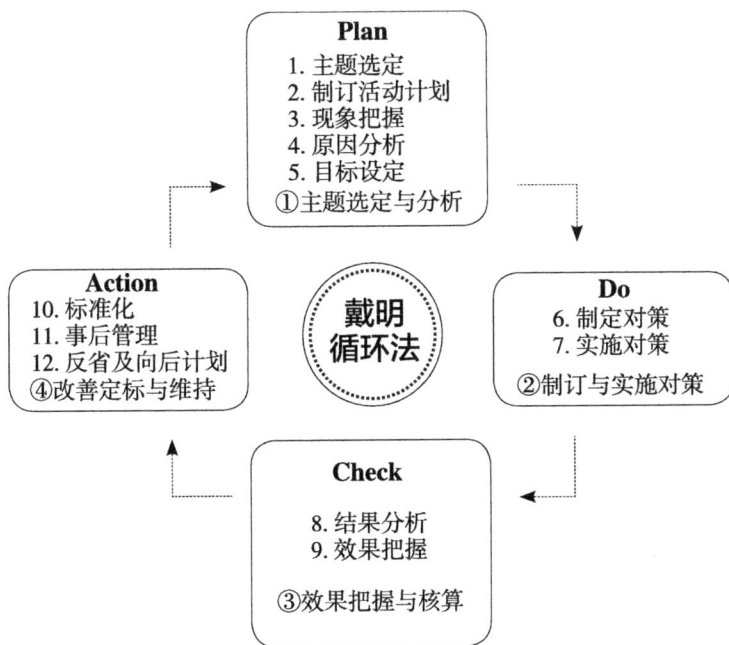

图 4-11　PDCA 原理

PDCA 循环是美国质量管理专家休哈特博士首先提出的，由戴明采纳、宣传，使之获得普及，所以又称戴明环。

其中，P 阶段包括主题选定、制订活动计划、现象把握、原因分析和目标设定。

主题选定即确定改善什么。主题可以来自上级主管部门的指令、指导，也可以来自小组自行的选择。

制订活动计划，首先要对问题现象进行充分调查，并分析出问题背后的具体原因。其中包括调查现状、收集整理和分析数据，将问题的症结找出来。随后，应确定通过小组改善活动，需要将问题解决到何种程度，以便形成小组活动预计要取得的成果。通常来说，活动计划中的目标值只应设定一个，最多不能超过两个，并在计划中利用数据与事实结合，说明设定目标的理由。

D 阶段包括制定对策、实施对策。

制定对策时，小组应针对问题的每条主要原因提出对策。小组成员可以围绕原因发散思维、独立思考的同时相互启发，从不同角度提出改进的想法。当小组成员充分提出对策后，再集体讨论分析研究每项对策的有效性、可实施性、技术可靠性、经济合理性和实施难易程度等。

经过比较与选择，将拟采用的对策制成对策表。

实施对策时，小组成员必须严格管控实施过程。在实施过程中如果遇到困难无法推进，应及时进行集体讨论并做出修改，再按照新对策实施。

C 阶段包括结果分析和效果把握。

当对策全部实施完毕后，就要按照实际情况进行工作，从中获得数据，与预先制定的目标进行比较，看是否达到了目标。如果达到，就可以进入下一步，如果未达到，就要根据分析得出的结果重新回到 P 阶段进行原因分析。

当问题真正被解决并取得成果后，可以计算小组改善活动给部门或企业带来的经济效益。

A 阶段包括标准化、事后管理与反省及向后计划。

小组改善活动取得成效后，改善并没有结束。为了将成效维持下去，应该将对策中通过实践证明有效的措施纳入有关生产标准，经过批准后纳入企业管理办法。

在小组改善活动推进过程中，至关重要的是小组对现场问题的发现和识别，下列方法值得参考。

（1）模块化识别现场问题，按照生产系统的 5 大要素分为人、机、料、法、环等 5 个模块，每个模块可以分为若干要素，每个要素又能够细分为若干要点。

（2）在现场评估中，应注意聚集于问题模块。这要求在进行评估时一定要按照模块分要素依次进行评估，将所有评估人员的思维聚焦在一个点上，小组才能发现更有深度的问题。

（3）建立合适的评估团队和运行流程。评估团队成员构成应包括现场员工、班组长、维修人员和设备人员等。评估团队成员的来源越全面，就越能保证问题被有效识别。同时，系统而规范的运行流程也能帮助小组在现场识别中有效地聚焦于问题和有序地开展改善活动。

（4）在对问题进行识别时，不应强求解决方法，而应集中注意力于发现问题上。否则，一旦在现场无法找到问题解决方法，负责现场工作的车间主任、班组长乃至普通员工就会产生不必要的心理压力，并在随后评估中尝试去掩盖问题。

通过对小组改善活动的总结与反省，小组应记录在活动中收获的经验与暴露的不足，并根据其中遗留的问题提出下一步的工作打算。

4.4　精益运营中的 NLEAN 评价

4.4.1　NLEAN 评价体系 10 大维度

NLEAN 评价体系包括 10 大维度，分别是：领导理念、教育和培训、客户和流程导向、均衡化排程、目视管理、管理职责、品质内建、问题解决、授权员工、持续改进系统。

如图 4-12 所示，通过对 10 大维度的评价，能够以由低到高 5 个阶段的评估结果形成对企业精益运营成熟度的最终评判。

"你只能改善你所能够度量的系统"

——F.W.泰勒

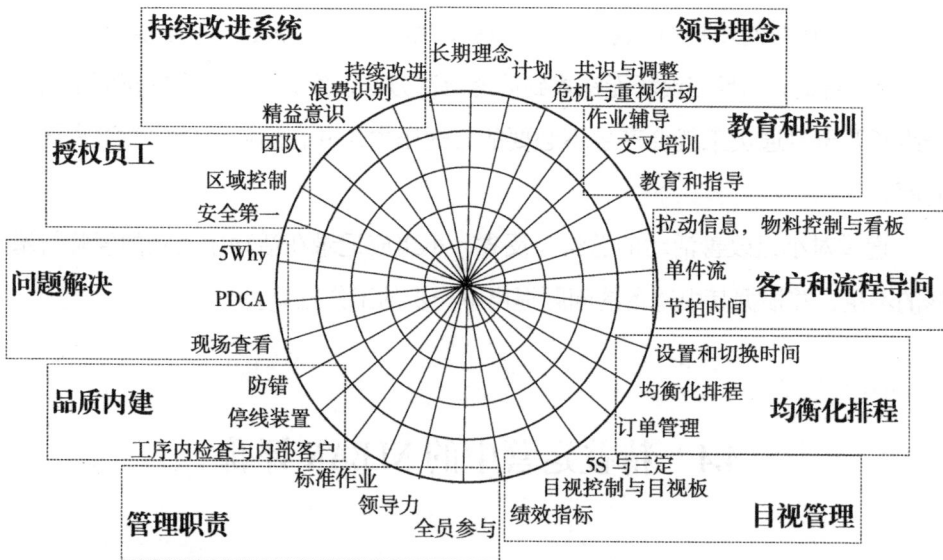

图 4-12 NLEAN 评价体系的维度

1.领导理念

包括长期理念，计划、共识与调整，危机与重视行动 3 部分。

（1）长期理念

如图 4-13 所示，长期理念分为 5 个阶段。

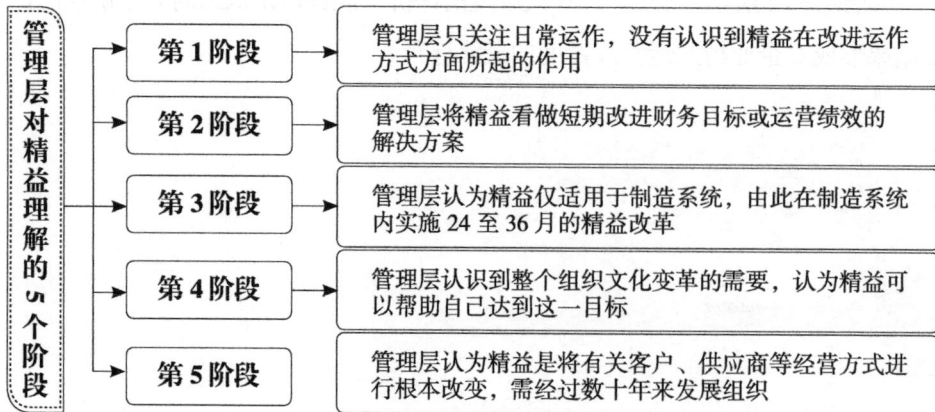

图 4-13 管理层对精益理解的 5 个阶段

（2）计划、共识与调整

如图4-14所示，这一部分同样分为5个阶段。

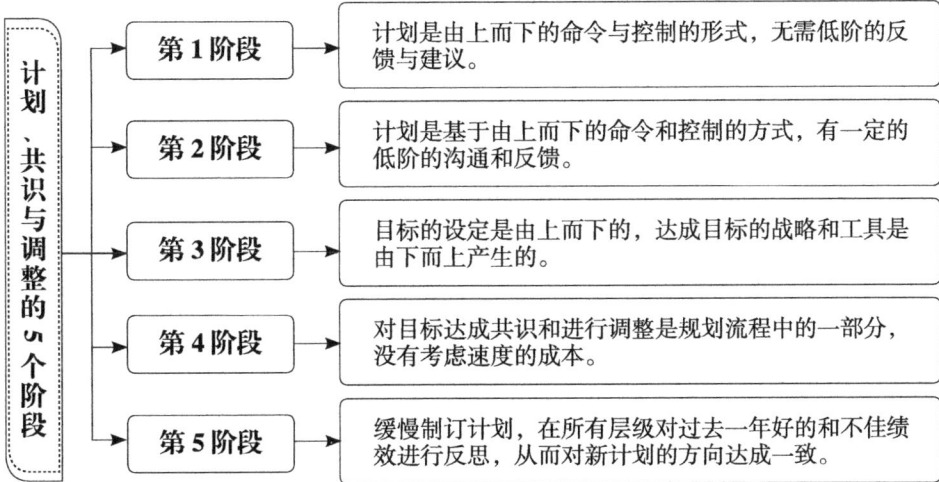

图4-14　计划、共识与调整的5个阶段

（3）危机与重视行动

如图4-15所示，这一部分分为5个阶段。

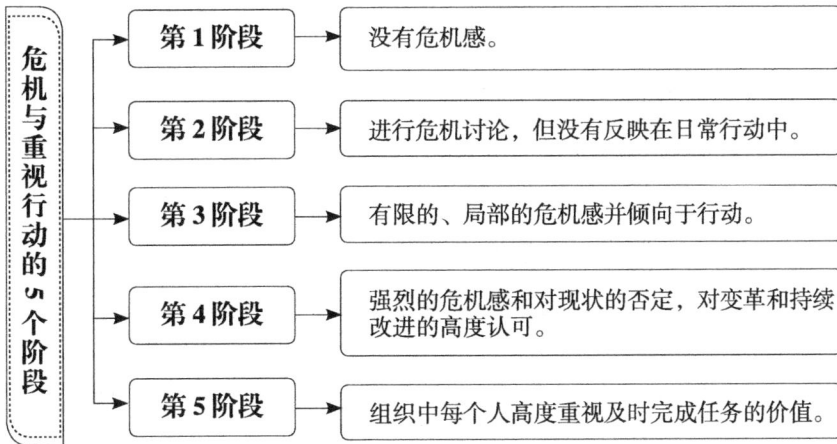

图4-15　危机与重视行动的5个阶段

2. 教育和培训

包括作业教导、交叉培训、教育和指导 3 个部分，其发展阶段如下。

（1）作业教导

如表 4-1 所示，这一部分分为 5 个阶段。

表 4-1　作业教导评价标准发展阶段

第 1 阶段	第 2 阶段	第 3 阶段	第 4 阶段	第 5 阶段
员工被看成成本，培训投资最小化	作业教导依靠单个现场主管或小组组长	存在正式文件形式的作业指导书，已作为新员工培训中标准作业的一部分	作业教导已成为所有小组领导和主管标准作业的一部分，并持续进行	员工被看作资产并为其提供不同类型的培训以提升其价值

（2）交叉培训

如表 4-2 所示，这一部分同样分为 5 个阶段。

表 4-2　交叉培训评价标准发展阶段

第 1 阶段	第 2 阶段	第 3 阶段	第 4 阶段	第 5 阶段
由于严格的工作分类，没有或只有有限的交叉培训，无法进行多工序操作和作业分配	实施交叉培训没有重大障碍，但缺乏设定要求的标准培训流程	基于工作标准和作业教导方法的交叉培训系统已被建立，并采用目视控制	多数员工已获得多种技能的交叉培训，所有关键任务都有超过一名员工受训	所有员工都按公司设定的标准受到了完全的交叉培训

（3）教育和指导

如表 4-3 所示，这一部分同样分为 5 个阶段。

表 4-3　教育和指导评价标准发展阶段

第 1 阶段	第 2 阶段	第 3 阶段	第 4 阶段	第 5 阶段
没有积极培训或指导下一代领导	只是在问题发生或绩效不佳时才进行反应式的培训和指导	培训和指导是由个别领导人负责，并不是正式或规定的	实施系统性的指导项目来培养下一代领导人	教授公司的技能、知识、价值观和"精神"是所有领导人的核心职责，已成为公司文化的一部分

3. 客户和流程导向

包括拉动信号，物料控制与看板、单件流、节拍时间等部分，其发展阶段如下。

（1）拉动信号，物料控制与看板

如表4-4所示，这一部分分为5个阶段。

表4-4　拉动信号，物料控制与看板评价标准发展阶段

第1阶段	第2阶段	第3阶段	第4阶段	第5阶段
这个阶段生产流程的执行是基于推动系统。产品以大批量的方式生产、搬运和加急运输	这个阶段采用基本数量和区域控制方式，或是采用看板管理方式来限制过量生产	这个阶段采用工作订单或类型系统实施频繁的小批量推动生产。一些下游流程采取以超级市场拉动的管理方式	这个阶段只有清晰指定数量、顾客(内部和外部)和产品的拉动信号，才进行生产或运输	这个阶段主要以看板或类似拉动信号系统连接外部供应商和物流中心。所有的物料按时按量递送到位

（2）单件流

如表4-5所示，这一部分分为5个阶段。

表4-5　单件流评价标准发展阶段

第1阶段	第2阶段	第3阶段	第4阶段	第5阶段
工厂布局是典型的传统功能性布局	有些产品布局按工序的流动，采用一些可移动设备和作业单元	大多数工作站可移动，并按产品族布局，多数工序从头到尾一次性完成	所有的工作站和设备都按照单件流设计安排	所有离散流程都实施单件流，分离的工序由看板或其他拉动系统连接

（3）节拍时间

如表4-6所示，这一部分分为5个阶段。

表 4-6　节拍时间评价标准发展阶段

第 1 阶段	第 2 阶段	第 3 阶段	第 4 阶段	第 5 阶段
没有采用节拍时间或不知道节拍时间	对节拍时间已有认知，但大多数区域都没将工作时间平衡到节拍时间的 95%	大多数作业时间已平衡到节拍时间的 95%，采用加班或持续改进来解决一些不平衡问题	所有制造流程已同步并按节拍时间进行平衡	在所有重复性的业务流程中采用节拍时间来设计和平衡工作流

4. 均衡化排程

这一评价标准包括设置和切换时间、均衡化排程、订单管理 3 部分。

（1）设置和切换时间

如表 4-7 所示，这一部分分为 5 个阶段。

表 4-7　设置和切换时间评价标准发展阶段

第 1 阶段	第 2 阶段	第 3 阶段	第 4 阶段	第 5 阶段
由于是大批量或长生产周期，不认为设置和切换时间长是问题	设置和切换时间长被认为是问题，但没有正式系统来降低这些时间	观测、记录和视频录像设置和切换过程，识别和区分内部和外部时间	通过持续改进活动进一步降低内部和外部时间	快速切换团队已到位，通过持续改进活动和快速换产设计进一步降低设置和切换时间

（2）均衡化排程

如表 4-8 所示，这一部分分为 5 个阶段。

表 4-8　均衡化排程评价标准发展阶段

第 1 阶段	第 2 阶段	第 3 阶段	第 4 阶段	第 5 阶段
按最优经济批量确定批量数进行生产，追求最小化换产时间或最大化设备利用率和成本吸收率	认识到均衡化的必要性，在需求波峰期采用调整人工或外包流程的方式来管理排程不平衡	采用按日或周数量平均来实施均衡化排程	均衡化排程延伸到以每日或周的数量和品种的均衡	生产排程按照节拍生产每种产品来最大化提高库存周转率、增强灵活性和平滑每日排程

（3）订单管理

如表4-9所示，这一部分分为5个阶段。

表4-9　订单管理评价标准发展阶段

第1阶段	第2阶段	第3阶段	第4阶段	第5阶段
订单根据销售部门方便来设定，没有考虑对生产的影响	存在清晰的订单管理规则来支持平衡生产能力，但销售部门没有完全遵守	存在清晰的订单管理规则来支持平衡生产能力，通常销售部门能够遵守规则	存在清晰的订单管理规则来支持平衡生产能力，销售部门完全遵守规则	销售部门理解顾客需求，通过积极与顾客沟通使订单的产生能够支持生产均衡化和负载平滑化

5. 目视管理

目视管理评价标准包括：5S和三定、目视控制和目视板、绩效指标3部分。

（1）5S和三定

如表4-10所示，这一部分分为5个阶段。

表4-10　5S和三定评价标准发展阶段

第1阶段	第2阶段	第3阶段	第4阶段	第5阶段
工作场所凌乱，没有清晰定位、定量和定容控制	清晰的三定规则已制定到位并被遵守，但没有正式的5S系统，仍然采用反应式的物料管理和清洁方式	5S系统已开始建立但还未形成习惯，在有些区域出现倒退	5S管理已成为日常实践活动，分类、整顿和清扫每日实施或进行日常的清扫活动	5S使异常立刻可见。5S用于识别和消除所有流程的浪费

（2）目视控制和目视板

如表4-11所示，这一部分分为5个阶段。

表4-11　目视控制和目视板评价标准发展阶段

第1阶段	第2阶段	第3阶段	第4阶段	第5阶段
很少或完全没有目视化控制，工作区域没有目视信息板	使用一些目视化控制手段和目视板，但没有标准化	目视化手段和目视板广泛运用于标准、目标、目前状态的显示与沟通	目视化手段被运用于班组长、主管、经理的会议安排、日常交流和绩效改善领域	目视化手段被运用于立即识别每个过程中的异常现象，目视板能显示团队在每个很短时间内（2小时、每天、每周）的工作状态

（3）绩效指标

如表 4-12 所示，这一部分分为 5 个阶段。

表 4-12 绩效指标评价标准发展阶段

第 1 阶段	第 2 阶段	第 3 阶段	第 4 阶段	第 5 阶段
没有在每个工厂场所中张贴工作绩效表	在工作现场可以看到绩效信息，但绩效信息不属于该区域或团队负责、维护或更新	在工作场所张贴绩效信息，该区域团队负责每天、每周、每月更新维护，但不是自觉行为	绩效信息由该区域团队负责，并能够对应小团队的持续改善活动	目视化绩效矩阵作为关注、管理和讨论现场工作改善的首要资源

6. 职责

职责履行情况是 NLEAN 评价体系中有关企业内各级人员工作情况的重要评价依据。包括全员参与情况、领导力情况和标准作业情况。

（1）全员参与

如表 4-13 所示，这一部分分为 5 个阶段。

表 4-13 全员参与评价标准发展阶段

第 1 阶段	第 2 阶段	第 3 阶段	第 4 阶段	第 5 阶段
持续改进被认为是生产部门的活动，其他部门没有必要开展	公司确立全员参与持续改善政策，但组织中还有些部门抵触或反对	全员参与持续改善被理解为必须的而不是额外的工作	所有部门都接受了持续改善原理、原则和工具的培训，并开始付诸行动	组织中的所有领导者都主动组织和参与持续改善活动，并能引导下属发现问题和解决问题

（2）领导力

如表 4-14 所示，这一部分分为 5 个阶段。

表 4-14 领导力评价标准发展阶段

第 1 阶段	第 2 阶段	第 3 阶段	第 4 阶段	第 5 阶段
领导没有深入参与现场（车间、工程区域、办公现场、仓库等）或很少参加持续改善活动	领导无规律地去现场，没有明确规定去哪里、去做什么，很少参与持续改善活动	领导每天、每周、每月巡视并检查现场安全、质量、5S 等问题，领导有时会参与持续改善活动	生产会议在现场召开，通过目视看板展示状态和发现问题	领导把去现场看作是示范和培训解决问题的能力，提高员工士气和推进持续改善机制的机会

（3）标准作业

如表 4-15 所示，这一部分分为 5 个阶段。

表 4-15　标准作业评价标准发展阶段

第 1 阶段	第 2 阶段	第 3 阶段	第 4 阶段	第 5 阶段
未实行标准作业	有操作员工使用标准作业	操作工、班组长、主管使用标准作业	开始将标准作业当成经理和高级主管的管理工具	把标准作业看作持续改进的基础并广泛运用

7. 品质内建

作为 NLEAN 评价标准，品质内建水平由 3 部分体现，分别是：工序内检查和内部客户、停线装置、防错。

（1）工序内检查和内部客户

如表 4-16 所示，这一部分分为 5 个阶段。

表 4-16　工序内检查和内部客户评价标准发展阶段

第 1 阶段	第 2 阶段	第 3 阶段	第 4 阶段	第 5 阶段
缺陷可能流到下个工序，最后工序的质检员负责品质检查	设定几个检查工序，发现缺陷及时反馈	每位员工对质量和跟踪结果负责，及时报告缺陷，关注过程能力	在每个工序内实施自我检查、测量和质量控制，确保缺陷不进入下个工序	以满足顾客需求为前提，品质内建体现于任何一项工作、一个产品和工序中

（2）停线装置

如表 4-17 所示，这一部分分为 5 个阶段。

表 4-17　停线装置评价标准发展阶段

第 1 阶段	第 2 阶段	第 3 阶段	第 4 阶段	第 5 阶段
为了完成产量和效率目标，即使发生问题也要保持生产运转	虽然鼓励员工停线，但因为缺少培训或者其他如不信任、归责文化等原因，实际上不会付诸行动	员工很自然地停止生产线，但反映系统很弱或不完善，解决问题很慢	现场有一套清晰的问题暴露和警报系统提供资源和适当的流程解决各个层面的问题	问题发生时每个人都可以停止生产线，由标准化的系统迅速消除问题，并找出短期和长期对策

（3）防错

如表 4-18 所示，这一部分分为 5 个阶段。

表 4-18　防错评价标准发展阶段

第 1 阶段	第 2 阶段	第 3 阶段	第 4 阶段	第 5 阶段
没有防错的方法	运用作业指导书、视觉系统、检查表、类似物品分类等一些防错方法	对可能出现的问题进行根本原因分析，找出预防措施	在产品和工序的设计过程中引入防错的理念和方法	通过高度关注顾客需求、信息系统和沟通问题来建立系统化的防错体系

8. 问题解决

企业只有整体都具备迅速、全面、深入解决问题的能力，才能推动 NLEAN 精益模式的建立与发展。其评价标准主要包括现场查看、PDCA 循环和 5Why 这 3 方面。

（1）现场查看

如表 4-19 所示，这一部分分为 5 个阶段。

表 4-19　现场查看评价标准发展阶段

第 1 阶段	第 2 阶段	第 3 阶段	第 4 阶段	第 5 阶段
在会议室，利用计算机网络根据过去的数据讨论和判断问题	收到问题信息立即到现场查看以判断和分析问题	所有问题解决都基于现场实际状况、实际产品，亲自查看现场事实	问题解决过程中，领导问下属的标准问题是：你有没有亲自到现场查看？为什么没去看？	领导积极探索并决定缩小管理层和现场的距离

（2）PDCA 循环

如表 4-20 所示，这一部分分为 5 个阶段。

表 4-20　PDCA 循环评价标准发展阶段

第 1 阶段	第 2 阶段	第 3 阶段	第 4 阶段	第 5 阶段
不知道或没有运用 PDCA 循环和科学方法	有些人知道 PDCA 循环，但并不是所有人都知道	所有人都知道 PDCA 循环，但没有坚持运用	所有问题的解决都采用了 PDCA 循环过程	PDCA 循环作为标准管理方法的一部分

（3）5 Why

如表 4-21 所示，这一部分分为 5 个阶段。

表 4-21　5 Why 评价标准发展阶段

第1阶段	第2阶段	第3阶段	第4阶段	第5阶段
当问题发生时，采取围堵措施，而没有短期和长期的对策	很少用 5Why 的方法分析根本原因并对问题加以纠正	在很多领域采用 5Why 分析问题的根源并加以纠正	所有发生的问题都采用 5Why 分析根本原因并采取纠正措施	用 5Why 分析问题产生的根本原因并采取纠正措施作为标准语言和行为运用于日常管理

9. 授权员工

对员工授权的效果越好，NLEAN 评价结果越优秀。其中评价标准包括：安全第一、区域控制和团队 3 方面。

（1）安全第一

如表 4-22 所示，这一部分分为 5 个阶段。

表 4-22　安全第一评价标准发展阶段

第1阶段	第2阶段	第3阶段	第4阶段	第5阶段
安全不是首要的考虑	"安全第一"已成为正式政策，但管理层的决定并没有完全支持这一政策	管理层资源和关注重点在安全第一	安全设计到流程、员工作业指导和员工、主管的标准作业中	"零安全事故"是所有人需要认真应对的挑战

（2）区域控制

如表 4-23 所示，这一部分分为 5 个阶段。

表 4-23　区域控制评价标准发展阶段

第1阶段	第2阶段	第3阶段	第4阶段	第5阶段
区域没有确立，区域主管没有指定	区域已清晰定义并指定，但区域主管管理范围太大（大于8个组员）	"团队主管数量对成员数量"的比例是基于区域中流程的变异、复杂度和稳定性等科学分析的结果	团队主管和小组（4到8个人）在确定的区域工作，具有对流程和设备的日、周和月的维护清晰职责	整个组织中所有区域都已被定义、职责都已被确定

（3）团队

如表 4-24 所示，这一部分分为 5 个阶段。

表 4-24　团队评价标准发展阶段

第 1 阶段	第 2 阶段	第 3 阶段	第 4 阶段	第 5 阶段
没有团队结构	团队结构已建立，但缺乏正式团队建设的培训	员工组成团队并以团队功能运作	一些绩效评估和奖励是基于团队的	团队以自我为导向，越来越能够独立运作业务

10. 持续改善体系

不能持续改善的精益模式，只会将企业引入发展歧途。为此，NLEAN 评价体系中还包括以下 3 个标准：精益意识、浪费识别和持续改进。

（1）精益意识

如表 4-25 所示，这一部分分为 5 个阶段。

表 4-25　精益意识评价标准发展阶段

第 1 阶段	第 2 阶段	第 3 阶段	第 4 阶段	第 5 阶段
组织中的大部分人员没有获得精益教育	组织中所有人员已获得精益意识和基本培训	大部分员工已正确理解精益是什么，为什么重要，如何影响每个人	每个人都完全理解精益理念、系统和工具，并在改进项目中开始使用	精益和持续改进的语言已成为日常会话的一部分，每个人都能够讲这种语言

（2）浪费识别

如表 4-26 所示，这一部分分为 5 个阶段。

表 4-26　浪费识别评价标准发展阶段

第 1 阶段	第 2 阶段	第 3 阶段	第 4 阶段	第 5 阶段
不关注识别和消除 7 种浪费	在组织中对什么是价值和浪费已达成共识	组织中所有区域的 7 种浪费已获确认和识别	在流程和价值流中，持续改进活动基于识别和消除浪费	员工的日常决定基于浪费意识以及防止和消除浪费

（3）持续改进

如表 4-27 所示，这一部分分为 5 个阶段

表 4-27　持续改进评价标准发展阶段

第 1 阶段	第 2 阶段	第 3 阶段	第 4 阶段	第 5 阶段
没有正式实施持续改进的方法	仅选择专家或专员来培训持续改进方法	持续改进由项目驱动（改善项目、员工提案系统或小组活动、QC 环）	将改善作为日常工作的一部分并已获得高度认同和理解	在组织中把每人每天的改善作为一种工作方式

4.4.2　NLEAN 评价体系 5 等级

精益运营评价系统的实施是在精益管理体系相对成熟并达到一定程度后进行的。精益评价系统不同于传统的质量体系，更强调实际可操作性、易理解性，适合不同层次的企业使用，其结果和实施效果具有可衡量性，并能够结合不同企业特点，促进形成新的管理系统。

NLEAN 评价体系中，不论任何维度，都可以分为 5 个等级，如图 4-16 所示。

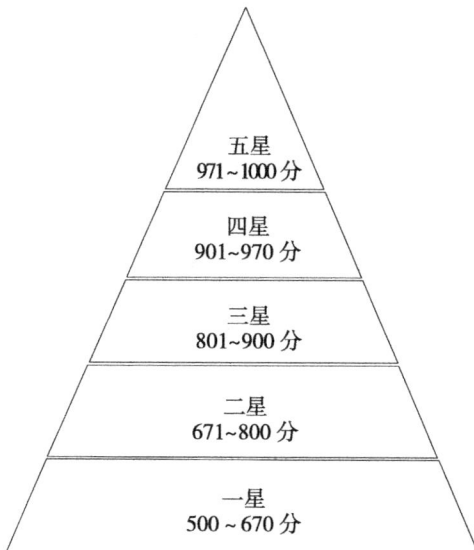

图 4-16　NLEAN 评价体系 5 等级

"一星"为最低荣誉，星星数量越多，荣誉级别越高。"五星"即达到最高荣誉。衡量级别的标准是 NLEAN 评价体系计算出的实际分数。

通过比较分数，很容易发现，等级越高，级差越大，挑战性越强。当然，即便是较低等级，实际上也有很高的含金量。企业只有在每个维度上都建立起高等级的新攀登目标，才能获得精益运营的最佳成绩。

4.4.3 NLEAN 评价流程

精益运营评价流程系统的建立通常有两种形式：一是企业根据自身需要，为了评估管理不同项目、部门、流程的精益管理效果，根据自身发展战略，结合咨询公司的建议，自主制定评价标准和实施手册；二是咨询公司根据自身多年的咨询经验，形成精益评价流程，主要帮助企业诊断使用及理解自身所处的精益运营程度阶段，明确未来精益发展方向。

相对于第二种流程，第一种流程能更好地帮助企业进行自我理解和执行，但问题在于受企业自身精益发展程度所限，需要进行不定期更新才能具有更强大生命力。而第二种精益评价流程则相对完整，这是因为咨询公司通常会根据企业发展需求，不断对流程内容进行更新，增加评价维度和内容，形成具有公用性的评价流程系统，在实施过程中不易出现偏颇，更容易操作和理解。

例如，不论前来咨询的企业大小、业绩如何，"新益为"的 NLEAN 团队均遵循同样严格的流程，进行对应评价。这是因为只有坚持统一的流程体系，NLEAN 模式才能被准确、完整执行，真正为企业带去长远收益。

在评价之前，团队内部会进行充分准备，包括向团队内的评价师阐述纪律要求、审核原则和评价依据，确保每个评价师都能严格约束自己，统一工作标准，让整个团队产生最大的工作效能。

正式评价流程包括以下步骤。

（1）首次会议，在半小时内结束。

（2）会后，听取客户企业的报告，花费约 1 小时。

（3）对企业生产运营现场进行考核，了解生产细节中现有的问题，需要花费 3 个工作日左右。

（4）现场评价结束的最后一天晚上，对生产现场进行综合评分，形成团队分数。

（5）准备团队汇报资料，预计 3 小时左右。

（6）举行末次会议，总体在 1 小时内。

评价流程结束后，团队内各评价师共同撰写正式报告，预计 1 周内完成。

第 **5** 章

精益现场：低成本促成高效益的秘诀

　　精益现场管理，就是企业利用科学的管理制度、标准和方法，对生产现场各个生产要素进行合理有效的管理，确保现场始终处于良好的状态。精益现场管理，是对生产第一线的综合管理，是以低成本促成高效益的秘诀，也是精益经营系统的重要组成部分。

5.1　一周一标杆管理与促进

5.1.1　什么是一周一标杆

所谓精益现场的标杆，就是根据可评估的预期确定所需要达到的目标。标杆的意义在于帮助企业获得一整套有具体参照物、便于学习和执行的绩效衡量标准和体系，以此引导员工确定努力方向。企业打造精益标杆，正是为了寻找和研究如何实现企业整体精益化的方法，并与企业现有情况进行比较、分析和判断，从而使企业不断进步，创造优秀业绩、实现良性循环。

一周一标杆，是"新益为"公司专有的精益标准化咨询产品。这一精益推进方法，经过十年实战沉淀而生，适合中国企业发展现状，突破了企业原本无能为力的革新瓶颈。

一周一标杆是企业精益现场的第一步，重点在于利用革新榜样的力量，实现企业文化突破。企业通过一周一标杆的方法，可以建立生产团队改善的组织标准和方法标准，让全体员工看到改善的主旨意义和深远价值，可以树立精益改善文化，统一员工尤其是管理团队的思想。

正如松下电器的经典语录："我制定，我遵守；我检查，我改善；我参与，我行动。"一周一标杆活动不能变成闭门造车，标杆训练和建立过程中的所有内容都要来源于现场、作用于现场、转化于现场，能够让其中的知识内容变成员工的行动，再让员工的行动转化为现场绩效。一周一标杆活动的评价标准必须切实有效，推动现场的资深管理人员和生产人员参与其中，并因此而作用于未来标准的建立与执行。

长远来看，一周一标杆活动能够将精益改善、组织形式构造和文化革新三者紧密结合，实现"周周有成果"的团队标准化改善。

5.1.2 一周一标杆推进模型

一周一标杆重点推进生产现场的团队改善，其特点重在时间短、见效快，力求在一周内就显著改变企业现有最严重的现场管理问题。

其推进模型图如图 5-1 所示。

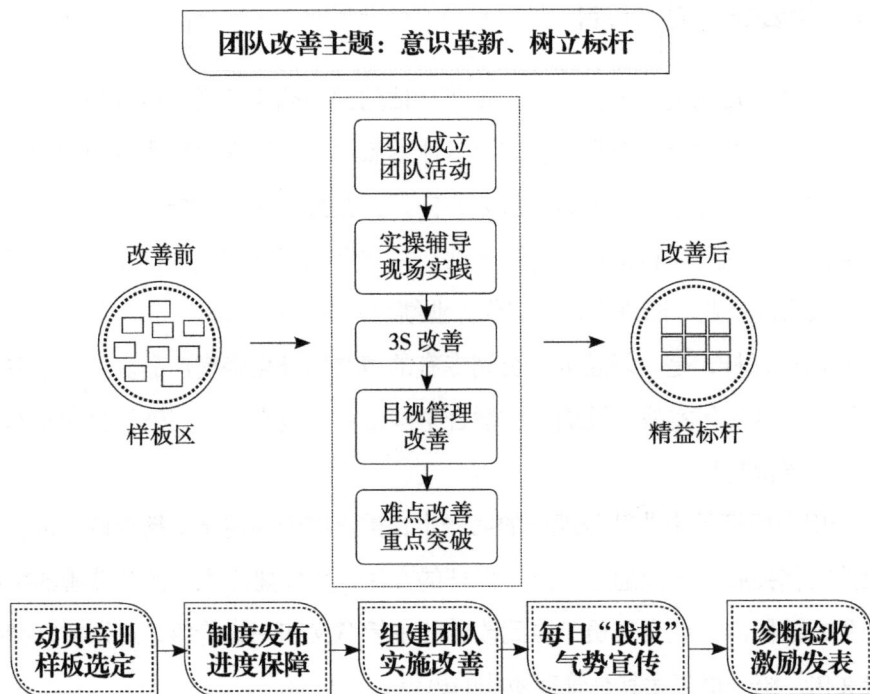

图 5-1 一周一标杆推进模型图

在改善前，企业应动员全体干部、员工进行方法培训，并选定活动样板。一般而言，样板区应该是问题较为明显突出同时又具有代表性和可扩展性的生产区域。

选定样板区后，企业要成立改善团队。改善团队通常以班组为单位，由工艺、品质、设备等人员参与。

团队成立后的活动要以 3S 改善、目视管理改善为切入点，进行难点改善和重点突破，完成样板区的改善实战。

改善实战一周后，企业应对现场进行验收并进行激励表彰。在成果体现完成后，企业应本着样板先行、打造标杆的目的，再将样板区改善行动进行横向扩展，影响到整个企业不同领域、团队和岗位上，发起企业内全面的现场改善。

5.1.3　一周一标杆推进流程

短短一周内，企业应如何完成标杆的建立，从而开启随后的全面推进？表5-1所示的流程值得思考与借鉴。

表5-1　一周一标杆推进流程

给我一周时间，给你一次蜕变			
第 1 天	第 2~3 天	第 4 天	第 5~6 天
步骤1：事前准备事项确认 步骤2：组建团队 步骤3：项目启动大会	步骤4：精益日例会召开 步骤5：现场改善实践 步骤6：重点改善事项讲解 步骤7：顾问现场巡回指导	步骤8：预验收、横向学习 步骤9：事前准备事项确认 步骤10：周总结报告编制	步骤11：现场验收 步骤12：发表及扩展动员会

一周一标杆的推进时间分为 6 天。

1.第 1 天

想要推进活动顺利启动，离不开周密的准备工作，只有准备充分，才能看见成功的希望。

第一天，企业应进行事前准备和确认，组建样板团队并培训。完成改善分工。

同时，当天企业应召开全公司动员大会，通过活动介绍和思想动员，确保上下统一、思想一致。在大会上，公司领导应对样板区团队代表进行授牌，将改善任务传递给样板区。大会结束时，团队进行集体宣誓，团队干部写下改善誓言，确保所有人员能铭记精益生产方针和口号。

2.第 2~3 天

这是现场实践最关键的两天，所有团队全力以赴对顾问提出的疑点进行改善，这个过程需要各部门协调支持，每个团员创意思考，充分发挥团队的作用。

具体工作包括。

（1）召开每日例会，确认计划跟进；

（2）进行现场 3S 改善实战；

（3）进行重点改善事项讲解。在顾问指导下，团队完成样板区重点改善涉及事项和跟进；

（4）现场巡回指导。顾问对现场进行重点改善指导，团队对改善亮点进行交叉学习。

已有的实践证明，这两天的实战改善是紧张而充实的。每个团队都要秉持"当日事当日毕"的精神，争取当日完成。

短短 48 小时内的高强度改善，让团队员工体会到团结一致的精神，这种精神正是日后企业精益改善最需要的文化种子。

3. 第 4 天

这一天企业重点进行改善预验收、横向学习。内容包括组织所有团队横向交流学习，每个团队都应学习其他团队优秀的地方，改善自身团队的不足。此外，企业还要明确落实公共区域的问题，将其列为下一步推广改善的目标，并编制出周总结报告。

4. 第 5~6 天

公司高管和顾问团队对现场进行验收。每个现场改善团队都应在此时将最闪光的亮点呈现出来。通过现场验收，企业管理层团队能够直观了解现场样板区取得的成果，从而确保所有人都能坚定改善行动，激发员工的热情。

现场验收后，企业管理层团队进行总结会议。会议上应由每个团队分别介绍改善的过程和成果。

通常而言，一周改善后，每个团队贡献出的成果都会有相当的亮点。在格力，NLEAN 团队通过一周一标杆活动，指导该企业机模部提出了具备申请专利水平的"备件存放"改善成果。

5.1.4 一周一标杆年度推进计划设定与实施

企业应从一周一标杆活动开始，制订年度标杆推进计划。

年度推进计划的设定与实施步骤，如图5-2所示。

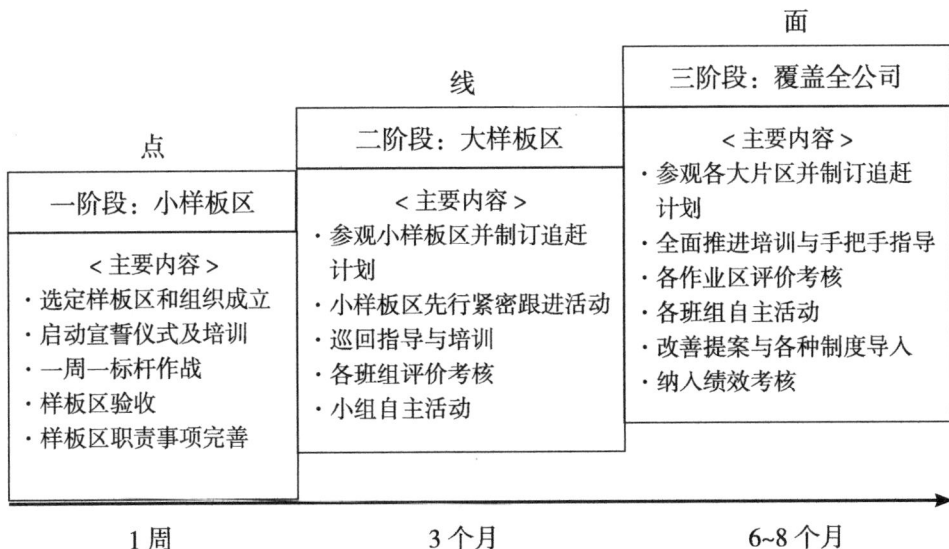

图 5-2 一周一标杆推进阶段示意

图5-2所示的一周一标杆，只是企业精益革新的开端。

第1周内，企业通过选定样板区和组织成立、启动宣誓仪式及培训、一周一标杆作战、样板区验收和职责事项的完善，塑造出小样板区。

在随后的3个月内，企业应致力于将点状的小样板区域连接起来，形成脉络状的"线"。其中必不可少的步骤有以下几点。

（1）企业组织各班组团队，参观小样板区，学习先进的改善经验，吸收改善成果。在此基础上，各班组团队制订出追赶计划。计划应贴合本团队的实际情况，着眼于解决本团队的问题，同时也应体现出学习效果，吸取已有经验。

（2）大样板区选定后，企业在小样板区先行推动"紧密跟进"活动。小样板区在一周一标杆成果的基础上，继续着手改善效果的提升，以此带动大样板区的整体变化。

（3）在 3 个月内，改善导师负责在大样板区内进行巡回指导与培训。各个班组进行自主改善活动，并进行内部评价考核。

（4）当大样板区内的改善效果逐步明显后，企业在随后的半年至一年内，将"点""线"中取得的改善经验逐步覆盖全企业，获得"面"的改善效果。主要内容包括。

①各大片区进行相互参观，并制订对大样板区的追赶计划；

②各大片区进行全面推进培训，由导师、优秀管理员工对基层员工进行手把手指导；

③各大片区进行评价考核，并进行自主改善活动；

④在上述活动基础上，企业导入改善提案等多项制度，并将执行成效的评价纳入绩效考核，与不同部门、团队与个人的奖惩结果挂钩。

5.2 6S 管理策略及技巧

6S 起源于日本，是对 5S 的继承与发展。除了 5S 中原有的"整理、整顿、清扫、清洁、素养"之外，还增加了"安全（Safety）"这一要素，形成了今天的"6S"。

在塑造企业形象、降低成本、准时交货、安全生产、高度标准化、工作环境和现场改善等方面，6S 发挥了巨大的作用，并逐渐被各国管理界认识和接受。随着世界经济的发展，6S 成为企业现场管理的潮流，被越来越多的大型企业所采用。

5.2.1 6S 管理推进模型

6S 管理的推进成效，很大程度上影响企业现场改善的效果，其推进模型如表 5-2 所示。

表 5-2　6S 管理推进模型

方针	全员参与、改善现场、杜绝浪费、精益求精			
口号	现场、现物、现实持续改善　　客户、员工、股东分享成果			
关键品质特性（CTQ）	组织与运营	现场打造	运营体制	目视管理
推进 重点战略	1.项目方案确认 2.推进组织建立 3.推进日程计划 4.各阶层意识教育 5.现场为中心的改善 6.团队为中心的改善 7.全员参与改善活动	1.一周一标杆打造 2.红牌作战和定点摄影 3.6S看板管理规划 4.班前会实施 5.红黄旗竞赛 6.目视化管理 7.岗位维持基准 8.改善提案活动实施	1.6S自检／互检活动建设 2.6S管理亮点评价机制 3.6S管理KPI考核制度 4.6S管理标准化手册 5.文化宣传机制 6.6S项目总结发表机制 7.6S管理星级评价机制	1.画线颜色目视管理标准 2.管道颜色目视管理标准 3.厂区5S目视管理标准 4.办公室目视管理标准 5.生产区域目视管理标准 6.设备目视管理标准 7.工具目视管理标准 8.物料5S目视管理标准 9.安全规范目视管理标准 10.生产细节目视管理标准
基础	团队改善，全员参与，创新组织＋革新一体化			

在建立 6S 管理推进体系前，企业应当认清其开展基础：团队改善、全员参与、创新组织和革新一体化。

这一基础意味着 6S 改善行动并不是对员工个人的要求，而是由企业动员从上到下的全体员工积极参与其中。6S 管理能够为企业带来以下优势。

1. 改善并提高形象

通过 6S 管理推进模型，企业形成整齐、清洁、安全的工作模型，有利于工作的有序开展，也能帮助员工自觉形成良好的工作习惯。

2. 提高工作效率

在实施 6S 管理推进模型后，员工身处优越的工作环境与氛围中，与高素质的团队伙伴合作，物品摆放有序无须寻找，其工作效率也会随之提高。

3. 增强组织活力

企业通过实施 6S 管理推进模型，最终能让所有员工都变得有尊严、修养与成就感，从而对工作尽心尽责尽力，使得全体员工改善意识增强并提高组织活力。

4. 保证物流通畅

从硬件使用效率上看，企业在实施6S管理推进模型后，工作环境变得更加整洁，工具保管和车间布局变得更为高效，工具和零部件配备管理更为到位，保证了工序之间的物流通畅，减少直至消除浪费，大大提高了生产作业的效率。

在进行6S管理推进之前，企业要对组织结构进行革新，使整体更为适应革新要求。

在推进过程中，重点战略包括以下4大步骤：

1. 组织与运营

6S改善推进离不开企业领导层高屋建瓴的全方位统筹规划，其中包括项目方案的确认、推进组织的建立、推进日程计划的确定；各阶层员工改善意识的教育；分别以现场和团队为中心，进行样板化的改善。最终组织全员参与改善活动。

2. 现场打造

在该步骤中，企业应以一周一标杆活动的打造为契机，逐步扩大红牌作战和定点摄影、6S看板管理规划、班前会、红黄旗竞赛、目视化管理、岗位维持基准和改善提案等活动，从多方面实施现场改善活动，打造出能够在整个企业推广的改善模型。

3. 运营体制

6S改善的运营需要强有力的体制作为保障，其中内容包括：6S自检和互检活动建设、6S管理亮点评价机制、6S管理关键绩效指标（Key performance index，缩写为KPI）考核制度、6S管理标准化手册、文化宣传机制、6S项目总结发表机制和管理星级评价体制。当体制成熟运转后，整个6S改善的管理水平会登上新的台阶。

4. 目视化管理

6S现场改善中目视化管理手段必不可少。企业将目视化管理工具注入图表、看板、颜色、场所的区域规划等进行管理，由于这些工具一目了然，便于员工迅速采取对策，提高工作效率。

为此，企业需要建立全面的衡量标准，围绕画线颜色、管道颜色、厂区5S、办公室、生产区域、设备、工具、物料、安全规范和生产细节，建立完整的目视管理标准。

将上述 4 大推进重点落实后，6S 管理推进体系便完整形成。结合这些重点，企业需要提出以下口号：现场、现物、现实，持续改善；客户、员工、股东，分享成果。企业应在"全员参与、改善现场、杜绝浪费、精益求精"方针的指导下，稳步推进 6S 管理，收获改善成果。

5.2.2　6S 管理目视化要素

目视化是指通过视觉采集信息后，利用大脑对其进行简单判断而非逻辑思考，直接产生"对"或"错"的结论。这种管理方式简便直接，通过视觉化管理，现场员工会对判断标准一目了然，确保所采取措施的准确性，避免人为失误，防止各类隐患和浪费的出现。

6S 管理目视化范围涵盖了企业从后勤、办公到生产、运营的诸多方面，其中包括 10 要素，如图 5-3 所示。

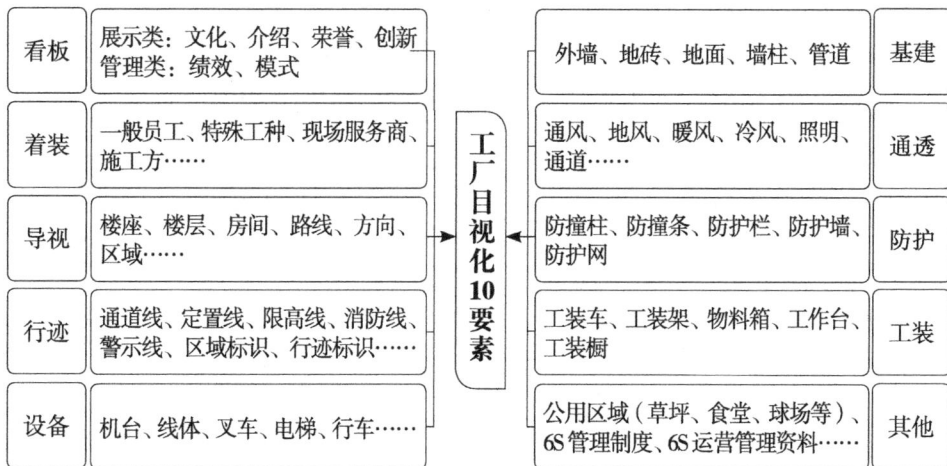

图 5-3　6S 管理工厂目视化 10 要素

10 要素分别是：

1. 看板

看板是一种类似通知单的卡片，大小、形状可根据具体需要进行设计。在 6S 目视化管理体系中，其用途分为展示和管理两大类型。展示类看板的内容包括文化、介绍、荣誉及创新等；管理类看板包括提升绩效、推进模式等。

2. 着装

企业员工的着装是 6S 管理的必备内容，主要根据一般员工、特殊工种、现场服务商、施工方等角色不同，进行目视化检验考核。

3. 导视

导视系统在一个企业的现场管理中占据着重要位置。对客户而言，导视系统能够传达第一感印象；对企业自身而言，导视能够确保清扫、清洁、整理、整顿、素养和安全方面符合要求。

目视化管理中需要着重考察的导视要素包括楼座、楼层、房间、路线、方向、区域等。相关标识牌的设计，不仅只是用来满足其功能需要，还要求充满艺术感、协调感，让整个企业的精益文化都随之充分体现。

4. 行迹

行迹即行动轨迹。行迹管理要求将具体行动的目标方向在企业地面、墙壁、桌子上、机器旁进行指示标识，便于员工工作中的行动。通过对行迹的目视化管理，企业能够使员工快速确定工作地点，减少时间和精力的浪费。

行迹目视化管理要素主要有通道线、定置线、限高线、消防线、警示线、区域标识、行迹标识等。

5. 设备

设备目视化管理，是指利用人的视觉感官，将和设备相关管理的事项转化为浅显易懂的文字、图片、颜色等，从而达到提醒、控制、警示的作用。

设备的目视化要素具体包括机台、线体、叉车、电梯、行车等。

6. 基建

目视化管理对企业基建的重要性不仅体现在安全性上，同时也能帮助企业让基建设施产生更大的使用价值。其主要要素包括外墙、地砖、地面、墙柱、管道等。

7. 通透

在生产现场中，通透的目视化管理能够使资讯共有化、要求精准化，也能使现场问题显现化、改善明晰化。其具体要素包括通风、地风、暖风、冷风、照明、通道等。

8. 防护

生产现场的防护目视化，能有效提升生产安全性，也能使基层员工意识到精益改善带来的切实收益，促使他们形成对应的工作意识。其主要管理要素包括防撞柱、防撞条、防护栏、防护墙、防护网等。

9. 工装

工装目视化管理可以明确告知员工应该注意什么、应该做什么，早期发现异常情况，进行有效检查，同时能够防止人为失误或遗漏，始终维持现场正常运行状态。其中主要因素包括工装车、工装架、物料箱、工作台、工装橱等。

10. 其他

除了上述分类外，企业内其他的目视化管理要素可以统称为其他方面。其中具体包括公用区域（草坪、食堂、球场等）、6S 管理制度、6S 运营管理资料等，这些领域的目视化管理或许并不会直接产生经济价值，但却有利于整体精益文化的形成，促使企业从现场精益管理中得到更多收益。

5.2.3　6S 管理推进 5 步法

6S 管理的目的在于规范作业现场，树立标杆现场。企业不断推进这一管理模式，能够建立持续改善的运作体系并培养出精益骨干，营造出企业全员参与的文化氛围，为打造精益革新奠基。

6S 管理推进共有 5 大步骤，如表 5-3 所示。

表 5-3   6S 管理推进步骤

推进阶段	阶段名称	阶段目的	核心工作	工作内容
步骤 1	组织基础	组织团队 运营保障	深度调研 全程计划确认 推进期机制建立	1.项目方案确认、推进组织建立 2.绩效考核暂行标准建立 3.推进日程计划、文化宣传活动
步骤 2	一周 一标杆	改善文化 破冰	3S 实战 3M 改善 环境整备	1.整理、整顿、清扫、3S 实战 2.污染源、隐患点红（黄）牌作战，流动红旗竞赛 3.团队 3M（设备、品质、工艺）改善
步骤 3	现场打造	人的规范 地物明朗	3S 实战 3M 改善 环境整备	1.定点摄影 2.看板管理、班前会实施 3.岗位维持基准、改善提案活动
步骤 4	目视化 实施	目视管理 标准化	3S 实战 环境整备 目视化手册编制	1.画线颜色、管道颜色 2.厂区、办公室、生产区域目视管理 3.设备、工具、物料目视管理 4.安全规范、生产细节目视管理
步骤 5	持续改善	建立体系	管理规范 管理组织 评价标准	1.自检／互检活动建设、亮点评价机制 2.KPI 考核制度、6S 管理标准化手册 3.文化宣传机制、总结发表机制、星级评价机制

1. 组织基础

该步骤的目的在于组织起坚实团队，为 6S 管理运营提供保障。为此，企业领导者需进行深度调研，对全程计划进行起草和确认，并建立推进机制。

具体工作内容如下。

（1）成立专门的推行组织

为推进 6S 管理，企业需要成立 6S 推行委员会，其结构如图 5-4 所示。

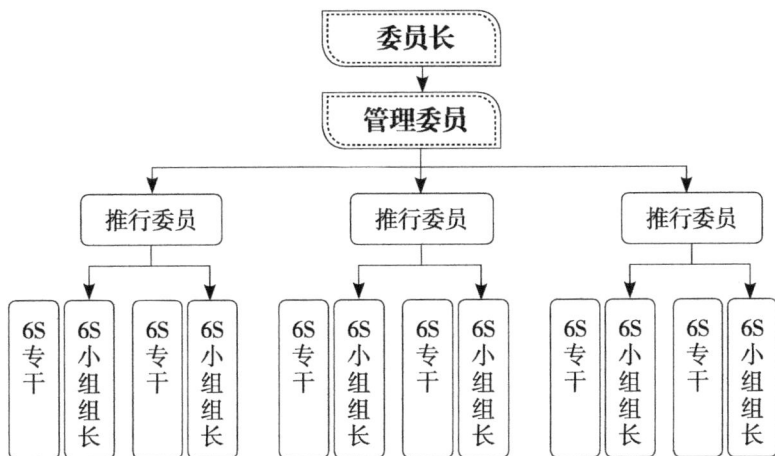

图 5-4　6S 推行委员会构成

　　6S 推行委员会的职责在于全权负责企业的 6S 管理工作。其中包括相关文件（6S 工作计划及实施方法、管理制度、检查标准、考核制度等）起草，各部门工作协调、检查、督办、评比、教育、指导和参与持续改善等。

　　下面是某企业 6S 推行委员会成员的工作职责。

　　委员长：负责 6S 活动推进过程中主要文件的批准、所需资源的提供；建立 6S 推进委员会组织架构，确定人员组成和权责；负责对推进活动中的争议和矛盾进行裁决。

　　管理委员：协助委员长开展工作，积极支持和推进 6S 活动，督促各个推行委员推进 6S 工作。

　　推行委员：负责监督各推行小组的 6S 推进情况；负责 6S 检查评估工作的实施，填写《6S 推进活动检查表》并评分；负责安排检查时的定点摄影工作，记录现场的情况，供评估后学习和改善用。

　　6S 执行小组组长和专干：负责对本部门内 6S 活动的组织、实施、检查、整改等工作；负责对本部门内部员工进行 6S 培训和指导，树立标杆；负责制定本部门内部的 6S 评比及考核措施；负责改善检查中暴露的问题；参与每月的 6S 检查工作。

（2）制定推进方针和目标

在 6S 活动开始前，企业需制定可行的 6S 推进方针和目标，作为活动准则。方针一旦制定，企业应广为宣传，加深全体员工的认识。为此，企业对要实现的目标加明朗化。在 6S 活动推进时，企业还需将每年的目标不断分解，形成月目标、周目标，作为活动努力的方向，便于活动过程中成果的评估。

（3）拟订推行计划和实施办法

首先，企业应制订总体 6S 推进计划，拟定活动阶段和相应工作内容。随后，各生产部门内部由小组长根据整体计划拟订内部计划。

（4）培训教育

为了将 6S 推行工作做到实处，企业应提前对所有人员进行 6S 管理基础知识普及和强化培训。

（5）宣传造势

企业要注重在 6S 管理推行之前的宣传造势工作，可以由经理和部门主管表达推行 6S 活动的决心，例如由他们以身作则，定期或不定期地对现场巡视，让员工感觉到被重视；利用公司内部刊物宣传介绍 6S 知识；外购或自行制作 6S 海报或标语，在企业内、各区培训室、休息室进行张贴。

此外，6S 推行委员会也应积极行动，由委员长亲自带头，定期对各区 6S 执行情况进行抽查，进行氛围加强及再教育工作。

2. 一周一标杆

该步骤利用"一周一标杆"活动，实现改善文化的破冰。具体内容如下。

（1）3S 改善

3S 改善主要指 6S 中的整理、整顿和清扫 3 项改善工作。

整理，将必需物品和非必需品进行区分与处理；整顿，对物品明确放置场所，摆放整齐有条不紊，通过地板划线定位的方式对场所和物品做出标示，并制定废弃物处理办法；清扫，即确保工作现场没有垃圾和污垢，取出的工具要能够立刻正常使用，制造出高品质、高附加价值的产品。

（2）污染源、隐患点红（黄）牌作战，流动红旗竞赛

其中，红（黄）牌作战即使用红（黄）色标签，对生产现场各角落的问题点加以发掘和整理。现场人员或监管人员在找到问题之后，即时悬挂红（黄）牌，让所有生产员工和管理者都能明白问题所在并积极加以改善，从而达到整理整顿的目的。

下面是常见的红（黄）牌问题点：工作场所出现的不必要物品；工作场所内需改善的事件、地点、物品，包括超出期限的物品、变质物品、可疑物品、混杂物品、不使用的物品、过多的物品、有油污或不清洁的物品等。

红（黄）牌的样式通常为 8cm×12cm 的红（黄）色标签，内容包括责任部门、责任人、场所、提出人、提出日期、问题描述、对策、执行人、完成日期、确认人、验收结果、验收日期、验收人等。

在实施红（黄）牌作战时，现场人员或监管人员应用挑剔的眼光去对待现场，可以将红（黄）牌贴在任何有问题的地方，对所有问题点宁可从严，也不应宽松处理。

相对于红（黄）牌作战，流动红旗竞赛的目的在于表彰先进、引发重视。企业通过对在 6S 检查评比过程中表现最好的工作岗位或部门授予红旗，能够形成内部良性竞争，并促使先进者感受压力、保持优秀。

（3）团队 3M 改善

团队的 3M 改善即设备、工艺、品质的现场改善。

设备改善是指在日常现场工作中发现设备存在的问题，包括浪费时间和原材料、出现异常、困难作业等，从而努力消除损失，降低成本，提高设备效能。

工艺改善需要生产部门、工艺部门、工装部门共同深入现场，面对暴露出的问题点，通过试生产探讨并确定新的相关作业标准，并对原有的生产作业标准进行修订。

现场品质改善的基本流程是，通过把同一工作现场的人员组织起来，形成团队，对生产产品的品质问题、售后服务、加工作业过程中出现的问题进行检讨，并实施改善。企业应通过品质改善，形成标准化内容，并进行推广。

3. 现场打造

该步骤应延续一周一标杆活动，使其效果在更大的生产范围内放大。其主要内容是全部人员、地点和物品的规范。

主要使用的工作方法如下。

（1）定点摄影

企业将工厂的死角、不安全之处、不符合 6S 原则之处用相机拍摄下来，并在员工都能看到的地方公布展示，激起大家改善的意愿。在改善形成结果后，企业在同一地点再次拍摄并公布展示，使大家了解改善的成果。

进行定点摄影时，企业应仔细标明每张照片的拍摄地点和时间，以便体现出照片拍摄前后的对比。

（2）班前会

班前会，顾名思义是班组（科室、部门）每天工作前开的会，要对每天的工作做出具体安排。除了由班长（科长、部长）做出相关安排外，还可以让组员在会上就本职工作各抒己见，列举出有关困难进行讨论、分析，尝试寻找解决的办法，以此来调动组员的积极性，做到人人参与。

除了上述方法外，企业积极采取岗位维持基准、看板管理、改善提案活动等形式，也能更好地提高现场 6S 管理的水准。

4. 目视化实施

该步骤的要点在于无论是谁，都能用目光判断现场管理的好坏，及时发现异常。为此，目视化要素应保证观察者判断速度快、精度高，同时判断结果不能因人而异。

该步骤中重点应用的工具包括：画线颜色、管道颜色；厂区、办公室、生产区域目视管理；设备、工具、物料目视管理；安全规范、生产细节目视管理等。

下面是目视化管理实施的具体内容。

（1）地面通道线、区域划分线

A 类（明黄色实线）

线宽 10cm：大型生产车间、大型仓库的主通道线；

线宽 6cm：所有辅助通道线、区域划分线，小型房间的主要通道线；

线宽 12cm：厂区通道线。

B 类（明黄色虚线）

线宽 6cm：大型工作区域内部区域以及功能不确定的区域划分线。

C 类（红色实线）

线宽 6cm：不合格品放置区划分线。

D 类（明黄色与黑色组成的斜纹斑马线）

线宽 10cm：危险区域、消防器材摆放区域的禁止警示线、消防通道线。

E 类（绿色实线）

线宽 6cm：合格品摆放区划分线。

（2）文件、资料标识管理

文件夹外部标识主要指侧面和正面标识。其中，侧面标识内容包括文件夹编号、名称、管理部门、管理责任人。正面标识主要运用在侧面无法标识或有必要进行正面标识时进行。

在标识文件夹时，应注意以下要求。

①无论文件厚薄，文件夹标识的长度和宽度都应保持一致。

②将文件夹放入文件盒后，文件盒也应有对应标识。

③文件夹侧面应加上斜线，形成目视管理的标准。

④对文件夹标识的规格和字体进行统一。

（3）办公区域标识管理

办公区域标识管理包括以下 3 方面内容。

①办公桌：根据办公人员数量，将办公桌具体划分为不同员工的作业区域，并对不同区域标识编号、区域所属人姓名、职位和部门。

②物品放置标识：对电脑、电话、笔筒、文件夹、水杯放置位置标识。如果有不需要具体标明物品放置位置的，可按照所属区域标识。

③抽屉标识：长方形抽屉标签，长 50mm，宽 30mm，依据抽屉内物品明细分类，贴于抽屉右下角，边缘对齐。

（4）仓库货架标识

企业要求对每个货架进行编号，物品按公司、部门、品类、责任人进行分类，并记录摆放位置。

根据目视化管理要求内容，判断现场目视管理水准的标准如下：初级水平，有标示、状态明确；中级水平，谁都能判断良否（好坏）；高级水平，管理方法（异常处置等）都一目了然。

5. 持续改善

作为 6S 现场管理推进体系的最后一步，企业应在此时建立完整的体系，包括形成管理规范、管理组织、评价标准等。

同时，企业领导者应积极转化自身角色，从推进者变成引导者，将维护 6S 管理成果的责任与荣誉交给员工，指出维持的方向、方式和方法，让员工能够从被动转为主动，积极推行持续改善的工作。

在持续改善中，标准化是非常重要的方法。企业只进行改善而不进行标准化，就会导致"边改边丢"，导致 6S 管理水平难以维持。企业在 6S 管理推进的过程中所形成的良好方法要不断进行传承，就必须进行标准化的执行。具体而言，企业在 6S 管理过程中得到的宝贵经验和方法，诸如如何清扫设备、如何放置工具等必须及时进行提升总结，形成标准化。否则，就难以让更多新人从中学习，造成前期付出的浪费。

为此，企业应在部门和团队之间进行自检和互检活动，以亮点评价机制、KPI 考核制度、文化宣传机制、总结发表机制和星级评价机制，确保企业现场改善的成果得以持续。

5.2.4 6S 管理信息执行系统

6S 现场管理模式具有强大的优势，但由于其深入到企业生产经营的每个角

落，注定要承载大量的信息传递和执行任务，而其中产生的问题又很容易成为
企业推动 6S 管理的致命瓶颈。

传统 6S 管理方式中，其信息传递和执行流程，如图 5-5 所示。

图 5-5　传统 6S 管理中信息传递和执行流程

在该模式中，管理人员通过制定标准形成正确的现场管理信息；通过发布
标准和督导记忆，促使员工接受管理信息并加深印象；再通过现场的监督执行
向管理层反馈信息，由其进行纠偏后填写执行记录；对执行记录电子化后，整
理出执行报告以备考察。

显而易见，这样的信息传递方式过于依赖人的自主记忆、理解，一旦某个
环节发生偏差，就会影响到最终的执行结果，导致企业 6S 管理水平停步不前。

在"新益为"推行的 NLEAN 模式中，采用现代化网络通信方式，打造现
场云处理方式，其流程如图 5-6 所示。

图 5-6　NLEAN 精益管理中现场云处理流程

管理人员在制定标准后，不再需要花费大量时间进行督导记忆、监督执行，
而是通过现场云智能处理，将执行方式落实到具体基层员工的智能终端上。作
为执行人员，只需根据智能终端的提示扫码执行，就能将 6S 管理中需要解决
的具体问题进行改善，并第一时间进行反馈。

云智能处理方式让 6S 管理的信息执行系统逾越了原来的重重阻碍，可以确保管理人员、执行人员和现场问题三者之间的无缝对接，让 6S 管理的执行效率变得更高。

5.3　KTPM 管理落地实施

5.3.1　从 TPM 到 KTPM

TPM，是英文"Total Productive Maintenance"的缩写，译为"全员生产维护"或"全员生产保全"。这一管理模式以提高设备综合效率为目标，以全系统的预防维修为过程，以全体人员参与为范围，以对设备进行全面保养和维修为特点，保持生产现场的全员劳动效率，在各个环节上进行持续不断的改善。

TPM 模式最初由美国人提出，实践应用于日本。数十年来，许多知名企业包括福特汽车公司、戴纳公司和艾雷·布雷德利公司等都曾使用，并因此生产效率得到了显著的提高。

2009 年开始，"新益为"咨询核心团队在深入研究 TPM 的基础上，结合中国企业的特点，不断探索而打造出 KTPM 管理模式。

KTPM 的英文全称为"Kaizen Total Productive Maintenance"。

K（Kaizen），意为持续改善。这是体系的精髓与核心，要求企业内每个人、每个环节，都能在每天得到持续改善。

T（Total），意为全面。即包括生产部门、管理部门在内全员参与。这是整个体系的基础和着力点，必须做到涵盖面和参与者广泛。

P（Productive），代表生产。广义上包括企业内生产、管理、培训等产生效益的所有业务。这是体系运作的目的，所有业务都要服务于生产这一主营业务，并关注效益这一终极对象。

M（Maintenance），即维护，包括以追求效率极限为目的，将生产体系维持在理想状态的相关活动。这是体系的指导思想和过程重点，强调预防维护，以养护代替修理。

因此，KTPM 就是持续改善的 TPM，可谓该管理模式的"2.0 版本"。通过运行 KTPM 的模式，企业能够以全员参与、步步深入的方式，制定和执行规范，对改善效果加以评估，不断推进现场改善。

5.3.2 KTPM 管理推进模型

KTPM 管理模式推出后，经过不断实验、探索和修正，最终形成稳定的推进模型，如图 5-7 所示。

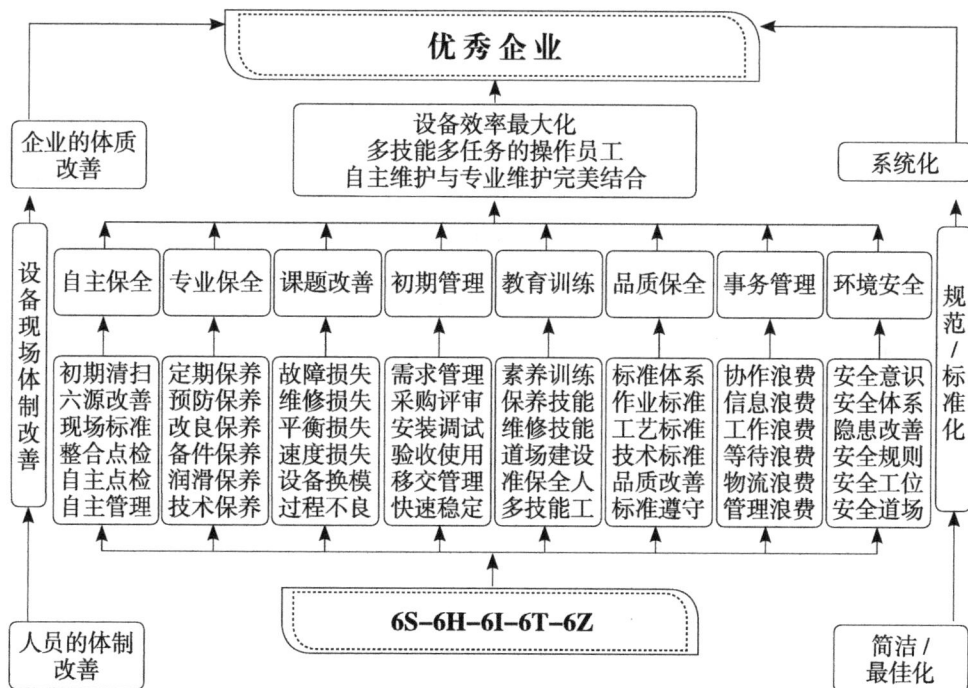

图 5-7　KTPM 管理模式

KTPM 管理推进的基础，包括 6S、6H、6I、6T、6Z 等管理体系。

6S：整理、整顿、清扫、清洁、素养、安全。

6H：污染源、清扫困难源、故障源、缺陷源、浪费源、危险源。

6I：改善效率、改善质量、改善成本、改善员工疲劳状况、改善安全预环境、改善工装态度。

6T：可视化管理、目标管理、企业教练法则、企业形象法则、项目管理、绩效评估与员工激励。

6Z：零故障、零缺陷、零库存、零事故、零差错、零浪费。

在上述基础上，KPTM 具体的 8 大支柱如下。

1. 自主保全

对设备日常使用情况最了解的人，无疑是生产一线操作者。由他们做好设备的日常保养、清洁、清理、润滑等工作，降低设备故障率，即称为自主保全。企业推行自主保全活动，对精益现场管理和 KTPM 设备管理活动的实施具有重要意义。通过自主保全，员工能够培养主动习惯，产生比被动管理更高的生产效率，同时也减少了企业管理的成本。

自主保全的主要方法步骤有：初期清扫、六源改善、现场标准、整合点检、自主点检、自主管理等。

其中，初期清扫是指通过日常的清扫和点检，清除附着在设备上和设备内部的灰尘异物，同时将设备在使用过程中老化的部件、松动的螺丝等微小缺陷找出来。初期清扫是自主保全的第一步，目的在于发现设备存在的异常问题。

6 源改善需要使用 6 源看板填写，结合 6 源问题，建立改善立项表，并将 6 源看板悬挂在设备现场或所在部门人员比较集中且都能看到的地方。

点检标准主要包括为操作工准备日常点检内容、为技术人员准备专业点检内容，相关顺序表应以图文并茂的方式加以编写。日常点检表应张贴到现场，并要求点检人员按表格填写，要求在现场填写。

自主管理是指管理者不需进行工作管理，减少管理者的压力，让员工管理好自己的工作。在这一阶段，应该制定自主管理制度，即用制度规范员工，要求员工自觉遵守作业标准。在这一步骤中，企业能够消除现场各种形式的浪费，向不断改善的目标迈进。

2. 专业保全

企业以设备管理部门作为中心进行的设备管理活动称为专业保全。通过专业保全，企业能够降低维持设备寿命的总成本，提高生产价值，以最少的成本最大化地发挥设备的最佳性能。

专业保全的方法有定期保养、预防保养、改良保养、备件管理、技术管理等。其中，定期保养包括准备活动（备用设备、备品、测定用具、润滑、图面、技术资料等）、制定业务体系程序；拟定对象设备、维修选定和保全计划；制定、整备各种基准，定期保全效率管理等。预防保养包括引进设备诊断技术（技术人员、诊断设备等）；制定预知保养业务体系程序；选定并扩大预知保养对象设备及部位；开发诊断设备实用技术等。

3. 课题改善

课题改善是对企业现场存在的不合理、问题点、污染点、浪费点等现象进行发掘和分析，成为所有参与者共同解决的问题，并借助科学方法谋求彻底改善或根本解决。

KTPM 相关的改善课题种类包括故障损失、维修损失、平衡损失、速度损失、设备换模、过程不良等。

4. 初期管理

为了缩短产品开发试样期间、设备开发设计制作时间，企业要在 KTPM 模式中推进初期管理，建立新产品和新设备的初期管理体制，其中，新设备初期管理体制的落实是 KTPM 模式推进的重点，其要求包括需求管理、采购评审、安装调试、验收使用、移交管理和快速稳定等。

5. 教育训练

企业想要有效推进 KTPM 活动，必须以教育训练活动配合推进步骤，才能改善 KTPM 活动对象——人员和设备的体质，进而实现对企业体制的改善。

教育训练通常分为以下 3 种：

（1）开发基础维护教材及教育方法，在企业内部讲师的帮助下进行教育培训；

（2）利用通用总检手册、零件类总检手册等工具，在上级指导下，由不同部门的自主维护业务小组针对其负责的设备进行维护训练；

（3）自主维护阶段中，在上级指导下，根据不同自主维护业务小组所负责的设备分别进行维护。这样才能长期、有效地进行设备维护技能训练。

具体的教育训练内容有素养训练、保养技能、维修技能、道场建设、准保全人、多技能工等。

6. 品质保全

品质保全是指保全人员为消除由于设备精度、设备结构、加工条件所引起的品质不良所采取的维修和改善活动。

社会对企业产品品质需求日益提高，生产现场的自动化日新月异，企业必须提高设备保养、品质提升的效率，并以此为目标进行持续改善。具体内容包括标准体系、作业标准、工艺标准、技术标准、品质改善、标准遵守等方面。

7. 事务管理

KTPM 管理，是全员参与的集体持续改善活动。如果没有各事务部门的支持，活动将无法持续。此外，各事务部门通过革新活动，不仅可以提高业务效率，提升服务意识，还能够培养管理与领导的艺术，为企业源源不断地输送具有全局思想的经营管理人才。

事务管理方面的主要推进内容包括协作浪费、信息浪费、工作浪费、等待浪费、物流浪费、管理浪费等。

8. 环境安全

安全是万事之本，任何持续改善的活动都必须建立在安全基础上。因此，环境安全活动从开始就贯穿于 KTPM 管理之中，其重点推进步骤包括建立安全意识，形成安全体系，改善安全隐患，完善安全规则，确定安全工位和安全道场等。

通过八大支柱的不断改善，KTPM 模式能够让操作员工掌握多技能、适应多任务，让设备的效率最大化，促使自主维护与专业维护完美结合。这样，从人员到设备、现场进行体质改善，最终使企业体质得到改善；从"点"的简洁化、最佳化形成"线"的规范化、标准化，最终使企业得到系统性优化的改善效果。

5.3.3　KTPM 管理推进 5 步法

KTPM 管理模式的具体目标可以概括为"3 个零"：零故障、零不良和零灾害。其具体指标为：追求设备综合效率达到 80%，库存压缩 50%，质量成本下降 30%，经营业绩提升 50%。

推行 KTPM 的 5 步法，如表 5-4 所示。

表 5-4　KTPM 推进方法

推进阶段	阶段名称	阶段目的	核心工作	工作内容
步骤 1	初期清扫	改善文化破冰	3S 实战 3M 改善 环境整备	1. 整理、整顿、清扫、3S 实战 2. 红牌作战，流动红旗竞赛 3. 团队改善：3M（设备、品质、工艺）改善
步骤 2	两源改善	初级人才培养	两源整改设备复原	1. 设备两源改善 2. 设备故障措施方法手册 3. 建设企业训练道场 4. 建构文化及知识体系 5.OPL 管理 6.Why-Why 分析
步骤 3	提产达能	专业人才培养	MTBF、MTTR 课题改善	1.PDCA 循环实操训练 2.4M1E 变更管理与控制 3. 设备 5 大浪费改善 4. 课题件数管理 5. 目标管理体系建立 6. 提升稼动率、效率倍增
步骤 4	降本增效	保全体制规范	遵守率管理直通率管理	1. 建立 MTTR 维修策略 2. 目标看板及重点课题推进 3. 设备点检强化培训 4. 建立设备保全体系 5. 操作多能工认证 6. 设备点检技能师

续表

推进阶段	阶段名称	阶段目的	核心工作	工作内容
步骤 5	自主维护	保全能力具备	多技能工认证 OEE 指标	1. 设备 MP 情报管理 2. 设备 KPI 战略化管理 3. 设备信赖性向上 4. 品质保全活动

1. 初期清扫

所谓初期清扫，是指在 KTPM 开始之前，要求员工带着清理工具对机器设备进行的清扫。这里的清扫并不只是让设备干净，而是通过清扫，对机器设备和环境进行"健康诊断"，其真正目的在于进行设备点检。在初期清扫时，企业应要求员工注意清扫内部，即打开机器设备的外壳，仔细清扫点检设备内部。在此过程中，工作人员需要灵活使用视觉、触觉、听觉、嗅觉和味觉等感官，审察并确定不正常现象。

初期清扫犹如破冰阶段，重点在于改善企业原有文化，打造保全文化的基础。通过 3S 作战、污染源和隐患点红（黄）牌作战、团队改善等工作，让企业生产现场的环境得到整备，为下一步进行全员持续改善生产保全做准备。

2. 两源改善

"两源"即生产现场的发生源和困难源。它是企业顺利推广 KTPM 自主保全的两大障碍。企业若想看到 KTPM 的推行成果，就必须对"两源"进行改善。在这一步骤中，通过两源整改和设备复原，企业能够培养初级改善保全的人才队伍。

两源改善的具体工作内容包括：设备两源改善、设备故障措施方法手册使用、建设企业训练道场、建构文化及知识体系、单点课程（One Point Lesson，缩写为 OPL）管理和"Why-Why 分析"等。

在这一阶段中，企业必须坚持的重要课题是如何维持之前阶段的活动成果。管理者要全面考虑如何对改善场地进行快速支援和提供改善，尤其是基层领导者，应根据生产员工的水准，重视改善的过程，到现场进行鼓励。

首先，企业应着眼于切断发生源。这是因为发生源头如果得不到解决，必然会增加困难部位的解决难度。通常而言，企业解决发生源的对策有二：一是对发生源加以消除，二是对发生源进行隔离。

其次，企业应考虑困难部位的对策，即将清扫、点检过程中会出现困难的部位加以改善，使其变得容易进行。例如，在某企业生产车间内检查皮带时，在防护罩上事先开个窗口，这样就不需要拆掉防护罩上的所有螺丝，从而减少检查时间；在对生产环境进行清扫时，可以将混乱的布线捆扎整齐从而方便清扫等。

3. 提产达能

为了让设备发挥出更高的产能水准，同时培养出专业的现场改善保全人才，MTBF、MTTR 课题改善是该步骤中不可或缺的核心内容。

MTBF，其英文全称是"Mean Time Between Failures"即平均故障间隔时间，又称平均无故障时间，，指可修复产品两次相邻故障之间的平均时间。

MTTR，英文全称是"Mean Time To Repair"，即平均恢复时间。就是从出现故障到恢复中间的这段时间。MTTR 越短，表示易恢复性越好。

产品维护团队很难直接了解维修保养活动与产品质量之间的关系。例如，当修复设备时，产品维护团队通常以功能修理为重点，而不会去确认维修保养是如何改善产品质量的。利用 MTBF、MTTR 改善课题，产品维护团队能够将产品质量和维修活动相结合，这是相当重要的。

在推动上述两大改善课题时，企业现场不同生产团队都要开展 PDCA 循环实操训练、4M1E 变更管理与控制、设备 5 大浪费改善、课题件数管理、目标管理体系建立、提升稼动率等工作内容。

其中，4M1E 是指：人（Man）即操作者对质量的认识、技术熟练程度、操作者身体状况等；机器（Machine）即机器设备、测量仪器的精度和维护保养状况等；材料（Material）即材料的成分、物理性能和化学性能等；方法（Method）即包括生产工艺、设备选择、操作规程等；环境（Environment）

即工作地点的温度、湿度、照明和清洁条件等。

企业可通过对 4M1E 五大因素的变更、管理和控制，使之标准化，从而达到稳定产品质量和设备效能的目的。

4. 降本增效

顾名思义，降本是指降低成本，增效是指提升效率。这一步骤的目的在于将企业生产保全体制进行规范，着重管理生产现场的遵守率和直通率。实现这一目标的主要工作内容包括建立 MTTR 维修策略、目标看板及重点课题推进、设备点检强化培训、建立设备保全体系、操作多能工认证、培养设备点检技师队伍等。

例如，企业在建立和运用 MTTR 维修策略时，需要生产现场团队寻找对设备策略加以优化的方法，包括将设备按重要性排序、建立资料库、确认设备重新设计的机遇、收集并评估重新设计建议、针对其他故障模式优化策略和实施监督及反馈等。

又如，企业在设备点检强化培训中，需要组织员工全过程参加设备检修工作，以此丰富员工实际工作经验、使其掌握和提高检修技能，包括让员工系统学习点检定修知识、点检工作跟班实习，提高设备点检定修管理水平等。通过培训，企业培养出具备专业检修水平并通过专业技能鉴定的人才队伍。

5. 自主维护

通过该步骤中对多技能工的认证、对 OEE 指标的运用，企业能具备完整的全员持续改善保全能力。主要工作内容包括设备维护预防（Mamtenance Prevention，缩写为 MP）情报管理、设备 KPI 战略化管理、设备信赖性向上与品质保全活动。

其中，通过培养一批多技能工，企业可以在同一岗位上拥有多名胜任工作的员工，也能让其中每位员工胜任多个岗位的工作，通过多技能工认证后的合理调配，帮助企业降低人力成本，丰富设备维护保全的人力资源。

OEE 是英文 "Overall Equipment Efficiency" 的缩写，意即工厂设备综

合效率。通过运用 OEE 指标，企业可以衡量工厂的设备在一天的工作时间中能够产出的良品的数据。对该指标进行有效分析，可以帮助企业改进机械设备与工厂固定资产的运行效率。

结合 OEE 指标的运用，企业还需进行设备 MP 情报管理与设备 KPI 战略管理。

（1）设备 MP 情报管理

指通过设备的运转与保养，搜集现有设备的异常点、不具合点、不完善点、困难点和改良点，将这些信息看作企业的情报资源加以收集整理，并对之进行分析对比，形成结果加以反馈，从而有助于生产中的灵活使用。

（2）设备 KPI 战略管理

在企业中，用于度量设备战略管理水平的指标有很多。例如设备完好率、可用率、综合效率，设备完全有效生产率、故障率，设备备件周转率、备件资金率，设备检修质量一次合格率、返修率等。企业应该将不同的 KPI 指标用于度量不同的管理方向，并以此形成设备战略管理体系。

5.3.4 KTPM 管理信息化系统

在咨询实践中，"新益为"团队发现，由于早期缺乏总体信息规划，企业内各个设备系统数据的一致性无法保证，各系统之间的信息无法及时共享，导致"信息孤岛"现象严重。想要真正推动 KTPM 管理模式，企业就应建设完善的信息化系统，从而确保对有限资源进行优化配置，做出较为科学的优化决策。

目前，"新益为"采用以下信息化工具，如图 5-8 所示，对企业 KTPM 管理提供服务。

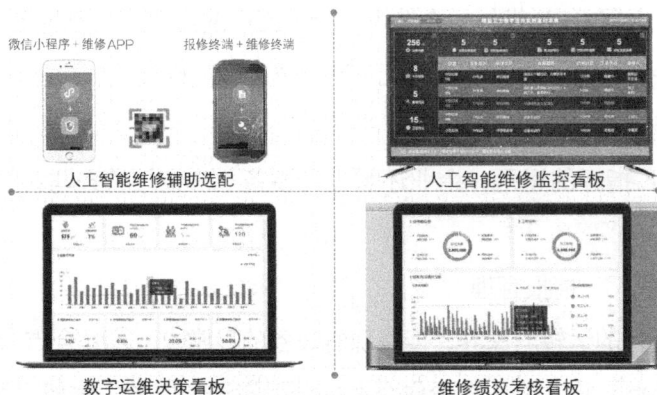

微信小程序 + 维修APP　　报修终端 + 维修终端

人工智能维修辅助选配　　　　人工智能维修监控看板

数字运维决策看板　　　　　维修绩效考核看板

图 5-8　KTPM 管理中的信息化工具

1. 人工智能维修辅助选配

企业利用员工的手持智能终端，采取微信小程序、手机 APP 等形式，开发出企业专有的报修和维修终端。类似的信息化工具可以实现设备使用者与维修者之间信息的高速共享，一旦设备出现问题，就能在最短时间内进行联系并开展合作，完成对设备的维修保全。

2. 人工智能维修监控看板

通过人工智能维修监控看板，团队或部门的管理层能够对维修保全工作中的量化信息一目了然，准确了解正在进行的维修活动及进度，便于根据现场情况开展下一步决策。

3. 数字运维决策看板

该智能化系统根据设备维修实时进度进行统计分析，以报表形式将分析结果呈现在管理者的电脑终端。这样，管理者在推行 KTPM 管理过程中就有了科学严谨的决策依据。

4. 维修绩效考核看板

日常维护保养结束后，企业对之进行反馈质量信息并加以考核评定，需要花费大量时间精力。其中包括收集设备检查次数、设备故障原因、维修处理方式等，以此形成设备维修的基础资料信息，对维修人员进行准确详实的评定。

利用维修绩效考核看板，系统能够自动核算出维修工单所消耗的成本、取得的成果，并对之进行比较分析，便于对维修绩效加以考核。

总之，KTPM 的信息化管理系统以智能化、自动化的功能特征，帮助解决了设备信息化管理的种种缺陷，有效避免了由于基础信息获取不及时、不准确带来的一系列工作与决策问题。

5.4 单元生产方式

5.4.1 什么是单元生产方式

单元生产是生产线小型化发展的产物，也是常见的柔性生产方式。为了实现单元生产，企业需要设置多条小型生产线，从而取代大型生产线。当每条小型生产线能独立完成大型生产线的工作时，单元生产便形成了。

在单元生产方式下，产品不再四处流动，而是集中在一处，周围环绕员工和机器，从第一道工序开始进行连贯作业，直到最后一道工序完成。

如果加以细分，单元式生产存在不同类型，主要包括屋台式、逐兔式和分割式 3 种，企业在应用时，要根据具体情况做出选择和设计。

屋台式单元生产线是指一位作业员拥有一条单独生产线。这种操作方式的命名来源于日本售卖小吃的流动食品制作车，加工食品的所有操作器具和原料全部放在制作车上，当客户有需要时，经营者现场制作。这种制作食品的小车称为屋台。这种生产线的优势在于员工数量少，避免了流水线上多人作业导致的生产线平衡效率损失，缺点在于需要做出更多基础的投入，包括机器、设备、工具和场地等，同时还需要配备掌握了生产流程所有技能的员工。

逐兔式单元生产线，同样采用一人完结的方式，但与屋台式的一人一条生产线做法不同，逐兔式采用了多人共用一条生产线的方式。这种生产方式不需要太多投入，由多人共用一条生产线,但缺点在于对节拍有着很高的匹配度要求,在生产异常情况下会出现较大的浪费。

分割式单元生产线，由多人共用一条生产线，但却部分放弃了一人完结的作业方法，根据员工的技能现状，尽可能对生产作业进行合并。这样，原有的完整工艺流程由几名作业员分工完成。这种生产线不需要多的机器设备、工具和场地投入，但至少需要两个或多个掌握流程的技能员工。

无论何种单元生产方式，都具有以下 3 大特点。

（1）利用很少的人员组织来实现生产，以此来提高劳动热情和发挥个人能力。

（2）通过工艺再造，尽量压缩工序、减少库存，在流水化的前提下编排工艺。

（3）注重使用低速小型设备及简易自动化等生产技术，不使用长流水线和大型高速机。

企业采用单元生产不仅便于流程复制和设备拆除，也为快速对应产量的变化提供可能。同时，企业利用多个生产单元来代替一条大型生产线，方便了多品种的同时生产。

具体而言，单元生产具备以下的生产优势。

（1）准确对应了不断变化的生产量。

（2）无半成品，减少在制品。

（3）提高线平衡率（Line of Balance，缩写为 LOB），提高生产率。

（4）缩短制造周期（Lead Time）。

（5）设备投资金额减少。

更重要的是，单元生产能够改变生产过程中员工的精神面貌，激发他们的潜力。实践证明，采用单元生产方式后，员工能够看到产品的整个生产程序与结果，并因此提高品质意识，获取充沛的积极性。

图 5-9 表现了传统生产与单元生产相比员工工作意识的变化。

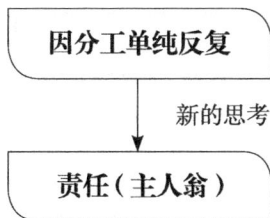

图 5-9　传统生产与单元生产中员工的变化对比

当然，企业实行单元生产对人员素质也提出了更高要求。这一生产方式要求单元内的员工必须接受更好的训练，能够胜任多种操作。

5.4.2　单元生产与 SCM

供应链管理（Supply Chain Management，缩写为 SCM）是对供应链进行集成管理的思想和方法。该体系要求企业对供应、需求、原材料采购、市场、生产、库存、订单、分销发货进行一体化管理，其中包括从生产到发货、从供应商到顾客的每个环节。

通过 SCM 管理，企业能够将制造过程、库存系统与供应商等环节产生的数据进行合并，从统一视角去展示产品建造过程的不同影响。这样，企业可以增加预测的准确性，减少库存和总体采购成本，缩短工作流程周期和生产周期，提高发货供货能力，提高生产率。

如何让企业现场生产方式能同 SCM 管理水平的提升相匹配？答案是单元生产。

目前，我国大多数中小企业习惯使用大量生产即流水线生产方式。这种生产方式以销售预测为根本出发点，采取大规模设备和人员，集中投入生产。

在流水线生产方式中，由于生产过程中产品的零部件需要不同工艺路线和方法来加工，原材料、在制品和半成品在生产系统不同单元之间，形成了比较复杂的运输路线，而每个环节之间的等待时间也不均衡，很容易影响生产均衡性，加大管理工作的难度。

采取单元生产方式之后，企业供应过程得以优化。销售部门的产品库存、采购部门的部品库存分别减少，生产节奏能积极跟上市场变化。这些实际效果将显著提升企业的 SCM 管理水平，并借此实现 JIT 精益生产思想：在需要的时期，对需要的产品进行需要量的生产。

5.4.3　单元生产推进规划策略

为了提高生产效率、缩短生产周期，同时减少库存、提高资金周转率、培养专业人才，企业需要对单元生产方式有序推进，建立革新生产技术组织。

通常情况下，"新益为"将单元生产推进规划的目标定为：人均生产台数提高 50%、在制品（Work in Progress，缩写为 WIP）指数压缩 40%，面积利用率提升 30%。

为了实现这一目标，主要推进步骤规划如表 5-5 所示。

表 5-5　单元生产推进步骤规划

阶段	主题	主要推进事项	目标（输出）	备注
单元扩建	部门组建人员训练	1. 单元生产部门成立，组织与硬件准备 2. 新车间规划，（水电气）硬件部署 3. 选择客户类别作为新车间的主要服务对象，如将沃尔玛车间改造为单元生产系统模范 4. 工程间同步化设定，新物流方式培训 5. 物流系统设计及供应系统建立 6. 新流程培训 7. 多技能工及班组长培养，激励制度颁布 8.10 条单元线逐步运营	1.10 条单元线建立运营 2. 总装线人均效率提升 20% 3.WIP 减少 20% 4. 面积使用率提高 30%	制作了单元线并不代表生产方式已经完成，还需要 5 大系统作为支柱。 1. 现场运营系统 2. 多能工系统 3. 物料配送系统 4. 物流系统 5. 生产计划系统
单元运营	稳定运营效率提升	1. 生产计划模式变更 2. 班组标准化建设 3. 物流配送系统稳定化 4. 异常分析改善制度化 5. 多能工培训体制建立 6. 激励制度完善 7. 品质保障系统完善	1. 总装线人均效率提升 30% 2.WIP 减少 40%（同精益现场目标） 3. 线平衡率提高 30% 4. 生产周期缩短 30% 5. 优秀班组长培养 6 名 6. 多技能工培养系统建立 7. 多技能工训练道场运营	以上 5 大系统逐步完善并标准化，并可以横向扩展

如表 5-5 所示，整个推进过程分为两大阶段：单元扩建和单元运营。

1. 单元扩建

单元扩建阶段的主题为组建部门和训练人员。这一阶段的主要任务是建立 10 条单元线，并确保运营成功。

具体步骤是：

（1）成立单元生产部门，进行组织和硬件的准备；

（2）规划新车间，进行水电气的硬件部署；

（3）选择最容易输出效果的改善点，例如选择某个专业车间，作为主要服务对象，并将之改造为单元生产体系样本；

（4）建立物流和供应系统，进行工程间同步化设定；

（5）进行员工培训，包括新流程培训、新物流方式培训、多技能工及班组长培养。

在上述工作完成后，企业可以逐步进行每条单元线的运营，并顺利进入下个阶段。

2. 单元运营阶段

在单元运营阶段中，企业需要稳定单元线的生产质量，并逐步做到效率提升。其中具体步骤包括。

（1）变更生产计划模式，使之适应新的单元生产方式和能力；

（2）班组标准化建设，优化基层组织结构，并在样板的基础上形成标准予以推广；

（3）物流配送系统稳定化，以单元生产的有效开展为目标，建立具有充分保障能力的配送体系；

（4）异常分析改善制度化，以及时发现并分析生产中的异常为主要内容目标，建立对应的执行制度；

（5）建立多能工培训体制，利用体制化方式，为企业培养大批多能员工；

（6）激励制度与品质保障系统的完善。

在单元线制作、扩建并正式运营后，并不代表单元生产方式已经完成。想要让单元生产方式带来源源不断的改善力量，企业还要始终关注 5 大系统支柱的建设与维护，包括现场运营系统、多能工系统、物料配送系统、物流系统和生产计划系统等。只有将这些系统逐步完善并标准化，同时具备横向扩展的基础，整个企业才能因单元生产方式的使用而长期受益。

5.4.4　安全建设推进模型

按照精益思路所建立的现场生产安全系统，企业可以有效消除现场作业中人、物和环境的不安全因素，促使系统运作效率、资源利用率的显著提升。同时，企业也能通过不断改进，形成标准而高效的管理模式，反作用于精益管理。

企业必须将安全工位建设，作为现场安全管理的核心，以责任落实作为导向，以强有力的管理模型，抓住生产工艺的源头，打造人人有责的安全生产管理体系。

精益管理安全建设推进模型，除目视化管理之外，主要由以下 4 大基础构成，如图 5-10 所示。

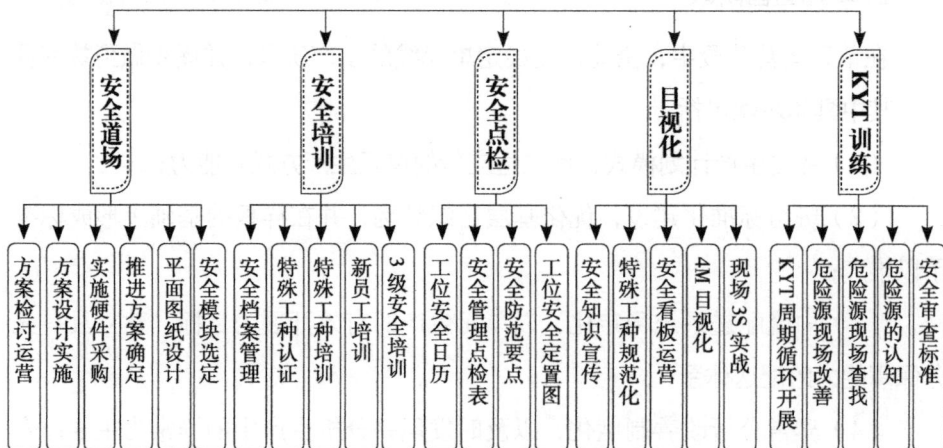

图 5-10　精益管理安全建设推进模型

1.KYT 训练

"KYT"起源于日本，是日本的住友金属工业公司、三菱重工业公司、长崎赞造船厂等企业发起的"全员参与的安全运动"，经日本中央劳动灾害防止协会推广，形成了完备的技术方法。

其中，K代表危险（Kiken），Y代表预知（Yochi），T代表培训（Training）。KYT即危险预知培训，指在某一工作场所内，对作业活动中存在的潜在危险，通过大家快速、认真地思考、讨论、达成共识，并正确制定对策措施，落实于行动。它也是以班组为团队开展的一项群众性自主管理活动。

KYT训练在企业的两个层面内进行：微观层面即班组层面，主要关注生产现场中如何对危险进行预知训练与讨论；宏观层面即企业层面，主要关注如何将KYT活动在企业生产现场的不同班组持续有效展开。

KYT具体训练内容包括建立安全审查标准、发现和认知危险源、寻找现场危险源、对危险源进行改善四大步骤。

（1）安全标准确定方法

安全标准的名称应能简短明确体现出标准化对象或标准的主题内容。具体内容包括：针对施工、制造、检验等技术事项所做的统一规定，其标准应取名为×××规范；针对工艺、操作、安装、检定等具体安全技术要求和实施程序所做的统一规定，应取名为×××规程或×××安全规程；针对具体设备、装置或防护用品、技术规定及其试验方法、检验规则、标志等设立安全标准，应取名为×××安全技术条件。

安全标准的审核标准应符合的基本要求有：根据制定安全标准的目的，有针对性地选择必须在标准中规定的安全技术内容；安全标准中的技术内容必须明确具体，不应采用概念不确切的措辞来代替具体数据和必备条件，尽可能使用量化方式对之进行定量；安全标准中所有规定的技术指标必须有可靠的依据或经过相关验证。

（2）发现、认知和寻找危险源

危险源是指可能导致人身伤害和（或）健康损害的根源、状态或行为，或其组合。因此，在该阶段中，企业应该由生产现场团队人员寻找危害与有害因素，从而了解存在哪些潜在危险。

首先，经过大家现场讨论，生产现场团队人员找出潜在危险因素，并假设其可能引发的现象，经过所有人讨论后，将得出的结论分组记录。随后，生产现场团队人员进一步确定上述潜在危险产生的原因，并让每个员工根据原因谈论自己应该采取的解决措施。最后，生产现场团队决定行动计划，并进行详细分工。

上述内容可以分为如表 5-6 所示的 4 个阶段，并形成团队内的循环。

表 5-6　发现、认知和寻找危险源的过程

			KYT	实施点
观察	1 R	把握事实（现状把握）	存在什么潜在危险	基本是现场的现物
考虑	2 R	找出本质（追究根本）	这是危险的关键点	不遗漏任何危险部位
评价	3 R	树立对策	要是你的话怎么做	可实施的具体对策
决定	4 R	决定行动计划（目标设定）	我们应当这么做	把……这么……（唱和）
实践				责任者、日程
总结／评价				全体成员

（3）改善

不同的生产工艺会伴随不同的危险因素，在改善时，应针对工序作业特点，分析其危险因素并进行针对性的改善。例如，冲压生产现场应侧重改善压伤的危险源，搬运工艺应改善砸伤的危险源。

一般步骤为：对工序作业的危险因素总结分析，列出所有可能存在的隐患；结合过去的安全事故，对所有危险因素可能带来的伤害和损失进行评估；研讨并实施有关的防范对策，例如从源头消除安全隐患、设备防护、劳动防护等。

（4）KYT 改善循环

企业将 KYT 改善分析与实施的结果系统整理为安全管理规范后，采用照片、图形、表格、数字等生动直观的形式，辅以看板、标识等，在现场进行展示。企业再以上述资料作为教材，通过讨论、讲授、座谈和有奖竞答等灵活丰富的方式组织全员进行学习和讨论，在此基础上，进一步开展新的 KYT 训练与改善。

企业通过"KYT"活动在日常实践中的应用，可以增强员工感知危险的敏锐程度，提高员工对作业行动重要部位的注意力，加强员工对作业场所中潜在危险和问题的解决热情。"KYT"活动也是防止人为失误导致事故和灾害的有效性方法。

2. 安全点检

安全点检是检查的一种，其重点对象是作业现场中物体的因素。企业通过安全点检能够发现物的不安全状态，以尽早采取措施消除。

安全点检工作应由最熟悉现场作业情况的人员进行。操作者在每日开始作业之前，应该首先对自己使用的设备、工具、安全装置和防护用品进行检查。班组长、车间主任和安全员则在日常工作中对自己所负责范围内的作业场所、设备、工具、安全装置和防护用品加以检查。

企业在开展安全点检工作中，应注意运用以下 4 类具体工具。

（1）工位安全定置图

良好的工位环境能够让员工形成习惯，及时发现异常问题并加以解决。在设计规划定置图之前，企业应做到工位、物料定置定位管理清楚明确，危险化学物品的安全妥善保管，对工位之间安全通道和堆放物品的场所划出明确的界限等。

制作定置图时应注意以下原则：使用频率高的工具和物品要设计在工位附近；不常用的东西应整齐放入箱、柜内或物品架上；很少用的物品应放入公共使用的箱柜，由专人进行保管；以安全和方便为原则，确定材料与成品的放置地点；简易搬运工具如推车等也应明确规定放置地点；安全通道无论任何情况都不允许存放物品。

企业根据上述原则绘制工位安全定置图，并编制安全状态检查清单。工位安全定置图应根据工位的工作内容和要求合理规划工位布局，将工位内所有物品的位置予以确定，并从俯视角度按一定比例绘制。整个工位安全定置图应详细体现出工位所属设备、工具、设施、物料、物品位置等的分布情况。

（2）安全防范要点

安全点检是现场安全改善的重要方法与途径。落实安全点检的预期效果离不开安全防范要点。企业应要求点检人员牢记防范要点，带着要点去执行每天的点检工作。

常见的安全防范要点包括制订计划、明确标准、科学分工、专业对口、加强指导、紧盯整改、挂钩兑现等。

（3）安全管理点检表

安全管理点检表是由部门统一制作并下发给各班组、岗位，用以对安全管理工作进行点检并记录的表格。

点检表格式应简单明晰，包括受检部门（岗位）和检查人员的签名；内容中应有检查项目、内容、是否符合标准、不良现象描述记录、整改记录等；在检查项目中应详细列入需要关注的现象内容，如是否使用无安全装置的设备、工具，机械设备接地接零、电线电缆是否用固定装置固定使用等。

（4）工位安全日历

工位安全日历是以记录、评比、展示和培训的方式，督促现场生产全体员工强化安全意识、形成安全习惯。

工位安全日历，是各班组的主要运行记录，即由班组兼任安全员，根据当班期间填写每日安全动态。例如，"安全"状态以绿色涂写，"事件"状态以黄色涂写，"停工"状态以蓝色涂写。如发生安全事件，就要在工位安全日历上详细列举出其种类，如非计划停工、停机事件、环保、人身伤害、"三违"现象等。

根据班组报送的各工位安全日历，车间可以对班组安全管理进行评比；根据工作安全日历记载的生产运行具体情况，班组、车间可以每月评选一名安全明星，对班组或个人进行奖励；还可以在班组、工位设置"工作安全日历展示栏"，进行安全明星、安全活动学习计划、安全管理亮点展示。同时，工位安全日历也应该是年度安全生产先进人物和班组评选的重要依据。

第 **6** 章

精益质研：流程再造打磨完美品质

精益管理的重头在两端，研发是其重要的一端。

作为企业的核心业务与竞争优势，通过精益提升之后的质研将会给企业带来本质的变化。在精益视角下的质研提升就要在不显著增加成本的前提下提高产品的设计品质，降低产品研制环节的浪费，改善项目运行质量，提升技术含量，促进产品多样化并增强企业竞争力。

6.1 精益研发：让成本不断下降

6.1.1 从成本浪费谈起

成本浪费是影响企业自我改善的主要因素。因此，消除成本浪费就成为企业精益研发的重要措施。

成本浪费在企业中随处可见，例如固定资产的闲置、设备利用率低下等造成的闲置浪费；生产计划编制不严谨、不准确、不全面等造成的管理成本浪费；作业不均衡、技术质量事故等造成的生产过程等待浪费等。

对精益生产管理理论而言，凡是超出增加产品价值所必需的最少量的物料、设备、人力、场地和时间的部分，都是成本的浪费。因此，浪费不仅是指不增加价值的活动，还包括所有使用了"超过最少"的资源的活动。

图 6-1 中列出了企业内主要的成本浪费及对策。

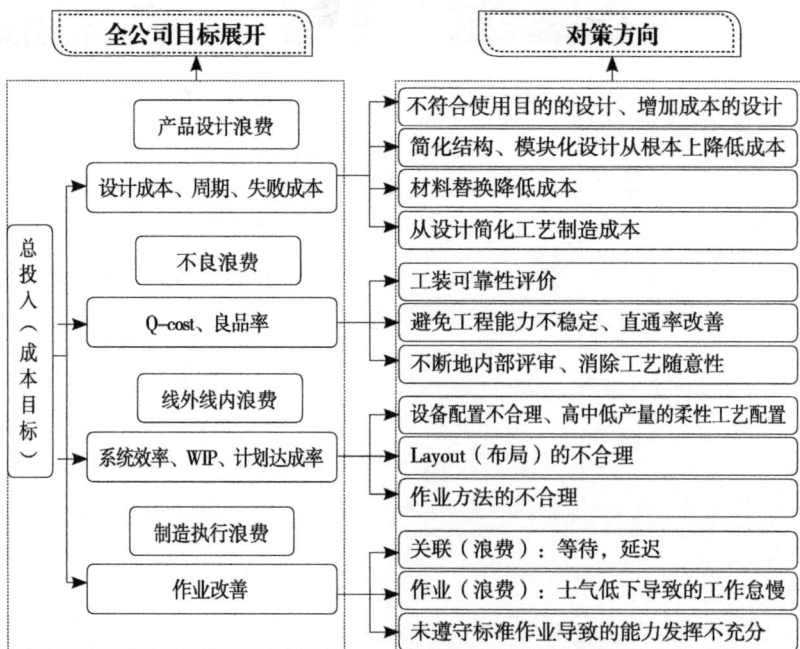

图 6-1 企业内主要的成本浪费及对策

目前，企业的成本浪费主要包括 4 个方面。

1. 设计成本浪费

产品设计方向偏差所导致的浪费表现在不符合客户使用目的而增加成本的设计上。这种浪费导致产品研发周期不必要的延长、产品生产过程中的失败可能性增加，并由此导致整体成本的浪费。

为了避免设计成本浪费，企业应简化设计结构，推行模块化设计，尤其应注重推行材料替换设计，并简化生产工艺步骤，从产品源头降低制造成本。

2. 不良品成本浪费

即制造过程中产生的缺陷产品导致的浪费。一旦产生不良品，失去的生产原料和生产能力、检验和保修、返工、售后服务与修理、客户损失等，都会造成成本的浪费。

为了降低不良品浪费，企业必须推行质量成本（Costs of Quality，缩写为 Q-cost）控制方案，将良品率作为追求目标。在生产过程中，企业应加强工装可靠性评价，避免工程能力的不稳定，改善直通率。长远来看，通过不断地内部评审，消除工艺过程中的随意性，加强对生产步骤的规范化管控，是消灭不良品浪费的重要途径。

3. 线外线内浪费

生产线外和线内的浪费主要表现为设备配置、布局规划和作业方法的不合理。

例如，产品在生产过程中，不可能将所有工序集中在同一时间、地点来完成，其间的运输转移不可避免。然而，布局规划的不合理会导致搬运过多，从而降低生产效率，必然影响企业的订单周期和业务竞争力。

因此，企业在规划布局和设备配置过程中应力求科学性，尽可能减少流水线外线内的工序浪费、转移浪费等。企业可以优化 WIP 布局，采用高、中、低产量的柔性工艺配置，提高系统效率和计划达成率。

具体步骤是：了解车间现状布局，进行价值流分析，绘制现状布局图、物流路线图、工艺流程图，确定改善目标和方向。

4. 制造执行浪费

在加工制造中，浪费的主要内容包括等待和延迟的浪费、士气低下导致的工作怠慢、未遵守标准作业导致能力发挥不足的浪费等。

具体包括：

（1）等待浪费，主要表现为作业不平衡、安排作业不当、待料、品质不良等；

（2）动作浪费，主要表现为生产模式标准不明确、生产动作不规范统一等；

（3）加工浪费，主要表现为未优化制造过程中的作业加工程序动作，未能及时检查其中可省略、替代、重组或合并的部分；

（4）制造过多或过早的浪费，包括提早使用材料费或人工费，但未能创造利润；在制品积压导致制造过程变长，现场工作范围变大，逐渐消耗士气而吞噬利润等。

6.1.2 研发思想变革

精益研发是以精益求精为目标的研发理念，能够满足企业设计生产具有高附加值、高知识技术含量的产品，并能最大限度满足不同层次客户的要求。它不仅集成了协同仿真设计、技术创新等前端产业，还包括销售渠道管理、售后服务等产品的后端产业，是能让整个产品乃至企业的综合竞争力提升的一种理念。

精益研发通过对企业无形资产的有效管理，使企业主动梳理、优化和创新研发流程，从而将已完成的研发成果运用到之后的生产运营工作中，加速产品创新、提高生产效率。

精益研发需要不断推进变革，其重点在于研发思想的变革。产品研发是整个企业参与的系统工程，涉及企业内不同层次、不同专业和不同岗位，这就需要一个科学的产品研发平台，促使不同的人员各司其职。在共同的研发思想指导下，企业形成的组织结构和开发业务流程是这个平台的核心内容。

由此可见，精益研发平台的搭建过程就是企业研发思想变革的过程。具体内容包括以下5个方面。

1.建立完善的评价标准

企业通过识别研发管理的关键要素，抓住研发本质，形成快速开发和导入的评价标准，如图6-2所示，用以对研发工作进行实时、动态管控，实现对研发工作的前期指导、中期约束、后期检验，降低质量风险、提升产品成熟度。

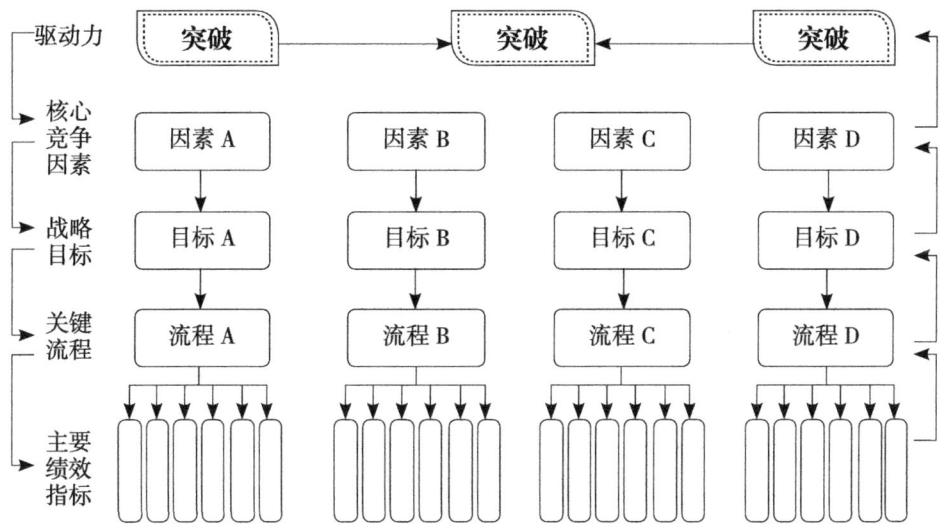

图6-2　建立精益研发指标体系

2.规范和优化研发流程及活动

在新的研发思想指导下，企业通过研发平台，每年要进行一次以上流程梳理工作，优化研发资源配置，确保研发项目协调和实施监控。在此过程中，针对不断出现的新问题，企业采用PDCA循环方法逐一解决，组合分析，形成结构化的流程，从而不断优化研发工作，如图6-3所示。

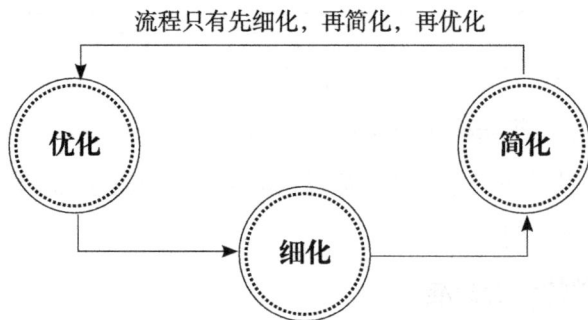

流程只有先细化，再简化，再优化

优化　　　简化

细化

图 6-3　规范和优化研发流程及活动

3. 优化产品设计

新的研发思想侧重于通过对客户和供应商的调查了解，以售后产品调研等形式反馈回来的各类质量数据，应用试验设计（Design Of Experiment，缩写为 DOE）质量功能展开（Qualitg Function Deployment，缩写为 QFD）技术及各种统计分析技术，对产品研发流程实现闭环工作。这一方法能够改善产品设计、提高产品质量设计，实现在设计阶段消除影响产品的质量因素，同时提升实验验证效果的及时性、准确性、完整性，快速验证并确认研发成果，对相关统计数据提供支撑，最终确保生产出优质产品。

4. 项目和管道管理

在新的研发平台上，企业应均衡分布资源，加强项目和管道的建设管理。其主要内容包括：引入计算机辅助系统，完善研发、质量设计、创新设计、仿真、项目协同等管理工作；增强生产过程中数据监控及闭环管理，合理制定工艺流程及工艺步骤，提升新产品试制过程中各类数据的准确性，为准时交付提供良好基础；加强基础平台建设，将现有产品的设计及零部件结构标准化，在现有条件下进行信息化优化，为缩短设计周期提供助力。

同时，企业还应借助信息化手段，整合完善研发数据管理，对产品研发过程的各类实验数据、产品特征数据、指标、项目进展数据等进行信息化收集，实现对产品研发数据的有效管控，协助项目管理人员进行数据分析并实施改进。

5. 跨部门团队

传统研发思想认为，研发只是研发部门的工作。这种思想严重影响了研发平台搭建和运作的效率。跨部门研发团队的打造能够优化内部合作与竞争机制，促进企业内部研发人员有效流动，提升工作效率。

6.1.3 精益研发的变革方向

在制造业转型升级的压力下，高端产品研发正在加快从仿制型向创新型转变，这种转变也让精益研发的变革得到更多的关注。越来越多的企业认识到开展精益研发变革的紧迫性，并通过精益研发体系变革来改善现有研发模式，提升研发质量、效率和创新性。

精益研发的变革方向包括下面3点，如图6-4所示。

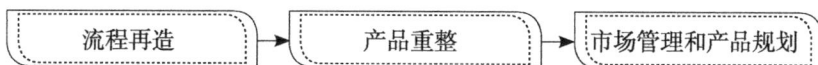

图6-4 精益研发变革方向

1. 流程再造变革

目前，制造企业研发活动管理模式大都是科层式的组织管理结构。虽然有些企业将研发作为项目进行管理，但总体来说，缺乏面向业务流程的扁平化组织还是会导致业务流程不合理、产品化管理决策缓慢、研发流程控制不规范。因此，企业必须立足实际，基于研发本身的特点，着力于流程再造变革。

企业在研发流程设计之初，就要考虑到研发项目的特性，建立跨部门的流程设计团队，可以采取独立团队绩效考核、异步虚拟调职等手段，确保研发流程兼顾每个部门。又如，企业采取结构化流程将技术部门工作流程标准化、模块化，更易提升研发过程和产品输出的质量，有效促进流程的适用效果。

制造企业的研发活动与市场变化紧密相连。因此，精益研发流程再造业务也必须从行业现状出发。企业应侧重打造由业务权威领导的研发过程，并将研发质量过程、质量数据与人员能力认证体制相结合，将研发质量改善数据与人员绩效考核指标相结合，最终实现研发流程体系的固化落地。

2.产品重整变革

传统的产品策略或者牺牲产品的技术含量而实现成本最低，或者不惜增加成本而打造高技术含量。因此，产品的竞争力形成了 BAC 弧线，无论如何都无法显著提升产品竞争力。企业想要将竞争半径扩大，必须对产品进行重整变革，如图 6-5 所示。

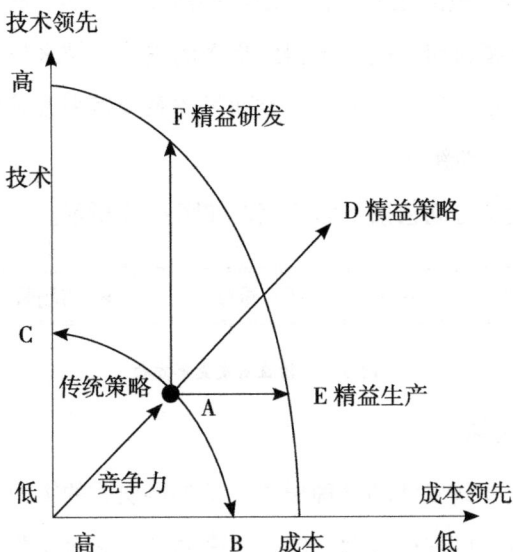

图 6-5 竞争半径扩大的策略

在对产品进行重整变革的过程中，最重要的工具是标准化与异步开发。

（1）标准化

研发项目计划应实现标准化。工程仿真、质量管理是精益研发项目标准化的重要技术。

工程仿真以定量分析技术驱动产品研发，对企业产品提供具有改善意义的优化方案。这种技术以精确的建模模拟真实世界，帮助企业优化产品性能，减少物理实验，便于形成从概念设计到最终验证的标准，对产品研发进行全程驱动。

企业应专门为产品设计过程定制质量管理平台。该平台包括产品质量策划、客户需求管理、设计项目管理、设计流程管理、设计状态管理、知识管理等功能，并纳入产品优化设计工具和可靠性设计工具等，例如质量功能展开、田口方法、可靠性计算、可靠性分析、可靠性分配等。

同时，精益研发平台也是标准化的重要工具。传统的产品开发平台通常包括计算机辅助设计（Computer Aided Design，缩写为 CAD）、计算机辅助制造（Computer Aided Manufacturing，缩写为 CAM）、计算机辅助工艺过程设计（Computer Aided Process Planning，缩写为 CAPP）、产品数据管理（Product Data Management，缩写为 PDM）这样的基础工具，能够完成常规的产品设计。然而，面对市场用户不断发展的需要，企业必须通过创新与优化手段，在精益研发平台上提升产品技术含量和品质。

这种研发平台可以由技术创新子平台、质量管理子平台和协同仿真子平台构建，通过其运作，形成精益化的产品设计平台，并产生丰厚回报。

（2）异步开发

当企业规模越来越大，产品线也会越来越丰富，开发模式也会变得越来越成熟起来。此时，产品研发过程中各自为战的问题就会暴露得更加明显，其中包括重复开发互用度低下、开发周期不可控、物料品种多、采购成本大、生产环节复杂等，这对研发模式提出了更高的要求。

异步开发模式即将技术开发与产品开发分开，对产品开发中所需使用的复杂技术进行分模块开发，由企业组织技术水平较高的工程师队伍进行论证、评审和测试，最终形成稳定且可靠的共用基础模块。在产品开发过程中，企业利用这些公共基础模块组建不同的产品，这样开发难度就会降低，开发周期也会缩短，开发进度变得更为可控。

3.市场管理和产品规划变革

1992 年，著名的 IBM 公司陷入困境，路易斯·郭士纳（Louis Gerstner）带领全公司进行了产品研发管理变革。短短几年中，IBM 的收入和利润同步增加，产品开发周期迅速缩短，研发费用降低了一半，企业重新崛起。

此后，在 IBM 公司成功经验的影响下，许多企业都采用了市场管理与产品规划的变革模式，如美国波音公司和中国华为公司等，也都取得了较大成功。

实践证明，围绕研发进行的市场管理和产品规划变革既包含先进的企业管理思想，也包含卓越的产品研发模式。其中，最重要的改变内容有以下两点。

（1）客户需求分析

如何真正以客户为中心进行产品设计？事实上大多数企业的研发人员参加了很多培训，却依然不能以客户为中心进行产品创新。正如《发现利润区》一书的作者斯莱沃斯基（Adrian J.Slywotzky）所说，企业初期因"以产品为中心"才成长起来，否则它就会失败，但是当一个企业成长起来后，它的重心会慢慢脱离客户而关注企业自身。这样的企业在进行产品开发时，没有充分投入预算和资源，也不愿意进行周密复杂、深入细致的调查，而是聘用一家调查公司去做。这样的调查往往提不出中肯的意见，无法深入市场本质，也就难以获得客户真实的需求。

企业应结合技术营销对客户需求进行分析。只有在广泛收集客户需求的基础上，加强技术部门和营销部门之间的沟通，才能确立科学的研发标准。

（2）优化投资组合

产品研发不仅要关注产品的收入与费用结构，还要关注投资和产品价格的关联，力求以低成本、高质量来满足市场的竞争需求。因此，无论是生产线负责人、产品经理，还是项目经理、系统工程师，都应该关注投资与成本活动，其中包括产品的收入成本分析、产品的盈亏平衡点、产品的投入产出分析、产品的人均利润、产品的现金流等。

企业应树立综合研发成本的概念，其中包括物料成本、研发费用成本、生产成本、维护服务成本。企业还应通过共享等方式、优化投资组合等降低综合研发成本。

6.2 精益质量管控策略

6.2.1 精益质量的流程管控

精益质量的流程管控是指通过品质的管控及其改善，确保供给客户满意的产品。为此，企业应从开发阶段开始，进行包括研发、生产、质量、采购、市场等在内的全部范围的全员改善。

在企业中，所有的工作活动都包括3种类型：增值的工作，即客户愿意为之多付报酬的工作；非增值的工作，不为客户创造价值，但为了增值工作的完成，其工作内容不可缺少；浪费，既不增值也无助于增值的工作。在经历近50年的自动化发展后，企业的生产流程完成了大量增值的工作，与此同时，非增值的工作也没有越来越多地出现。

为了严肃对待流程，想要用流程管控开启精益质量之路，企业必须做好以下流程，如图6-6所示。

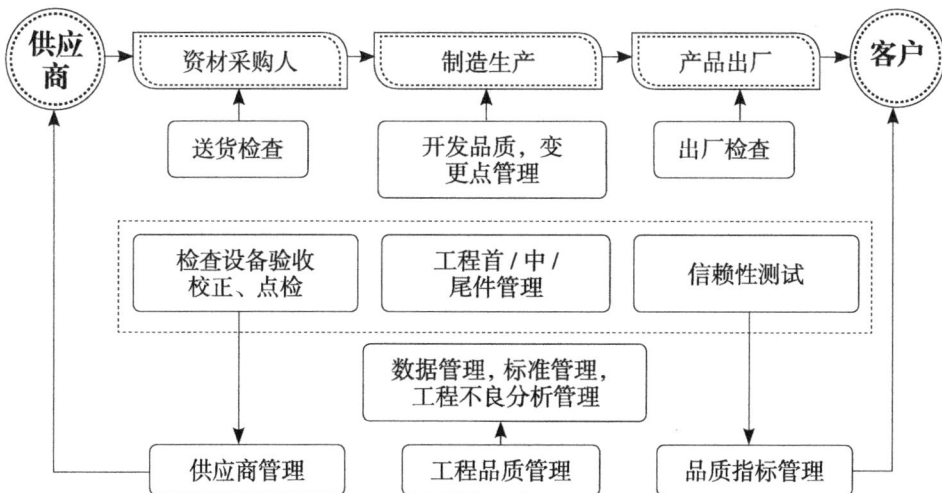

图6-6 精益质量的流程管控模型

1. 供应商管理

供应商管理对应流程中的供应商和资材采购人进行。

传统采购较为重视供应商的价格比较，采购人通过利用供应商的多头竞争，选择价格最低的作为合作者。虽然质量、交货期也是采购过程中的重要考虑因素，但这些因素大多事后才进行控制。在这种采购模式下，供应商为了在竞争中保证自身优势，会经常隐瞒信息，导致企业无法管理好生产流程的最初步骤。

在精益质量的管控体系中，对供应商的精心选择和严格管理必不可少，包括供应商资格认证、绩效评估、与供应商战略合作伙伴关系的建立等。在管理中，由采购人员或部门负责送货检查，每次供应商送货时，要求附带该批产品出货检查报告书、原材料证明文件等，并做到按生产批次顺序送货。

供应商每次送货后，企业应首先安排检验员对其抽样检验，为了确保检查结果的客观性，应定期对检查设备进行校正、点检。

对供应商的考核同样属于供应商管理内容。企业可根据《来料检验记录》《供应商不良统计表》等对供应商对应速度、供应商对应态度及不良再发概率进行评估，综合给出相应分数（如供应商月度品质综合得分），将所有供应商按得分高低划分等级进行管控。

2. 工程品质管理

工程品质管理对应制造生产环节进行，集中于变更点管理和现场品质改善。

做好工程品质管理中的变更点管理，质量问题会大大减少，很多问题在预防阶段就能够被消除。其中主要涉及人、机器（设备、工具）、物料、法（方法和环境）4 个方面，以及日常和突发两种维度，如表 6-1 所示。

表 6-1　工程品质管理的要素

	人 People	机器（设备、工具）Machine	物料 Material	方法（方法和环境）Method
日常变动项目（计划性）	1. 节拍变更 2. 岗位轮换 3. 工序变更 4. 职位变更 5. 年休、离职 6. 暂时离休 7. 短期离职复职 8. 休息时间、午休 9. 班前时、班后时	1. 新设 / 更新施工 2. 改造 3. 修理 4. 设备移设 5. 能力增加新设 6. 模具更新 7. 工具 / 治具 / 刀具的变更、更换 8. 定期点检保全 9. 防错装置 / 移设	1. 节拍变更 2. 条件变更 3. 工作方法变更 4. 循环时间变更 5. 工序变更 6. 手顺变更 7. 生产线变更	1. 原材变更 2. 材料变更 3. 辅助材变更 4. 储备品、先行品流动时 5. 异常处置 6. 设变
突发项目	1. 突发年休 2. 作业中断时的跟踪 3. 停线与再启动	1. 设备故障、设备异常 2. 工具 / 治具 / 刀具老化、破损 3. 工具 / 治具 / 刀具的故障	1. 条件设定失误的跟踪 2. 装置失误的跟踪	1. 后追型点检 / 追溯型点检 2. 误欠品不得不流动时

人的变化，需要加强人员流动的预防管理。无论是新员工上岗、老员工离职还是人员数量不足、突发作业中断，都会导致工程品质下降，这些都牵涉到人员的变更管理。为此，企业应提前进行人员的多能培训，让不同技能要求的员工都可以胜任同一岗位；还应建立对应策略的激励形式，以奖惩制度去预防员工的意外流失。

同理，在面对工程品质管理的其他变化点时，企业领导者应清楚：日常生产活动中，变化点是不断出现的，出现了变化，就要通过相应的管理措施，去达到不影响产品品质、成本和交货期的目标。

在采取变化点管理措施时，企业需注意以下 3 个要点：首先，确认能否满足制造良品的条件；其次，确认产品品质与变化点发生之前是否相同或更好；最后，杜绝不良产品流出。

此外，其他还可以采用的措施包括工程首件、中件、尾件的管理，数据管理、标准管理、工程不良分析管理等。

现场品质改善的目标意义有对内和对外两种：对外，防止不良产品流出，减少客户的投诉和抱怨；对内，降低工程不良产品的发生率，提高生产能力并降低成本。

现场品质改善包括 4 部分内容，如图 6-7 所示。

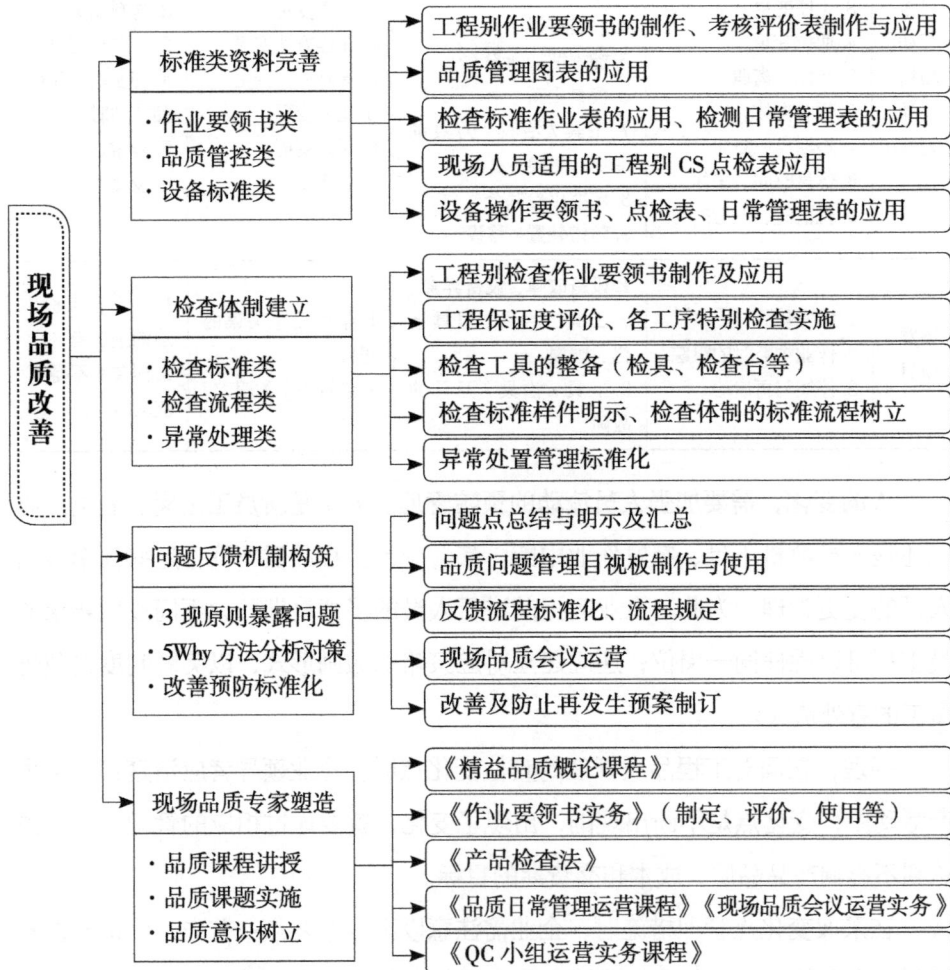

图 6-7　现场品质改善的内容

3. 品质指标管理

品质指标管理主要对应产品生产后的环节进行。企业通过出厂检查、信赖性测试等确保产品品质符合客户需求。

信赖性测试是指为了验证待测物件在规定环境或条件下能否保持工作特性和操作持久性，能否达到预期目的。信赖性测试在品质指标管理中即通过模拟产品在客户端和真实工作条件下的应用性，进行相关功能性的验证（如电气、插拔、导通等），从而确保产品满足客户的最终需求。

一般而言，信赖性测试至少包括以下项目：测试类型、测试规范条件和判定标准、测试设备、测试频率、责任单位、参考资料、样品数量、测试流程等。

信赖性测试通常在以下环节中进行：

（1）新设计产品评审阶段

该阶段进行的信赖性测试必须是全面性的，其主要目的在于验证新产品在设计方面是否符合设计企划、工作特性、操作持久性。

（2）试投产产品评估

该阶段也必须进行全面的信赖性测试。此阶段测试的主要目的是验证新产品在设计方面是否适合批量生产的要求，物料供应的品质能否达到操作持久性的要求，生产工艺和工装夹具等是否能顺利达成设计的需求。

（3）第一次量产

该阶段的信赖性测试的主要目的是验证试投产后生产线首次批量生产时物料供应的品质状况和生产工艺，工装夹具的可靠性等是否符合批量生产的要求。

（4）量产 6 个月以上的随机抽取

通过上面 3 个阶段的信赖性测试进入量产阶段后，企业为了评估物料状况、模具磨损及生产工艺的稳定性，对量产 6 个月以上的产品抽样进行信赖性测试。

6.2.2　管控推进框架

对制造企业而言，精益质量管理是精益管理的切入点。企业通过建立精益质量管理框架，实现对作业系统质量、效率和成本的综合改善，克服原有生产项目和质量项目的弊端。尤其当精益质量管理针对作业系统和工序取得成效后再扩展到精益生产，将更利于企业实施精益生产，促进企业管理变革的推行。

精益质量管理框架的推进得益于以下 6 大支柱，如图 6-8 所示。

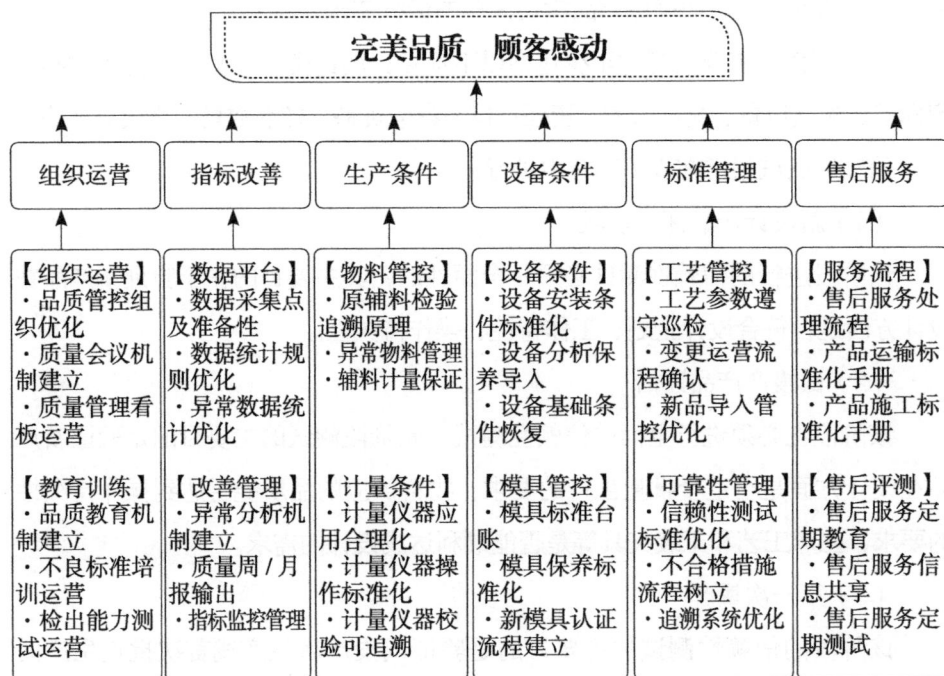

图 6-8　精益质量管理框架推进的支柱

1. 组织运营

质量管理中最大的问题就是依靠权力进行行政管理。针对不少现存问题，企业必须建立利于进行品质管控的组织流程，通过质量会议机制、质量管理看板运营方式对管控组织进行有效优化。

同时，企业应建立品质管控教育训练体系，对员工进行质量管理基本知识和技能的培训与教育，其侧重点在于不良标准的培训和检出能力的提升。前者能够确保员工在生产环节中具备发现不良产品的能力，后者可以提高员工在检测环节中的相关能力。

2. 指标改善

精益质量管理离不开对指标的管理，更精准的指标体系能够保证质量改善的效果。为此，企业应主要利用数据平台的建设与优化，对指标加以改善。

数据平台方面，改善侧重点在于数据采集点的选择、分配，使整个质量环节的数据采集工作具有更强针对性。在利用数据方面，企业应对数据统计规则、异常数据统计方法等加以优化，使之既符合实际要求，又能提升质量管控的效率。

除了数据平台之外，异常分析机制、质量周报和月报的输出、指标监控管理等同样是指标改善的基础性工作。

例如，企业建立异常分析机制，要求在产品质量发生异常时，能够及时果断正确地进行分析和处理。为此，企业应制定各种生产异常情况的判断流程、处理方案与对策，不仅能第一时间发现异常的来源和性质，还要能及时采取相应措施进行果断处理。根据生产情况的发展和变化，对生产异常处理的相关对策与方案应进行补充完善，确保其针对性与实用性，使相关作业人员能熟练掌握，加强其对生产的反馈和指导。

3. 生产条件与设备条件

精益质量并不只是质量管理部门的工作，出现质量问题后，更不应只是追究质量部门的责任。企业领导者要学会从生产过程中着手，分析生产条件与设备条件对质量产生的影响，并通过对生产与设备条件的改善，进一步改善产品质量。

具体包括以下内容。

（1）物料管控

企业通过原辅料检验追溯管理、异常物料管理、辅料计量保证等手段，保证正确计划用料。同时，由于任何物品的使用都是有时限的，企业还应通过物料管控，保持好物料的原有实用价值，使其品质和数量两方面都不受损失。

总之，应通过加强对物料的科学管理，掌握影响物料变化的各种因素，采取科学保管、使用和统计办法，使物料对产品质量发挥出最大的作用。

需要强调的是，由于物料在产品生产成本中占很大比重，如果出现过多的异常物料，就会占用大量企业流动资金，并影响企业的产品质量。因此，在物料管理过程中，企业还要通过不断降低库存量，加上有效的异常物料管理，使物料发挥最高价值。

（2）计量条件

计量管理是企业精益质量管控体系中的重要分支。一套科学、完整、有效的计量体系可以为企业的精益质量管理工作提供保障。

判断计量条件的基本原则是：计量仪器应用合理化、操作标准化、校验可追溯。为此，企业要对测量设备进行积极检定、校准、比对、调整、修理、封印和标识，这是企业计量工作的 7 项基本活动。

（3）设备条件

设备条件直接作用于生产过程并影响着质量管控水平。影响设备条件的因素有：设备安装条件是否标准化、设备分析保养导入是否完整有效、设备基础条件恢复是否有保障等。

（4）模具管控

与设备条件一样，模具管控水准会通过生产过程而影响质量水平。企业重点应管理好模具标准台账，并以此做好模具保养标准化和建立新模具认证流程。

4. 标准管理

在企业精益质量推进中，树立标准是重中之重。标准管理的水平决定了企业领导、生产部门、质检部门、服务部门、设备部门等如何看待产品质量。

在标准管理中，需要加强以下两大方面的管理。

（1）工艺管控

包括工艺参数是否遵守巡检、变更运营流程后如何确认、新品导入后如何优化管控等。

（2）可靠性管理

包括信赖性测试的标准如何优化、不合格措施流程如何树立、追溯系统如何优化等。

5. 售后服务

作为质量管控重要内容的售后服务，其责任并非单纯地从客户那里获得问题反馈，同时也决定着企业下一步的改善方向是否足够精准、是否能真正体现出客户需求。因此，售后服务的处理流程（包括产品运输与施工标准化手册的配备）也应纳入质量推进框架中。同样，售后服务定期教育、信息共享和定期测试都是售后测评用于推进精益质量不可或缺的一部分。

6.2.3　管控的短期计划与长期计划

"新益为"的精益质量管控推进体系包括品质体系管理改善、过程控制循环提高、源头控制与供应管理、指标制定与标准推进4大方面。根据这些内容，企业可以形成管控的短期与长期计划。

1. 品质体系管理改善

该部分改善项目包括4大主题，分别是：现有流程问题调研；改善课题组织成立；形成质量、环境体系；检讨品质流程运营。

具体工作内容有：建立工厂运营品质体系结构、分析品质体系运营过程中的问题、成立品质体系改善课题、制订品质体系改善的计划、建立检讨审批制度流程以及对改善后流程制度执行检讨。

表6-2所示为品质体系管理改善表。

表 6-2 品质体系管理改善表

主题	工作内容	辅导期数					
		1	2	3	4	5	6
现有流程问题调研	◎梳理工厂运营品质体系结构						
改善课题组织成立	◎分析品质体系运营过程中的问题 ◎成立品质体系改善课题 ➔	●					
形成质量／环境体系	◎制定品质体系改善计划 ➔ ◎建立检讨审批制度流程	●					
检讨品质流程运营	◎对改善后流程制度进行执行检讨	- - - - ➔			●		

可见，企业成立改善组织和形成体系，属于该项工作的短期计划，长期计划则以品质流程运营为主。

2. 过程控制循环提高

该部分改善项目包括：制造品质现状调研、建立分析改善平台、建立预防及标准体系、进行客户模拟与内部稽核、标准化、建立革新培训体系等。

具体工作内容有：确定数据的收集方式，对目前品质管控流程与指标进行调研了解；对品质管理的过程改善加以组织定位；建立新的运营流程机制，使原有的管理流程得以优化；建立品质审核管理机制；导入日、周、月培训计划体系等。

表 6-3 所示为过程控制循环表。

表6-3　过程控制循环表

主题	工作内容	辅导期数											
		1	2	3	4	5	6	7	8	9	10	11	12
制造品质现状调研	◎目前品质管控指标现状		▪	▪	▪	▪	▪	▪	▪	▪	▪	▪	●→
建立分析改善平台	◎数据收集方式及管控流程 ◎过程品质管理改善组织定位	▪	●→										
建立预防及标准体系	◎变更管理流程优化 ◎过程品质管理运营流程机制			▪	●→								
进行客户模拟与内部稽核	◎品质管理过程标准建立及执行 ◎过程品质审核管理机制建立					▪	▪	▪	▪	▪	▪	▪	●→
标准化	◎日、周、月培训计划体系导入					▪	▪	▪	▪	▪	▪	▪	●→
建立革新培训体系	◎需要时组织品质活动提升意识	▪	▪	●→			▪	▪	●→				

3. 源头控制与供应管理

该部分主要改善项目包括：建立系统资格标准、创建供应商平台、建立供应商管理工程师（Supplier Quality Engineer，缩写为SQE）体系和实地辅导供应商。

工作内容有：制定和优化对供应管理的相关流程、建立供应商评价管理制度流程、建立供应商质量管理履历、召开供应商半年度品质大会、对关键零组部件的预防和管控、对供应商目标管理制度进行辅导。

表6-4所示为源头控制与供应管理表。

表6-4　源头控制与供应管理表

主题	工作内容	辅导期数											
		1	2	3	4	5	6	7	8	9	10	11	12
建立系统资格标准	◎制定和优化供应管理相关流程	╌	╌	➤									
创建供应商平台	◎建立供应商评价管理制度流程 ◎建立供应商质量管理履历		╌	╌	╌	╌	╌	╌	➤				
建立SQE体系	◎召开供应商半年度品质大会 ◎关键零组部件预防及管控		╌	╌	╌	╌	╌	╌	╌	╌	╌	╌	➤
实地辅导供应商	◎供应商目标管理制度及辅导									╌	╌	╌	➤

4. 指标制定与标准推进

指标与标准是企业质量管控体系运行的依据，也是质量改善的目标。其主要项目包括：公司品质战略目标的确立、各部门品质管理目标的确立和品质全系列的标准化。

具体工作内容包括：对公司年度战略目标的理解与分解，各部门品质目标的制定、各部门目标计划制订和实施、品质改善的标准制定、使用过程中对标准的执行等。

表6-5所示为指标制定与标准推进表。

表6-5　指标制定与标准推进表

主题	工作内容	辅导期数											
		1	2	3	4	5	6	7	8	9	10	11	12
公司品质战略目标的确立	◎公司年度战略目标理解与分解 ◎各部门品质目标的制定												●
各部门品质管理目标的确立	◎各部门目标计划制定和实施 ◎品质改善的标准制定											●	
品质全系列的标准化	◎使用过程中对标准的执行												

6.3　精益研发之标准化管理

6.3.1　标准化管理的实施步骤

标准作业是管理生产现场的依据，也是对研发加以改善的基础。员工遵守作业标准可以保证产品品质，并对生产数量、制造成本产生积极影响。

标准作业是以人的动作为中心，并排除在作业中的浪费，以没有浪费的操作顺序有效进行生产的作业方法。标准作业由作业节拍、作业顺序、标准手持3要素组成。

标准化管理的步骤分为以下4个部分。

1. 观测时间

该步骤需要将人和机器的作业、搬运或等待之类行为以"时间单元"进行置换，利用秒表进行观察、测定，通过记录形成一整套环节。企业利用这套环节将一个生产过程流程以时间进行定量化，并让绝大多数员工都能共享。

企业通过观测时间，可以设定标准化操作的基准时间，并以此决定操作标准中的必要时间和人员。在观测过程中，企业也能把握需要改善的问题点，明确课题的优先顺序。

时间观测的方法种类如图 6-9 所示。

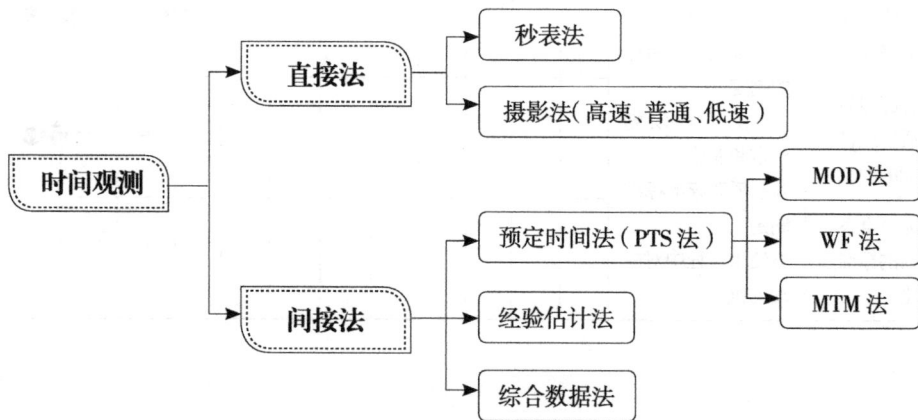

图 6-9　时间观测的方法

以上时间观测的方法，除了预定时间法（PRESENTATION TIRE STAMP，缩写为 PTS 法）比较难懂外，其他观测方法都很常见且容易理解，这里不做赘述，重点来看预定时间法（PTS 法）。

预定时间法（PTS 法）是一种工作衡量技术，借助它根据人的基本动作的时间（按动作的性质和进行动作时的工作条件分类）来规定达到一定效能水平的作业时间。预定时间法（PTS 法）又可以分为 MOD 法（MODAPTS）、WF 法（Work Factor，缩写为工作要素法）、MTM 法（Methods-Time Measurement，缩写为时间测量法）。

MOD 法是预定时间标准的一种方法，1966 年有人以现有的各个动作分析技法的使用经验和人类工学为基础，摸索出分析简单，结果却不亚于详细法的技法，订立了 MODAPTS 技法。这种方法易懂、易学、易记，基本动作只有 21 种，动作符号与时间值融为一体。

WF 法对标准时间的设定很少用到主观判定，所以被多数人采用。

而 MTM 法是根据形态把动作分解成动作要素，从而根据 MTM 时间表查出相应的时间标准，算出整个动作的标准时间。

时间观测需要利用的工具有秒表、硬纸板、观测用的表格、笔记用具和计算器等。在观测时，观测者应注意选择一个不影响现场作业人员作业，且能够看到作业人员全部操作的地点。秒表的位置应在观测者目视与所要观测作业点的直线上，确保能够同时看到秒表与作业人员的动作。

观测开始后，不能中途停止，作业完成后，将秒表数值计入观察结果。对同一项作业，应以 5 次观测结果作为统计基数，选择其中表现最好的数值。

观测者对不同环节、要素的作业时间分别加以统计，最终能够获得一个循环的时间。

2. 制作工序能力表

工序能力是指工序在稳定状态时所具有的保证产品质量的能力。工序能力受操作人员、机器设备、原材料、工艺方法、工作地环境等不同因素的综合影响与制约，表现在产品质量是否稳定、能否满足客户需求等方面。

工序能力表中应填入设备号、工序号、工序名称、设备型号、基本时间（包含作业者、作业时间、设备运转时间、本工序周期时间）、工具交换时间和个数、加工能力等项目，使各工序加工能力一览无余。图 6-10 所示为某生产线的工序能力表。

xxxx生产线　工序能力表

工作时间（小时）	8	净作业时间	430
休息时间（分钟）	50	生产节拍 TT（秒）	99
计划产量（件/班）	260		

填写时间：2019/4/2 14:19

工序能力表			零件件号	xxxxx		生产线名称	xxxx		
			零件名称	xxxxx					
设备号	工序号	工序名称	设备型号	基本时间（秒）			刀具		加工能力(件/班)
				手作业时间	自动机时间	完成时间	交换个数	交换时间	224
1	1	基准面切削	LS023	9	48	57	200	180	446
2	2	端面切削	LS024	18	90	108	80	180	234
3	3	钻⌀10孔	DR085	10	103	113	80	180	224
4	4	钻⌀5孔	DR086	10	85	95	80	180	265
5	5	钻⌀20孔	DR060	11	53	64	20000	180	403
6	6	清洗	CL034	11	91	102	1200	180	253

手动——机动时间线图	姓名	xxxx
	单位	xxxx
“手动时间”与“机动时间”——条形图	手动作业 ▬	机动作业 ▪▪▪▪▪

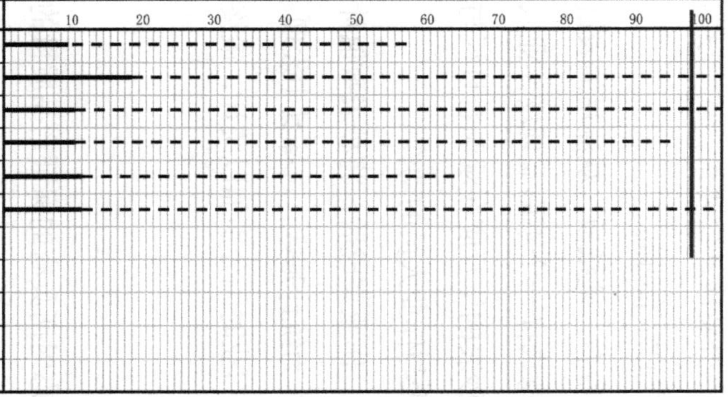

图 6-10　某生产线的工序能力表

工序能力表是标准作业中作业组合的重要基准，也是对作业进行标准化管理的第一步。

3. 制作标准作业组合票

标准作业组合票是以节拍为基准，组合了人的动作和设备的动作，决定人与设备所负责的范围和作业顺序的工具。企业利用这一工具能够确定作业顺序和时间，是作业观察和工时统计的重要依据，也是标准化管理的主要手段。

在设计与制作标准作业组合票时，企业应确保能一目了然地看到人员工作与机器工作的时间，包括明确各工序的手工作业时间和步行时间。此外，还可以在其上填入自动加工时间，用于考查人与设备的组合是否匹配。

标准作业组合票的制定内容如下。

（1）品名与品号：填写所加工的零件名称和编号。

（2）工序名称：填写生产线所加工工序的名称。

（3）必要数：计算并填入每班生产的必要数。

（4）节拍：计算出节拍并填入。

（5）作业顺序：填入作业的顺序号。

（6）作业内容：填入作业内容和机械编号。

（7）手工作业时间：通过时间观测，抄下手工作业时间。

（8）自动加工时间：从工序能力表中抄下各机械的自动加工时间，如没有自动加工时间则可缺省。

（9）步行时间：从时间观测表中抄录、取放零部件、工具或至下个工序移动而产生的步行时间。在计算时，步行时间不需区分是否持有零部件。

将手工作业时间和步行时间合计填入合计栏，并将空手等待时间也填入其中，无空手等待时间则不需填写。图6-11所示为某标准作业组合票，可供借鉴。

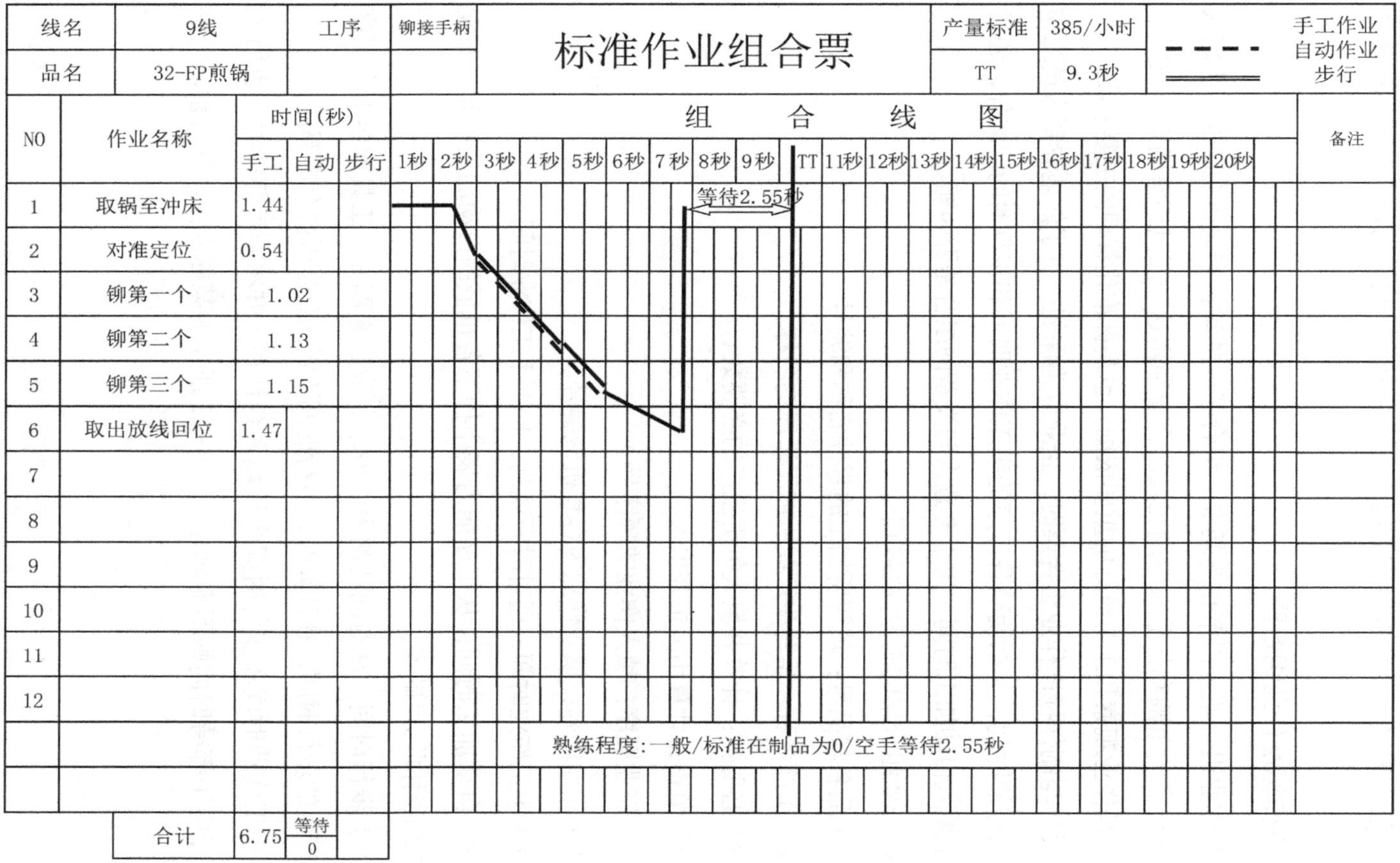

标准作业组合票

线名	9线		产量标准	385/小时		手工作业	——
品名	32-FP煎锅	工序 铆接手柄	TT	9.3秒		自动作业 步行	- - -

NO	作业名称	手工	自动	步行	组合线图
1	取钢至冲床	1.44			
2	对准定位	0.54			
3	铆第一个	1.02			
4	铆第二个	1.13			
5	铆第三个	1.15			
6	取出放线回位	1.47			
7					
8					
9					
10					
11					
12					
合计		6.75		等待 0	

时间(秒)；组合线图时间刻度：1秒 2秒 3秒 4秒 5秒 6秒 7秒 8秒 9秒 TT 11秒 12秒 13秒 14秒 15秒 16秒 17秒 18秒 19秒 20秒

等待2.55秒

熟练程度：一般/标准在制品为0/空手等待2.55秒

备注

图6-11 某标准作业组合票

4. 制作标准作业票

标准作业票是直观体现操作者作业顺序、时间和移动路径的图表，能够帮助管理者观察生产线作业状态。如图 6-12 所示，这一工具通常挂在操作工位的显眼处加以目视化管理，作为改善标准作业的工具和手段。

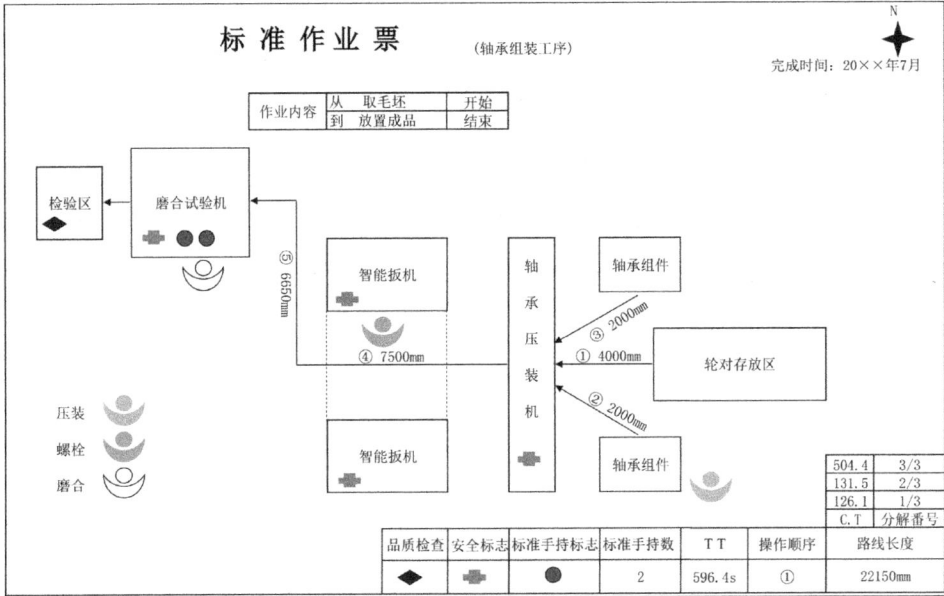

图 6-12　标准作业票

标准作业票的制定内容如下。

（1）作业内容

填入标准作业组合票中最初和最后的作业内容，标明作业范围。最初的作业内容填入上端，最后的作业内容填入下端。

（2）供需配置

根据标准作业组合票上的作业顺序，标注机械编号和工序顺序号。作业顺序号的位置应尽可能按实际位置绘制，随后用实线连接。

（3）检查品质

对于需要检查品质的工序，应加入检查品质记号和检查频度。

6.3.2 标准化管理的实施条件

标准化管理的实施，需要在设备、物、人和品质等方面做好充足准备，如表 6-6 所示。

首先，作业者反复作业的顺序必须相同，并按照预先设定好的步骤进行。如果没有作业程序或作业程序不明确，都可能造成工作完成的质量不合格，也就无法达成标准化的作业或管理。另一方面，如果作业顺序无法重复，也就难以从节拍、动作等方面去对员工的操作加以规范。

其次，设备、物、人的配备和素质必须达到应有的高度。

表 6-6　标准化管理实施要素

区分	主要实施项目	
设备	A.按工序顺序配置设备	B.显示生产进度装置
物	A.单个传送、同期化生产	B.决定标识
人	A.作业者的多能工培训	B.标准作业基本知识培训
品质	A.检测设备、检测频次	B.不良品台、返修品台

1. 设备

设备的配置不是无序的，而是按照工序顺序加以配置的。除了生产设备之外，还应有显示生产进度的装置。

2. 物

物品必须按照单个方式进行传送，以便做到同期化生产。为此，企业需要对物品进行科学合理的标识。

3. 人

企业对作业者进行多能工培训，以便适应标准化操作下的人力资源优化配备。同时，企业还应在内部大力进行标准作业基本知识培训。

4. 品质

企业按需要配备检测设备，设定检测频次，加强对不良品台和返修品台的管理，确保品质保障能符合标准化需求。

6.3.3 标准作业和作业标准的区分

在企业的标准化管理中，标准作业和作业标准是常见的术语，对其加以正确区分和利用是推进标准化管理的关键。

1. 标准作业

标准作业是指利用较少的工数和工时，生产出高品质产品。这种作业方式重在将作业人员、作业顺序、工序设备、物流过程科学组合，从而达到生产目标。

标准作业的实施可以确保装配和加工的品质，在不损害设备并确保安全的前提下，用更快捷有效的方式完成作业。

标准作业以人的动作为中心，这一中心排除了作业中的浪费，以没有浪费的操作顺序进行有效生产。相关工具为工序能力表、标准作业组合表、标准作业表。3要素分别是：作业节拍、作业顺序和标准手持。

（1）作业节拍

作业节拍是为了满足客户需求而制造产品所需要的时间。

（2）作业顺序

作业顺序是指为了完成一项作业，操作工必须遵循的一组生产要素的特定顺序。每项工作要素包含一系列动作。

（3）标准手持

标准手持是指当按照作业顺序进行作业时，为了能够反复以相同顺序和动作来作业，在工序内持有的最小数量的在制品。企业决定是否采取标准手持，既要从有无设备自动加工来考虑，也要从作业顺序来考虑。

2. 作业标准

作业标准是指对作业者的作业要求，强调作业的过程与结果。企业根据工艺图纸、安全规则、环境要求等设定必要作业内容、工具标准和目标内容。简而言之，作业标准是每个作业者进行作业的基本行动准则，标准化作业必须满足作业标准的要求。

代表性的作业标准书包括作业指导书、作业要领书、操作要领书、换产要领书、搬运作业指导书、检查作业指导书、安全操作要领书等。

6.3.4 标准化管理的实施计划

建立标准化管理，意味着企业内的所有经营内容从无序到有序、从有序到体系、从体系到高度、从高度到延伸，使企业整体水平从优秀发展到卓越。为此，企业应制订和遵守 3 年实施计划。

1. 第 1 年

本年度的主要内容是试点单位和关键工序的标准化。

（1）设立领导机构

企业内成立标准化推进委员会，下设标准化作业推进办公室。试点单位和关键部门设立部门标准化作业推进小组、部门标准化作业推进联络员，如图 6-13 所示。

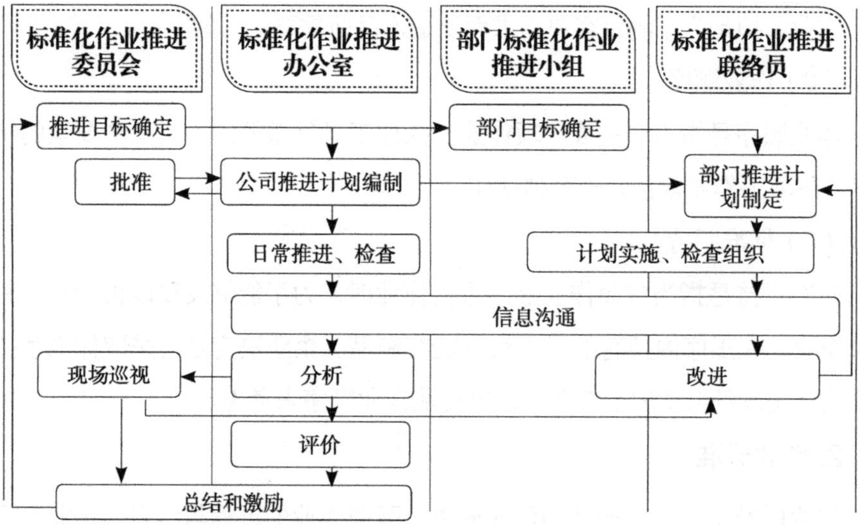

图 6-13 标准化过程中设立领导机构

（2）推进标准化作业

企业利用重点突破推进法、人员分类推进法、典型线路推进法、一月一事推进法、现场巡检推进法、综合管理推进法、竞赛奖励推进法等方法，在试点单位和工序中推进标准化作业。

（3）制定标准

企业将试行阶段最好的方法形成下列标准，包括质量标准、作业标准和设备维护标准等。为此，企业首先要绘制出企业标准体系结构图；研究具体标准化对象，形成标准明细表；进行统计分析，完成标准汇总表，起草标准草案。随后，企业在内部广泛征求意见，根据反馈意见完善企业标准体系及标准草案，组织内部评审会，讨论确定标准文件，并正式对全体组织成员发布。

2. 第2年

该年度在全公司关键工序实施标准化，将作业标准化全面展开。

在发布文字标准的同时，企业通过流程文件使不同工序和岗位的员工都清楚在业务作业中应该如何操作。流程文件包括书面说明、流程图和相应的表格。流程文件中应明确操作者职责和权限，同时明确最低的工作绩效标准。

所有关键工序的标准化流程文件都应该确保每处解释的唯一性，并包括紧急情况的处理。所有员工都应该收到同样版本框架的文件，并按照要求进行培训。

3. 第3年

该年度内，企业对管理标准进行优化与完善，对作业标准进行全面开展。具体包括：对管理标准、业务规程和各种决定手续的优化与完善。

该年度计划的执行情况是整个计划的成败关键。其中，对标准体系的评价与确认是推动标准体系运行并保持其有效性的动力，通过评价和确认，为标准体系的持续改进提供动力。

在管理标准实施过程中，随着客户需要的变化、生产方式的改进、新技术的诞生，企业还应不断引入最新技术与生产操作的经营，对标准体系进行优化，逐步淘汰标准体系内并不符合实际发展的功能要素，增加或补充新的要素。

第 **7** 章

精益团队：组织到文化系统的方法论

为什么企业明明有很好的精益战略目标却无法实现？为什么企业的精益管理常会出现推进不力的情况？为什么企业制定了精益管理标准却无法执行？要追溯这些问题的根源，对于精益团队的能力有较高的要求。

企业构建精益团队并不只是单纯从人员构成、执行能力上去要求，而是要将整个团队看作一个有组织的文化系统去进行构建。通过培训精益团队，掌控企业中每个变化点与评估点，精益文化才能通过影响企业内每个层级的人员去影响全局的变化。

7.1　多能工的时代

7.1.1　什么是多能工

在新制造时代，"多批少量"成为制造业企业面对的新环境。由于市场需求的不断改变，企业的生产形态不断转换，同时在企业的班组生产实际运营中，经常会出现员工缺勤、请假、调动和流失的现象，从而使流水线很容易变动，甚至导致生产计划变更，这让团队内的多能工训练成为必不可少的重要课题。

多能工是指除了自己作业的工程以外，在别的工程中也可以作业的员工。将作业分工序排列后，多能工是指在多个工序都能熟练作业的员工。

"多能工"这一概念来自丰田汽车公司的 U 形生产线模式。当订单数量有所增减或整体生产任务需要兼顾时，U 形生产线的实际作业人数会产生变化；当员工减少但又希望继续保持该生产线的生产能力时，作业者就要掌握超过一种工序或设备的技巧。这就是多能工的最初由来，如图 7-1 所示。

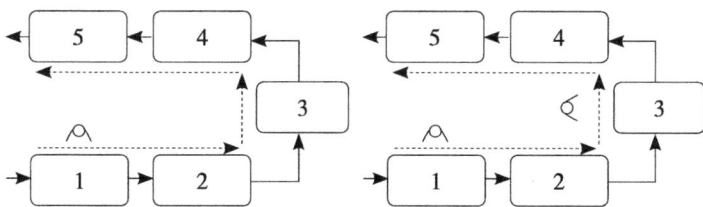

图 7-1　U 形生产线

企业拥有足够的多能工后，更多的员工都可以操作多台设备或适应多个工位。这样，当某些工位的员工流失或不足时，企业就能应用这些多能工迅速补充空缺，从而增加生产安排的弹性。从整体来看，多能工的培养可以提高生产的连续性和灵活性，减少班组长的负担，扩大可提升的培训对象群体的基数，提高员工对产品的理解力并挖掘出更多的改善创意。

虽然最初的多能工集中于生产线作业团队，但时至今日，越来越多的企业已经在各种岗位上鼓励使用多能工，其中包括维修工、品检员甚至管理干部等。

扩大多能工范围的做法能够带来显著好处。企业不仅能够有效减少因人员调动和流失所带来的沟通不畅、工作瘫痪、效率下降，也可以通过管理干部等重要员工的轮岗，在一定程度上阻止企业内部利益小圈子的形成。

企业鼓励员工成为多能工，并非要求其成为"万金油"。作业人员应首先在其本职工序上成为熟练人员，然后再向多能工方向发展。企业通常应实施"三三制"：一个员工应掌握 3 种工序的技能，一个工序应有 3 个人能够操作。当然，企业也要根据实际情况，对"三三制"进行适当增减。

7.1.2 培养多能工的 4 个步骤

面对当前制造业员工高流失率的现实状况，企业必须有计划地实施多能工的培养和储备。对企业而言，多能工数量越多、覆盖面越大，企业团队适应人员增加或减少的能力就越强。

培养多能工主要有以下 4 个步骤，如图 7-2 所示。

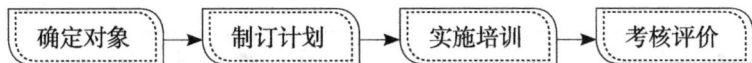

确定对象 → 制订计划 → 实施培训 → 考核评价

图 7-2　培养多能工的步骤

1. 确定对象

在开展多能工培养计划初期，企业需要确定可培养的对象。对象通常要求为进入公司 3 个月以上，能熟练完成本职工位作业内容的员工；有明确的作业工位划分和标准化作业。

根据企业具体需求、工序和岗位的不同，企业还可以设置不同的对象选定方法和流程。

如某制造企业选定多能工培养对象的标准为。

（1）传递者（Conveyer）组装生产线（Line）作业 3 个月以上，职务为认证职员；

（2）组装线 100% 转换为小组（Cell）的事业场和流水组装线（Conveyer Line）；

（3）作业员及制造间接职员，有对应作业职务认证和打螺丝钉（Screw）5 万次以上的实操经验。

具体选定流程如图 7-3 所示。

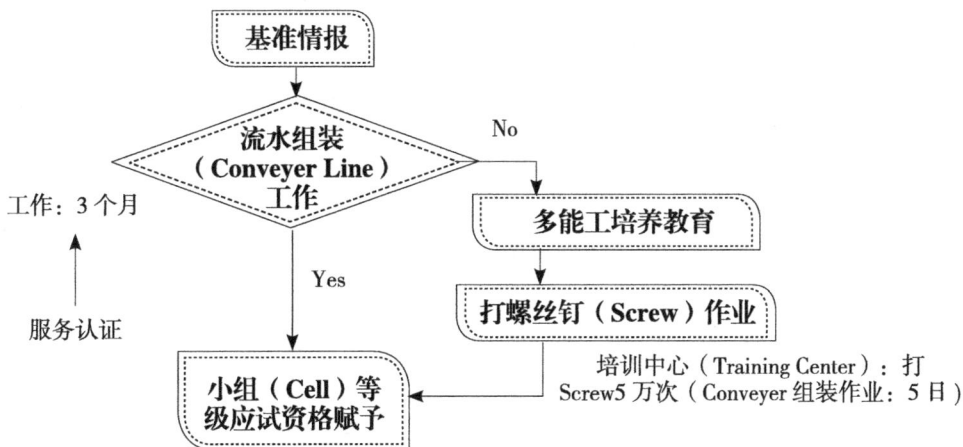

图 7-3　某制造企业选定多能工的流程

2. 制订培养计划

企业根据岗位需求和关联性，按照从简至繁的顺序进行培训计划的制订。企业在制订计划时，应注意以下要点。

（1）多能工培养对象的编组；

（2）各工序作业者现状水平的评估；

（3）使用"多能工排名榜"等工具，设定不同工序培养对象的目标；

（4）充分利用加班时间，设置多能工培训日程等。

3. 实施培训

企业按照既定日程组织员工进行培训。培训时间尽量以生产以外的时间为主，并且安排合格的培训导师。培训应按照以下程序进行。

（1）导师示范。想让作业者明白如何作业，导师应一边演示，一边讲解操作要点，使作业者能够通过模仿获得学习经验。在示范过程中，导师的动作必须简洁和规范，便于作业者学习与领会。

（2）提示关键。导师要重点提示的关键点包括节拍时间、作业顺序、标准用量、品质检查要求等。

（3）动手操作。受训人员在掌握正确的作业方法并达到作业基准，同时具备了正常作业流水线的速度之后，即可被认为完全具备了该工作的作业能力。此时，导师可安排其进行单独作业并逐步熟练，达到一定程度的作业稳定性。

（4）安排轮换。每天安排不同的作业人员承担不同的作业。当多能工培训进展到一定程度后，全体作业人员可以每隔2到4个小时，有计划地在班内的全部作业工序中轮换。

在多能工的培训过程中，工作岗位的轮换是最为重要的内容。通过工作岗位轮换的实施，不仅能够实现作业人员的多能化，还能带来更好的效果。其中包括有利于调节作业人员的情绪，避免身体疲劳，提高注意力和工作效率；有利于改善作业人员之间的人际关系；有利于作业人员知识技能的提升和积累；有利于作业人员的责任感的提高；有利于提高作业人员参与改善的积极性。这些优势集中体现了对员工人格的尊重，实现了人性化的员工培养。唯有如此，企业才能培养出理想的多能工队伍。

4.考核培训

培训过程中，导师要对员工的作业方法进行检查，确认其是否与作业指导书的顺序和方法一致，是否有不正确的动作。如果有，要及时纠正。导师对员工制作的成品应及时确认检查，看是否满足品质和规格的要求，是否有不良作业而导致的不良品。

培训完成后，企业应对员工的技能进行考核。考核开始前，应有明确的考核标准，并将技能图揭示出来；考核结束后，应采取一定的激励政策。

企业可以采用"技能四分法"对多能工进行考核。这种方法将员工掌握的岗位技能水平分成 4 级。

其中，四分之一级表示理论知识合格，员工经过一定时间的理论培训，能够基本掌握岗位的理论知识。

四分之二级：实际现场的操作测试合格，表示员工经过一定时间的实操培训，能够基本掌握岗位所需的操作技能。

四分之三级：能够独立上岗，表示员工经过上岗后的实际操作培训和现场指导后，能够达到岗位任职的基本要求，并可以按时按质完成工作。

四分之四级：全面掌握能力，表示员工经过之前的培训，不但能够满足独立上岗操作的要求，还对生产工序、设备、质量和现场改善有了相当程度的掌握。

企业采用这种方法对员工的技能进行评估，可以明确员工岗位技能的四种水平。技能四分法，对个人而言，能够让员工客观评价自身，明确努力方向；对企业管理者而言，能够准确掌握不同岗位和人员的技能情况，对员工中的不足者进行培训、指导和追踪，对优秀者加以肯定和支持，便于进行人员调配，减少人员变动对生产经营带来的负面影响。

根据评价结果，企业可以将具备岗位技能的数量多少，作为多能工等级划分的依据，由低到高分别为一星级、二星级、三星级、四星级、五星级共 5 个级别。

其中，员工具备两个工序以上技能的评为一星级别。员工每多增加一个岗位技能，就应提高一个星级，直到具备了整个工序的生产技能，获得最高级别即五星级评价。根据不同等级，企业给予员工不同额度的津贴，使取得多能工资格的员工能够获得高薪待遇，实现物质上的激励。同时，针对不同级别的员工，企业可以用不同的精神激励方式激发员工的工作热情和积极性。例如，在很多实行精益化管理的企业内，多能工按照星级能获得不同的标牌、臂章等。

从长远来看，通过打造多能工评价体系，企业还能为操作岗位员工打造个人职业生涯的另一种可能性。通过级别的提升，技术型专业员工不需要行政职务的晋升，也能获得与管理者同等的薪酬待遇。这样，新员工就会从一开始就关注自身技能的提升。这种良好的集体氛围会给企业带来整体绩效的提高，将员工职业生涯的发展与企业的升值之路充分结合起来。

7.2　五星班组养成策略

7.2.1　五星班组的价值

企业最小的组成单位是班组，班组是企业管理的基础。每个班组的管理水平及经营能力决定了企业的制造竞争力。企业要想实现改善目标和全面精益化，就要建设适应形势的五星班组，培养高素质的员工队伍。

所谓五星班组，是从高效生产、完美品质、成本控制、现场管理、团队建设等五个方向进行系统改善与提升，同时打造充满革新活力的组织文化，实现客户、员工、企业三赢目标的精益管理体系。如图 7-4 所示。

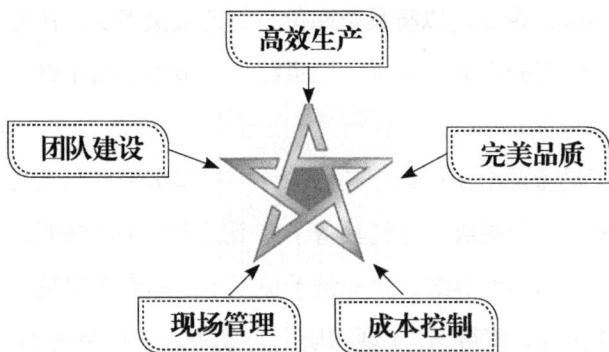

图 7-4　五星班组

五星班组的建设，首先可以为员工带去价值，帮助他们实现团队、现场和自我目标的改善。

1. 团队

通过团队建设，让员工融入"我的团队"。团队是由多人组成的共同体，是有着共同的目标、愿景与行动方针并团结在一起奋斗的队伍。通过五星班组的建设，可使基层班组由松散的单元变成强大的团队，为员工提供更好的工作与发展平台。

2. 现场

通过五星班组的建设，可为员工提供"我的现场"，使他们在可持续发展平台上得到成长。在团队活动的范围内，五星班组有固定的操作指南、行为规范，并通过良好的维持及改善，实现干净、高效而令人充满激情的现场。

3. 目标

通过五星班组的建设，在企业中树立标杆班组，让更多基层员工和中层管理者明确自己的努力方向。同时，团队在成长过程中由于有了"五星"的集体目标，也能根据每个成员的知识和技能协同工作，解决问题，充分整合资源，发挥各自的特点，达到共同目标。

从宏观战略角度来看，重视五星班组的建设，会让企业的基层管理模式从"消防级"提升到"优秀级"水准。

所谓"消防级"，是指企业在日常对班组的管理和培训中，只花费 5% 的精力和资源进行教育训练、5% 用于现场改善、10% 用于日常例行工作管理，却要花费 80% 用于解决各种异常。这就导致整个企业在运行中不断出现意外问题，管理者疲于应对，而基层班组也无法为员工提供进取的动力。

通过五星班组训练，企业的基层组织构建资源分配将得到有效重构，达到将精力和资源的 50% 用于教育训练、25% 用于现场改善、20% 用于日常例行工作管理的比例。这样，企业领导者只需花费 5% 的精力和资源去进行异常管理。在这样的基层管理模式下，企业面貌将发生明显的变化，具体变化如下。

（1）企业文化的改变

在五星班组文化的带动下，整个企业将构筑高效的生产系统，并因此形成标准化、效率化、经济化的制造文化。

（2）企业能力的提升

通过能力培训和意识凝聚，企业内新老员工、团队内外之间都能由于共同目标而形成合作，使不同部门、岗位解决问题的能力得到提升。

（3）现场改善

五星班组的建设过程主要集中在生产现场。因此，这一活动能使员工在现场体验到改善的变化结果，使他们敢于承担生产现场过失的责任，做到"自觉、自发、自治"。

7.2.2 五星班组运营框架

五星班组的运营主旨是通过"我的团队""我的现场""我的目标"的价值追求，树立员工改善个人和班组的积极意识。由此，企业能够实现从最小生产单元着手，除去现场浪费、遵守业务规范、维持高水平管理，最终赢在制造竞争力。

为了让五星班组切实产生上述效果，其运营框架由以下几大支柱组成，如图 7-5 所示。

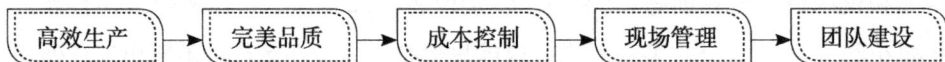

高效生产 → 完美品质 → 成本控制 → 现场管理 → 团队建设

图 7-5　五星班组运营支柱

1. 高效生产

高效生产是五星班组运营框架的第一支柱。只有做到高效生产，班组才能打开成长的大门。

具体帮助班组获得高效生产力的工具，除了初期清扫、两源改造与多能工培养，还包括以下几个方面。

（1）设备流失改善训练

影响生产效率的源头有很多，设备流失是其中的重要方面。设备流失主要指由设备本身原因造成的质量损失、故障处理损失和主动预防维修所花费的时间等。针对上述损失，企业应指导班组寻找改善方法并加以训练。

例如，当设备因故障停机维修时，流失集中产生在寻找维修人员、研究图纸、拆解诊断、等待合适备件领用到位等环节上，但良好的训练可以缩短其中每个环节的时间，减少流失带来的损失。

（2）设备"555"活动

企业通过设备"555"活动，对班组中各岗位员工有针对性地进行培训考核，能有效帮助员工提升生产履责能力。

"555"活动的具体内容如下。

5懂：懂生产工艺、技术原理、设备结构、危险特性、岗位应急。其中，懂生产工艺包括生产工艺流程、关键操作环节；懂技术原理包括工艺的设计原理、作业环节的运行原理；懂设备结构包括设备构造与工作特性、设备使用与维护方法、设备润滑及检修方法、设备防护装置的使用；懂危险特性即懂岗位物料的理化特性、懂岗位场所可能隐藏的危险；懂岗位应急即懂岗位应急处置内容、正确的事故应急逃生途径、工伤事故急救方法。

5会：会生产操作、异常分析、设备巡检、风险辨识和处置险情，这是员工上岗操作的能力要求。会生产操作即熟练掌握设备安全操作要点，根据参数变化调节操作设备等；会异常分析即根据参数变化趋势判定设备是否存在异常等；会设备巡检即依据巡检作业程序和设备的主要技术参数，利用视听等感官或测量仪器和工具，通过巡检分析设备异常；会风险辨识即通过辨识工艺和设备的缺陷及失效，有效判断出可能出现危险的隐患；会处置险情即岗位员工面对设备异常，懂得第一应急处置措施。

5能：即在使用设备的过程中能遵守工艺纪律、安全纪律、劳动纪律，能制止他人违章、抵制违章指挥。5能是对员工使用设备的行为要求。遵守工艺纪律意味着能严格遵守设备工艺规程和岗位操作规程，严格监控各项工艺指标；遵守安全纪律即能严格遵守安全生产制度，正确使用防护和应急设备；遵守劳动纪律即能遵守安全生产禁令；制止他人违章即及时发现不安全行为；抵制违章指挥即敢于拒绝对设备使用的违章指挥命令。

（3）产能基准评估

企业对生产设备进行基准评估，即衡量生产设备在一定时间内（通常是每周或月）所能生产的产品数量。

在实际操作中，企业需要对设备的制造流程和承受能力进行分析衡量，既要根据每个制造过程的标准时间计算生产能力，也要结合生产配置、环境场地和承载能力评估机器的承受程度。

（4）预防、保养、润滑管理

企业通过擦拭、清扫、润滑、调整等一般方法对设备进行护理，从而维持和保护设备的性能与技术状况，预防生产能力由于设备故障而出现下降。类似对设备的预防保养是维护生产能力的基础工作，必须做到制度化和规范化。

2. 完美品质

在保持高效生产力的基础上，持续追求产品稳定的完美品质，是班组成长到"二星"的重要标志。

获取产品完美品质的重要工具包括以下几种。

（1）不良封样看板（实物）

不良封样看板采取实物与看板结合的方式，展示不良品的实际情况及产生的原因。其中包括：不良品样品，直观展示不良现象；不良原因，详细分析不良品出现的原因，提醒班组人员注意；不良品出现的时间、地点和具体工位，用于引起作业员的注意，提升他们的品质意识；不良品的改善方法，用于指导作业员积极开展不良品的改善，杜绝不良现象再次发生。

（2）质量异常处理标准

企业将班组内出现质量异常情况时的标准处理方法、流程形成文字，从而有效指导现场的操作员工，做好工程防错、防呆工作。

（3）6M 变更管理

在执行生产流程时，其过程总会有所改变；对改变所做的控制和管理，称为变更管理。班组有必要做好6M变更管理，即Manpower（人力）、Machinery（机械设备）、Materials（物料）、Methods（方法）、Mothernature（环境）、Measurement（测量）六大方面的变更，包括定义变更的管理方法和程序，变更管理过程中的变更发起、变更评估与审批、变更实施和评价等。

3. 成本控制

三星班组不仅应做到高效生产与完美品质，还需在此基础上实现对成本的良好控制。主要工具包括以下几种。

（1）现场三定管理

现场定置、定员、定管理，即确定设备的位置安全、合理适用之后不变；确定设备的操作者有上岗资格之后不变；确定设备管理和维修部门有能力和资质水平之后不变。利用三定管理，班组可以减少生产过程中的浪费。

（2）消耗品损耗控制

消耗品是指保证和维持企业生产而正常使用的原料产品，其中既有直接用于生产的煤、润滑油等，也有非直接用于生产的办公用品如纸张等。班组应对各类操作人员进行必要的岗前培训和业务指导等，规范操作者的行为，减少消耗品不必要的损耗，从而降低成本。

（3）能源水电节能减排

能源损耗是指生产过程中电力、燃料、蒸汽、压缩空气、水资源等的损耗。班组只要从细微处着眼，进行全方位的改善，就可以收到很好的成本控制效果。

（4）循环盘点差异改善

库存的准确性对班组能否节约成本至关重要。盘点方式主要有两种，即定期盘点和循环盘点。定期盘点即每隔一个季度、半年或者一年进行盘点。循环盘点是指根据ABC分析法，将库存品分类，根据价值高低制订盘点计划。循环盘点法的使用能够确保在整个年度中所有库存品都至少被盘点一次；价值越高，被盘点的次数越多。

班组采用循环盘点，时间安排和人员配置比较灵活、盘点效果准确。工厂也能够继续生产，发现库存中的差异并及时调整改善。

（5）工装备件成本管理

班组应形成工装备件成本管理的相关制度，明确工装备件从申报、入库、保管到发放领用的制度和管理职责，对工装备件的申报、收、发、存做出控制。

（6）报废品定责改善

班组是企业进行不良品和报废品定责改善的基层单元，通过强化班组内定责改善的实践，班组管控成本的能力也会得到相应提高。

例如，工长应负责所辖生产班组的返修品处理的监督管理、负责废品处理清理的监督管理；生产班长应负责返修品的及时处理，对所辖生产班组的返修品、可修复废品与不可修复废品进行分类并做数量统计等；检查班长则对所负责生产班组当班废品的数量准确性负责，并对当班返修品、可修复废品、不可修复废品进行分类并做好数量统计，还应对修复后的废品进行确认并做好数量统计。

4.现场管理

除了已介绍的 5S、目视化改善、危险预知安全活动等方法外，班组还可以利用其他方法加强现场管理。通过强化现场管理能力，班组可实现从"三星"到"四星"的跃迁。具体方法如下。

（1）班会管理的训练、评比

通过对班组长班会管理能力的训练和评比，班组长可在生产现场发挥出强大的核心带头作用，引领整个班组前进的方向和节奏。其训练重点包括会前核查、掌握节奏、控制气氛、协调发言、及时记录等。经过训练后再进行评比，以此提高班组会议的质量。

（2）班中巡查点检训练

该项训练主要包括设备巡检、设备点检两部分。

设备巡检是按设备的部分、内容进行粗略巡视，从而了解系统是否处于正常运行状态。这种方法实际上属于不定量的运行管理，适合班组成员对分散布置的设备进行检查。

设备点检即为了维持生产设备的原有性能，通过自身的视觉、听觉、嗅觉、味觉和触觉或简单的工具、仪器，按预先设定的周期和方法，对设备上的规定部位进行有无异常的预防性周密检查，从而及早发现设备的隐患和缺陷。

班组应按照作业时间间隔和作业内容的不同，分别对日常巡查点检、定期巡查点检进行训练。尤其应注重确定检查点、确定点检项目、制定点检判定标准、确定点检周期、确定点检方法和条件、确定点检人员、编制设备点检卡等。

（3）故障维修损失分析

故障维修损失是指由于故障维修而造成的各种损失，包括停工期内支付的生产工人工资、耗用的燃料和动力费以及车间经费和企业管理费等。

通过有意识的训练，班组能够具有强大的故障维修损失分析能力，可以在短期内全面总结故障维修过程，总结出其中最大的损失源头，并尽力在之后的生产过程中予以避免。

（4）SMED 快速转产

快速换模（Single Minute Exchange of Die，缩写为 SMED）也称快速换产，是一种快速有效的切换方法。这种切换方法要求所有的转变和启动都能够少于 10 分钟，从而将可能的换线时间压缩到最短。

企业通过引导班组观察当前流程、区分内外要素，快速将内部作业转移到外部，并减少内部工作和外部作业。这样，班组就可以逐步熟悉 SMED 的实施办法。班组还可以选择具有代表性的切换作业，建立小组并准备 SMED 研究，通过观察并记录目前切换的详细过程，找到优化切换操作的突破点。

5. 团队建设

"五星"班组最显著的特点是经过前期各阶段的不断积累，形成配合默契、组织严谨、执行高效的团队。因此，团队建设无疑是这一阶段班组建设最重要的阶段性工作，其主要工作步骤如下。

（1）班组劳务士气管理

如果单方面强调严苛的管理制度，班组员工就会在面临繁重任务时积极性下降、情绪低落，且会影响班组的整体生产效率。为此，班组需要通过"早会法"等方法营造轻松的工作氛围，通过寓教于乐的方式让员工亲自体验团队建设、情绪管理、心智模式的相关内容，提升团队的工作积极性与配合度。

（2）精益道场建设

"道"是有规则、规律、标准的意思。精益道场建设的核心思想即将班组变成体验和训练精益思想的最小现场，使员工在团队工作的同时产生感悟、体验标准、实行规则，将班组变成学习实践、体悟和实行企业精益管理之道的场所。

结合精益道场的建设，企业可以在班组中开展保养维修技能训练、OEE 改善课题树立和班组目标管理（management by objectives，缩写为 MBO）等活动。

7.2.3　五星班组推进步骤及计划

企业有步骤、有计划地推动班组建设，可以让企业生产现场的大部分班组获得应有的进步与成长。

五星班组的每个推进步骤都有对应的主题与目的，分别对应团队建设、现场管理、成本控制、完美品质和高效生产 5 个方面。具体内容如表 7-1 所示。

表 7-1　五星班组的推进步骤

步骤	一星班组 （6 个月）	二星班组 （6~12 个月）	三星班组 （6~12 个月）	四星班组 （6~12 个月）	五星班组 （6~12 个月）
主题	团队改善	班组运营	降本增效	完美品质	目标管理
目的	创造现场基本环境	具备设备基本条件	打造无浪费的设备	制订行动基准行为	自主维护循环管理

续表

步骤	一星班组 （6 个月）	二星班组 （6~12 个月）	三星班组 （6~12 个月）	四星班组 （6~12 个月）	五星班组 （6~12 个月）
支援系统	1. 班组团队构成 - 分工及责任区域划分 2. 一周一标杆改善 - 两周一标杆扩展改善 - 报告制作及发表能力 3. 晨会规范运营 - 制度、视频、检查等 4. 现场 6S 管理标准 - 清扫工具标准化 - 现场 6S 管理标准手册 - 6S 评比竞赛制度 5. 团队看板运营 - 团队看板运营手册 6. 微信撰稿宣传运营 7. 安全操作手册制作 8. "555" 活动维持管理 9. OPL 培训及制作 10. 团队看板制作及运营 11. 全面可视化手册做成 12. 推进精益专员能力培养 13. 挂靠干部运营机制建立 14. 一星班组长运营手册	1. 项目：成本改善项目 - 成本结构分析 - 成本预算→管控→改善 2. 项目：实训中心建设 - 教育基地建立 - 讲师团队建设 - 系列教材开发 3. 班组长班中巡检管理 4. 安全 60 天活动 - 员工安全 KYT 建设 5. 现场 6S 提升改善 - 物流、动态区域整改 6. 设备六源改善 - 发生源、清扫困难源等 7. 设备三级保养基准拟定 - 设备三级保养闭环管理 - 现场点检闭环管理实施 8. 项目管理制度运营 9. 五星班组管理制度 10. 实训中心建立运营 11. 成本运营管理制度 12. 设备点检基准书制作	1. 素养操作手册制作 2. TWI 班组系统训练 3. 消耗品损耗控制 4. 作业指导视频化 5. 现场 KPI 指标管理 6. QCC 课题改善教育 7. 设备五大浪费改善 - 快速换模 - 故障停止 - 瞬间停止 - 速度低下 - 工程不良 8. 设备供油 / 点检 - 缩短供油时间 - 供油道具开发活动 9. 标准遵守管理活动 10 实施品质检出力测试 11. 团队改善四步法教材 12. 产品标准工时完善化 13.PQCDMS（即产量 Productivity, 质量 Quality, 成 本 Cost, 交货期 Delivery, 士 气 Morale, 安全 Safety) 关 键绩效指标（KPI）体系 14. 设备部故障预防活动	1. 品质失败履历建立 - 员工学习失败经验 2.QC 七大工具强化教育 3. 班组长管理制度手册 - 制度、标准、表单等 4.Why-Why 分析法 - 故障、质量原因分析 5.QCC 课题改善发表 - 班组团队课题改善 6. 班后员工趣味活动 - 套圈等游戏、礼品激励 7.B/M 标杆研讨会实施 - 优秀班组 B/M 对策会 8. 质量异常处理标准 - 发现 / 分析 / 反馈 / 闭环 9. 不良品 / 报废品改善 10. 物料配送流程标准化 11. 重点品质关键点 CTQ (Critical-To-Quality) 工程监 控管理 12. 品质实训场建立运营 13.QCC 课题改善发表大会 14. 品质管控体系 15. LCIA 简便自动化改善	1.1~4 星简化循环运营 - 构成班组简易循环机制 2. 班组 MBO 目标管理 - 绩效指标小时管控 - 绩效指标分析活动 3. 多能工培养实施 - 主操手实施制度 4. 学习型组织活动构建 5. 班组岗位轮换机制 6. 品味品质活动展开 7. 五星班组长运营手册 8. 班组 MBO 绩效激励体系 9. 构建制造 MES 系统软件 10. 多能工培养体系搭建 11. 主题活动运营习惯化

1. 一星班组（6 个月）

本步骤的主题为"团队改善"，其目的在于创造现场基本环境。

团队建设方面，明确各班组团队的构成，使分工和责任区域更为清晰。

现场管理方面，进行一周一标杆改善及其扩展，保证利用标准化团队去带动其他团队；规范运营晨会，运用制度、视频、检查手段等强化晨会这一班组管理手段。

成本控制方面，确立现场 6S 管理标准，运用现场 6S 管理标准手册和 6S 评比竞赛制度等，使 6S 管理标准深入人心。

完美品质方面，建立团队管理看板运营制度，运用团队看板运营手册促进品质提升；同时，采用微信宣传活动、扩大影响。

高效生产方面，制作安全操作手册、开展"555"活动，进行 OPL 培训及制作，为高效生产的进一步开展奠定基础。

2. 二星班组（6~12 个月）

本步骤的主题为"班组运营"，目的是使设备具备基本条件。

团队建设主要集中在与生产有关的团队运营领域，包括实训中心建设如讲师团队建设、系列教材开发、建立教育基地等。

现场管理应利用班组长班中巡检管理、现场 6S 提升改善等项目进行。

成本控制上，主要依靠成本改善项目推动，其内容包括成本结构分析，成本预算、管控和改善等。

完美品质，包括安全 60 天活动、员工安全 KYT 建设、设备六源改善等。

高效生产方面，采取设备三级保养基准拟定方法推进，打造生产环境中的设备三级保养闭环管理、现场点检闭环管理等手段并加以实施。

企业通过上述两大步骤，使得班组的生产现场具备应有的规律，在高效运营的同时，符合继续推进的标准。

3. 三星班组（6~12 个月）

本步骤的主题是"降本增效"，主要目的在于减少设备的浪费。

团队建设上，以 TWI 班组系统训练为主，促使整个团队意识到设备降本增效的重要意义，并集体掌握相关方法。

现场管理方面，利用消耗品损耗控制、作业指导视频化、现场 KPI 指标管理等手段，强化班组在生产现场对设备损耗的控制和成本的降低。

成本控制上，如设备六大浪费的直接改善，包括快速换模、故障停止、瞬间停止、速度低下、工程不良等控制方法；缩短设备供油时间、积极进行点检工作等。

完美品质方面，以 QCC 课题改善教育为突破口，帮助操作人员认识到降低成本与提高品质的联系。

高效生产上，采用标准遵守管理活动，产品标准工时完善化、设备部故障预防活动等来开展。

4.四星班组（6~12个月）

本步骤主题为"完美品质"，主要目的是制定操作行为基准。

在团队建设中，积极发动员工学习失败经验，并建立品质失败履历，强化团队对品质的集体意识；开展班后员工趣味活动，采取礼品激励等方式，激发员工的团队意识。

现场管理方面，采用班组长管理制度手册，以制度、标准、表单等工具丰富现场管理手段；以 Why-Why 分析法，对生产现场暴露的故障、质量等原因进行分析。

成本控制方面，召开标杆研讨会、优秀班组对策会等，推出新的经验并作为标杆进行处理。

完美品质方面，强化 QC 品质管理七大工具、发表 QCC 班组团队改善课题等，使操作者的行为有明确的品质要求目标。

高效生产上，利用质量异常处理标准，包括发现、分析、反馈、改进的闭环，丰富不良品和报废品的改善手段；同时采用物料配送流程标准化工具，使生产效率进一步提高，促进品质完美。

上述两大步骤，主旨在于打造无浪费的现场，为实现五星班组做好准备。

5.五星班组

主题为"目标管理"，目的为自主维护循环管理。企业通过本步骤打造出高效率的现场。

在这一步骤中，团队、现场、成本、品质和生产等诸多方面的追求合而为一，形成循环管理体系。其中，1—4 星班组简化循环运营，构成班组简易循环体制；进行班组 MBO 管理，其中最重要的部分为绩效指标小时管控、绩效指标分析活动；进行多技能工培养,实施主要操作人员制度；构建学习型组织活动、采用班组岗位轮换机制、展开品味品质活动等，帮助班组实现内部自主管理。

当然，企业要实现五星班组的建立，不可能一蹴而就。其中，第1年的计划至关重要。

第1年的推进计划共分为12期辅导课程，如表7-2所示。

其中，第1期到第2期，企业首先完成一周一标杆破冰改善活动，以此揭开革新平台精益运营的序幕。同时，企业要对革新平台组织加以设计，如推进委员会和项目人员的确定、建立项目推动过程的保障制度、召开项目启动誓师大会等。

与此同时，企业应进行公司三级宣传导入、人才训练体系搭建和革新评价及推动体系的建立。具体工作包括样板团队辅导推进、样板团队改善看板输出、公司三级目视化手册输出、精益综合目视化看板输出和人才训练机制及体系搭建等。这些工作将延续全年，贯穿整个年度计划。

从第2期后半段开始，企业进行精益现场一星班组团队改善工作。具体计划分为：实施一星班组培训、建立现场管理基准、搭建现场数据平台、形成团队改善循环机制、建立循环检查机制和开展星级班组长考试认证等。前5项工作将延续到第7期，即一星班组正式达标，而星级班组长考试认证的工作可以继续延续到全年度计划终结。

第6期后半段到全年计划末，企业开展精益现场二星现场班组运营，其计划内容有：实施二星班组培训、进行团队四步法课题改善、实施班长自主巡检、团队持续提升改善、异常数据管控分析、异常改善机制建立、效率管控和改善、消耗品管控及改善等。其中具体辅导措施包括团队四步法改善培训、班组自主点检基准运营、团队改善每周循环运营、工装治具标准化文件输出、异常管控报告输出、效率管控基准输出、班组长管理能力提升等。表7-2所示为五星班组第1年的推进计划。

表 7—2　五星班组第 1 年的推进计划

序号	区分	主题	目标	1期	2期	3期	4期	5期	6期	7期	8期	9期	10期	11期	12期
1	革新平台精益运营	1.革新平台组织设计	□推进委员会及项目人员确定	- - -	●										
		2.革新运营规则建立	□项目推动过程的保障制度确立 □项目启动誓师大会召开 □革新运营管理制度建立	- - -	●										
		3.三同一标杆破冰改善	□样板团队辅导推进3个 □样板团队改善看板输出	●	- - -	- - -	- - -	- - -	- - -	- - -	- - -	- - -	- - -	- - -	●
		4.公司三级管宣传导入	□一周一标杆验收合格3个↑	- - -	- - -	- - -	- - -	- - -	- - -	- - -	- - -	- - -	- - -	- - -	●
		5.人才训练体系搭入	□公司三级综合目视化手册输出 □精益综合目视化机制及体系搭建	- - -	- - -	- - -	- - -	- - -	- - -	- - -	- - -	- - -	- - -	- - -	●
2	精益现场一星班组团队改善	6.革新评价及推动体系	□人才训练机制搭建	- - -	- - -	- - -	- - -	- - -	●						
		1.一星班组培训实施	□现场清扫基准书输出	- - -	- - -	- - -	- - -	- - -	●						
		2.现场管理基准建立	□两周一发表循环实施	- - -	- - -	- - -	- - -	- - -	●						
		3.现场数据平台搭建	□主题活动展开2种	- - -	- - -	- - -	- - -	- - -	●						
		4.团队改善循环机制	□不合理改善提出及标准化↑	- - -	- - -	- - -	- - -	- - -	●						
		5.循环检查机制建立	□OPL点滴教育每周完成50件↑	- - -	- - -	- - -	- - -	- - -	●						
		6.星级班组长考试认证	□小组团队内改善会议标准化 □一星班组系统培训 □指标统计及理解培训指导 □现场点检表做成及试运营	- - -	- - -	- - -	- - -	- - -	- - -	- - -	- - -	- - -	- - -	- - -	●
3	精益现场二星班组运营	1.二星班组培训实施	□团队四步法改善培训	- - -	- - -	- - -	- - -	- - -	- - -	- - -	- - -	- - -	- - -	- - -	●
		2.团队四步法课题改善	□团队四步法课题改善↑	- - -	- - -	- - -	- - -	- - -	- - -	- - -	- - -	- - -	- - -	- - -	●
		3.班长自主巡检实施	□班组自主点检基准运营	- - -	- - -	- - -	- - -	- - -	- - -	- - -	- - -	- - -	- - -	- - -	●
		4.团队持续数据提升改善	□团队改善每周循环运营	- - -	- - -	- - -	- - -	- - -	- - -	- - -	- - -	- - -	- - -	- - -	●
		5.异常数据管控分析	□工装治具标准化文件输出	- - -	- - -	- - -	- - -	- - -	- - -	- - -	- - -	- - -	- - -	- - -	●
		6.异常改善管制建立	□异常管控报告输出	- - -	- - -	- - -	- - -	- - -	- - -	- - -	- - -	- - -	- - -	- - -	●
		7.效率管控及改善	□效率管控基准输出 □班组长管理能力提升	- - -	- - -	- - -	- - -	- - -	- - -	- - -	- - -	- - -	- - -	- - -	●
		8.消耗品管控及改善	□台帐制改善费用输出 □消耗品改善活动的实施并节俭	- - -	- - -	- - -	- - -	- - -	- - -	- - -	- - -	- - -	- - -	- - -	●

（表头跨列：辅导期数）

7.3 企业精益学院构建方法

7.3.1 如何构建 3 级培训体系

企业培训体系是指在企业内部建立系统的、与企业发展及人力资源管理配套的培训管理体系、培训课程体系和培训实施体系。

在企业精益管理系统中，企业培训体系不可或缺，需构建 3 级培训体系。

企业需要结合自身的生产经营层次，形成不同级别的专家团队，为对应的生产操作者服务。

1.C 级别初级专家

该级别专家来自基层管理者，他们拥有丰富的现场生产经验，同时拥有自我革新动力。从这些员工中挑选出优秀者并让他们接受培训，最终让他们成为企业的初级专家团队。

该级别专家应具备初级改善能力，能够独立组织并开展课题改善活动。通过他们的工作，可以为企业基层的精益改善提供最直接的指导。

2.B 级别中级专家

该级别专家来自高层管理中的主任群体，他们应有丰富的带动能力，可以影响一个团队或部门。企业从主任级别管理者中甄选出具备工程师能力、组织开展过 3 个以上课题并具备培养初级专家能力的成员，将他们打造成中级专家。这样，他们将带动多个班组乃至整个部门形成广泛的革新局面。

3.A 级别高级专家

企业从经理团队中选择出能够发掘公司级课题并有效管理进度者，他们同时还应充分理解公司的战略方向，具有相当的思想高度和观察能力。这样，他们才能够指导公司内多个部门进行自主课题改善，发挥主导革新能力。

无论 ABC 中的任何一级培训团队，都不是独立工作的，而是要相互影响带动，积极交流资源。例如，企业通过建立流动机制，使初级专家中的优秀者在证明自身能力后迅速进入中级乃至高级专家行列。同时，企业通过高级和中级专家的培训工作，也能源源不断培养出新的初级专家，充实基层培训力量。

分级培训的优势在于不断选拔优秀核心人才，建立梯队的教育体系，并对整个企业的员工实施有针对性的专家教育。这样的培训体系能深入发掘企业精益改善的核心需求，根据企业的战略发展目标预测出对精益人力资本的需求，提前构建人才的培养和储备体系。

7.3.2 如何构建人才培养体系

企业建立人才培养体系的最终目的是为了持久有效地将培训推进下去，让短期的培训能发挥最大的效果。通过人才的不断衍生成长，培训将成为企业精益改善过程中的日常工作，灌输到每个员工的成长过程中，成为提升企业和个人竞争力的必备工具，如图 7-6 所示。

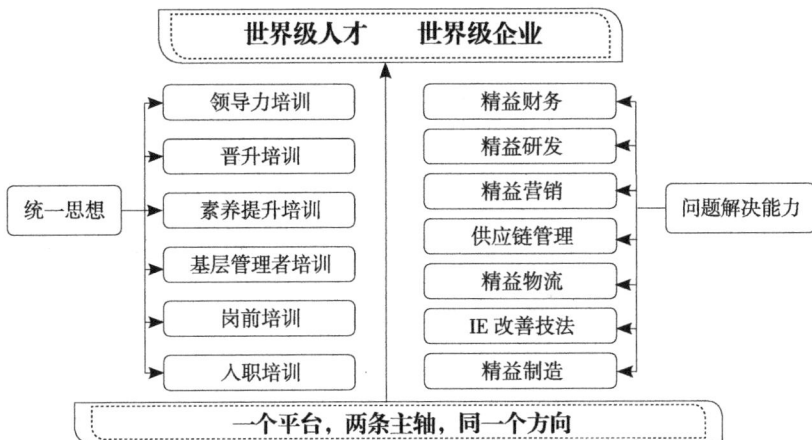

图 7-6　构建人才培养体系模型

在新的竞争环境下，企业的兴衰成败和实力强弱已不再仅限于其拥有的物质资本，而首先在于知识的拥有和创新能力。高素质、高能力的员工和具有专业知识的人才队伍是企业重要的战略资源。企业要想成为世界级的企业，必须拥有世界级的人才。

在同一个方向的指引下，精益思想引领下的人才培育体系体现为一个平台、两条主轴。

1. 一个平台

虽然培训是企业为员工提供的重要福利，但并非所有员工一开始就能接受这样的福利。尤其在国内现有许多生产制造企业中，有相当一部分中基层员工并未意识到提升自我能力的重要性。因此，企业必须建立统一的平台，在为员工提供机会的同时，也要以平台约束机制去提高他们的参与积极性。

下面这些制度是创设人才培育平台不可或缺的。

（1）培训计划制度

将人才培育工作纳入企业精益改善的总体计划中，制订短期、中期和长期的培训计划，并有专门人员定期检查培育计划的实施执行情况，根据企业的发展需要适当调整。

（2）培训上岗制度

企业结合其他改善项目，制定先培训后上岗的持证上岗制度，规定新进员工、新提拔员工、到新岗位工作的员工必须首先通过培训，不合格者不得上岗。

（3）培育奖惩制度

企业将人才培育结果与奖惩挂钩，将是否接受培训以及受训成绩的优良与否作为晋升提薪的重要依据。这样，整个企业培训平台就会形成良好的氛围，培育、考核、使用、待遇将成为一体化的激励机制，从而激发员工自我改善、学习知识、提高能力、提升工作业绩的积极性。

此外，在平台上，企业应规定所有员工每年都应参加一定时间的培训，根据员工岗位特点、工作性质和不同要求，制定不同的培训时间标准。企业对平台的建设、培育的开展，要有充足的经费保证，要在精益改善开展前就对员工人均培训经费、培训经费占企业全部支出的比例做出明确规定。随着企业的发展、利润的增长，培训经费应逐步提高。

2. 两条主轴

主轴一是思想的统一。精益改善要想在企业落到实处，就需要全体员工从上到下都能自觉意识到精益改善的重要性，将精益改善作为个人与集体发展追求的目标进行努力。如果思想认识高度无法达到一致，所谓的人才培育就会失去意义。

因此，在培训平台上，企业要利用入职培训、岗前培训形成基层操作者基本的思想意识；通过基层管理者培训和素养提升培训，帮助基层管理者学会从管理的角度看待精益改善；通过晋升培训和领导力培训，确保他们在成长为企业领导者之后能够将精益改善与企业战略相结合，形成明确的领导思想。

主轴二是问题解决能力。精益改善成效不仅取决于思想认识，同时也来自员工解决问题的能力。企业通过培训向不同的员工教授不同的精益改善知识，包括精益财务、精益研发、精益营销、供应链管理、精益物流、IE 改善技法、精益制造等，使他们具备各自岗位所需的改善能力。这样，企业内掌握精益改善能力的人会越来越多，精益改善覆盖的业务领域才能齐全周密。

7.3.3 企业精益学院推进 6 步走

推进企业精益学院的发展是构筑企业精益培训系统、开发企业精益语言、培养内部讲师队伍的重要步骤。一个成功的企业精益学院能够树立和传承企业的优秀文化，使精益思想融入企业文化之中。

其主要步骤如图 7-7 所示。

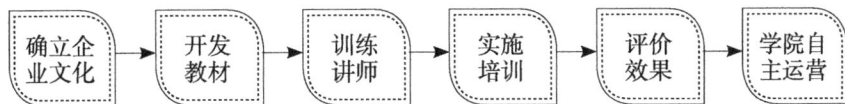

图 7-7 企业精益学院推进步骤

1. 确立企业文化

企业精益学院的运营效果构建在企业文化的土壤上。因此，企业需要以精益思想为导向，深化、建构与之相应的企业文化。其中关键因素有以下 3 点。

（1）激励导向

在确立企业文化时，企业应形成良性循环，营造并形成能够让全体员工充分认同的精益价值观。将精益思想所倡导的"零事故""零缺陷""零差错"作为追求目标。为此，企业要给予员工正确的激励导向，要引导员工去做"公司的事情"而不是"自己的事情"，让员工全力以赴地对自己的工作进行精益改善，看到个人工作与公司工作之间的关联性。

同时，企业应充分调动员工的积极性和主动性，形成全员性的改善机制，通过 5S、TPM、QCC 等相关的全员改善活动提升员工的改善意识，并将全员性改善活动纳入绩效中。在个人利益方面，企业应进行正向引导，使企业内部形成积极正向的改善氛围。

（2）理念认同

作为先进的生产管理模式，精益是企业内员工、技术与经营思想的高度集成与统一。企业精益学院的培训工作与企业理念建设之间有着广泛而深入的内在联系。这是因为精益方式本身就是"逆向思维"的结果，它是对企业战略观念的根本性变革。鉴于这一变革的困难性，企业必须通过精益理念的构建与贯彻来促进和强化。

理念在普及和树立过程中涉及企业生产活动的各个环节，需要全体员工的高度重视与共同参与。企业通过教育和培训才能确保各层级的员工充分掌握精益生产的基本理论和方法。为此，企业要动员与倡导全体员工不断学习新知识和新理论，让精益理念贯穿到企业经营层的每个岗位中，使每个人都掌握精益原理。

（3）制度创新、体制保障

企业精益文化的形成只靠理念和意识的推动远远不够，还必须有强制机制加以保障。为此，企业应该以精益思想和价值观作为指导，通过系统整合和流程再造建立精益组织，实现扁平化架构，同时要求管理者和操作者严格照规矩办事，尽量排除人为操作性。

企业通过制度创新与体制保障，明确企业的核心价值，理顺价值差异，统一管理思想，最终形成以精益价值观为导向的企业共同语言和准则。因此，精益企业文化形成的过程也是企业架构和制度创新的过程。

2. 开发教材

精益培训必须结合企业自身特色。越来越多的企业开始邀请专业团队，指导企业培训管理部门和各业务单位的资深员工，共同编撰教材并不断修订完善，从而使培训课程贴合企业的实际工作。

企业采用自主编撰的教材，不仅可以分享和传递辅导人员丰富的精益改善经验，使学员将学到的改善知识和能力迅速运用到工作中，而且能让企业各级管理人员和资深员工对自己的改善工作进行及时总结和理论提升，有效推动和加强企业的精益知识管理。

在编撰教材时，企业既应该结合经典的精益生产书籍内容，也应该咨询辅导团队的综合意见，根据具体面对的不同培训人员的工作特点，分门类开发出不同的教材。教材初稿形成后，还应该通过试教、评价、反馈、修改等环节征求被培训者的意见，确保教材既体现企业的整体改善方向，又符合实际培训需求。

3. 训练讲师

企业精益学院不仅能够培训员工，还应训练能够传承精益思想、教授精益技能的讲师。企业内各个阶层的优秀员工都有资格进入学院，经过培训成为讲师。这样的讲师对企业生产运营中出现的问题有更多的了解，其训练思路和方法也会有更专业的针对性。

为了让企业的内部讲师有更高的工作积极性，企业应制定适合自身的《培训管理制度》和《内部讲师激励制度》，经过内部讨论后，形成比较完善的内部讲师选拔机制，明确内部讲师的义务、权利和激励机制。例如，企业应将讲师的授课与个人绩效挂钩，列入绩效考核中；由于讲师需要在不影响自身正常工作的情况下查阅资料、制作课件和进行讲解，这会占用他们一定的私人时间，因此企业应当给予激励与帮助。

企业在选拔讲师前，首先应列出选拔原则和基本条件：讲师应高度认同企业的精益文化，并从学历、年龄、工作经验、入职年限、个性特征、专业能力、语言表达能力等方面进行综合考量。

确定选拔方案后，企业可以利用宣传栏、大型海报、悬挂条幅、内部网站、中高管会议和员工大会等进行全方位动员，使讲师选拔工作更具影响力和权威性，既能够获得自上而下多方面的支持，同时也完成了意识的宣导，为后续精益管理工作的开展奠定良好基础。

随后，企业应对符合要求的讲师候选人进行筛选和审查。筛选条件包括工作绩效、工作态度，审查形式包括走访、试讲等，最终由评委评分后决定讲师培育对象。

训练讲师的重点包括两个层级：一是理论培训，二是实战模拟。讲师除了学习对应的精益知识外，还要系统学习了解通用培训技巧、成年人学习特点、现场控制技巧、PPT 课件制作、课程设计等。在训练讲师时，企业不仅要让他们形成实用的训练能力，更要引导他们具备以身作则的责任感。例如，当新员工在生产改善中遇到困难时，讲师就应该以身作则，协助新员工一同解决。

在培训结束后，企业应要求每名讲师运用所学的培训技巧进行简短的模拟试讲，并由专业培训师现场点评，给出书面评价意见和评分。通过这一过程，企业能够看出讲师参与培训前后的变化。

4. 实施培训

企业实施培训前应明确内训的目的与对象。培训往往是为了解决精益生产或管理方面的某一类问题，例如现场改善、班前会议、成本控制等。在确定培训目的的同时，培训对象也要大致明确，即与培训目的相关的部门和人员。

企业在明确培训目的与对象后，需要进一步明确培训需求。只有将具体的培训内容进一步细化，培训才具有针对性。具体做法是由培训主管部门向相关部门发放《精益培训需求调查表》。

企业可通过需求调研收集更为具体的培训需求信息。精益推进领导机构可以对这些信息进行统一分析，包括统计相对集中的培训需求内容等，从而选择重点内容进行培训。如果涉及较为复杂的判断时，精益推进领导机构也可以向相关人员或专业辅导团队征求意见。最终，企业将筛选出的培训需求信息进行汇总，形成培训课程的主要内容。

企业精益学院的培训内容可以由内部讲师来讲授，也应包括外部培训。为了保证培训质量，企业必须慎重选择培训机构和培训师。精益管理方面的培训通常分为两类，一类是有关专业知识的培训，一类是精益管理类的培训。针对前者，企业可以与科研能力较强或有行业背景的咨询团队联合进行；对于后者，则建议联系知名的精益管理类咨询公司，尤其推荐选择口碑好、能力强能够保证培训质量的咨询公司。

在确认培训内容和时间地点后，企业将进入培训的实施环节。一般情况下，培训现场应有企业领导出席，以体现企业对该项工作的重视，也是为了确保培训的效果。一方面能够借此统一思想，另一方面也是给外部培训机构或培训师相应的号召，督促他们保质保量完成培训工作。

5. 评价效果

企业投入成本创办精益学院，需要花费人力、时间和经费，因此必须对培训效果加以评价。对培训效果进行评价的时机如下。

培训结束时的评价。企业通过对参训人员在培训期间的各种表现做出评价，并将其生产技能与参训之前的技能相比较，确定培训有无成效。其中主要评价内容有：受训人员的知识有无增进、增进多少，受训人员的技能有无获得、获得多少，受训人员的士气有无提高、提高多少等。

培训结束后回到工作岗位的评价。培训目的不在于员工在培训期间表现如何，而在于其培训结束回任工作后的表现如何。因此，结束培训回任工作后的评价，要比培训结束时的评价更为重要。对工作人员接受训练后回到工作岗位的评价内容，包括工作态度有无改变、改变的程度如何、改变维持的时间，工作效率有无增进、增进的程度如何，培训目标有无达成等。

评价的方法如下。

（1）学识技能评价

企业对参加培训前及培训结业时的学识技能分别进行测验，将两次测验成绩进行比较。培训后测验成绩高于培训前成绩越多，则证明员工培训越有成效。

（2）工作态度调查评价

在培训期间和结训时，企业可以以同样的调查表调查员工在工作中的态度。例如前后两次调查结果相比，显示工作态度大有改进，则表示培训有成效。

（3）工作效益评价

结训后一段时间内，企业对受训员工的工作效益进行评价。例如，经过数月或半年以上，企业以书面调查或实地访问等方式，根据工作量有无增加、工作素质有无提高、处理工作是否比之前熟练等内容对培训成效加以评价。

（4）工作标准评价

如员工受训后，在工作数量、工作质量、工作时效和工作态度上均能达到精益改善计划所确定的工作标准的要求，则表示员工已成为合格的工作者，能够认定培训已有成效。

6. 学院自主运营

企业精益学院的机构设置和培训内容虽然具有职业教育机构设置的特征，但在实际管理运营中，仍需坚持追求企业化自主运营的管理模式，从而适应精益管理的发展需要和激烈的市场竞争环境，同时又能够与母企业保持一定的独立关系。

学院自主运营有几个必不可少的要素：宗旨、使命、产品、客户、核心竞争力、运作模式和人员管理等。

企业应该赋予学院宗旨和使命。如通过咨询、培训、质量提升和领导力发展，成为企业员工、供应商、合作伙伴追求精益管理的最佳学习方案提供者，建立更广泛的企业精益生态。又如学院作为精益变革的推动者和代言人，通过精益管理带来的绩效提高和财务收益，为员工、供应商、合作伙伴和顾客提供一流的实践能力，实现企业乃至产业链上每个环节的共赢。

同时，企业应当将学院提供的精益管理知识、生产技能、改善方案等课程、项目和服务看作为企业带来的产品和服务；将企业内部各个部门、班组和岗位看成客户对象。企业学院应通过提供适用的产品与服务，形成独特的培训方式，确保能够促进服务对象精益化变革的效率不断提高。

为此，学院还应有完整的培训师管理系统，有效地分配培训师资源，同时对培训师的工作时间、授课方式、学员反馈等进行有效管理。

第 **8** 章

精益经营：质量 / 成本 / 效率 / 安全同频共振

无论是生产革新还是团队建设，都是企业经营中的一个层面。企业要想从根本上解决经营难题，不能只是依靠精益系统中某种工具和方法，而要通过规范经营中的一切工作行为，消除各种浪费，实现质量、效率、安全的同步提高与同频共振。这样，企业才能开创全面精益的大好局面。

8.1　阶段目标管理策略

8.1.1　绩效改善

绩效广泛存在于工作、学习、日常生活和人际交往等各项具体事物中。只要有需求、有目标、有喜好，就存在绩效。无论是员工个人还是企业整体，其第一需求都关系到"使自身进步"，想要进步就必须提高绩效。因此，企业精益化革新的道路也就是绩效改善的过程。

在绩效改善之前，企业领导层必须先解决重要问题：企业精益化革新的道路上，究竟哪些方面的绩效需要改善？这一问题非常关键，必须找准明确答案。

企业领导层对于如何确定需要改善的工作，可以按照下面的方法进行考虑。

1. 经济和效率原则

企业应该优先选择改善那些经济收效高、耗费时间和精力少的精益革新工作。这些工作的绩效改善能够使员工迅速获得成就感，坚定他们对绩效改善的决心与信心，促进下一步的改进计划。

2. 审视绩效不足的方面

企业通过绩效改善，还可以对绩效评估结果进行检查，判断其是否符合实际情况，避免由于出现误差而导致员工绩效被错误认定，打击员工改善的积极性。

3. 从员工积极性高的方面着手

绩效改善的相关工作可以从员工愿意改进的方面开始，这样可以消除员工的逆反心理与抵触情绪，确保绩效改善和精益革新工作顺利进行。

遵循上述原则，在精益经营体系中，绩效改善的基本程序如下。

1. 精益变革前，找到差距

企业要想让绩效改善顺利进行，就必须让员工明确自身在哪些方面存在差距，并由班组长、部门经理等直属领导帮助员工寻找差距。例如，企业引导员工将自己的实际操作步骤与规范化推行的精益现场操作方法做比较，与相同岗位的员工进行比较等。

2. 精益变革中，积极改善

精益变革本身也是改善的过程。在此过程中，企业应主要通过关键绩效统计管理和精益流程，提高每个岗位的绩效。

其中，关键绩效统计管理的方法包括组织流程再造，职能说明、岗位授权和指标说明，企业 KPI 设定与拆解、部门 KPI 建立等；精益流程包括精益全部成本管理、产品生命周期成本法、精益质量管理和精益研发等领域的工作。

企业应通过这些方法的共同作用，提升从员工到企业的整体绩效。

3. 精益变革后，积极沟通

各部门召开部门绩效会议，与员工（被考核者）进行绩效沟通，步骤如下。

（1）未达成绩效指标的，下达改善通知书，提交改善报告备案。

（2）跟踪改善结果，并对改善结果进行验收。

（3）改善体系实施后一个季度再次进行检讨，对不合理的精益改善指标进行统一调整。员工个人的个别指标调整，由被考核者或主管向精益经营绩效改善小组提出申请，经批准后由分管领导审核并调整指标。

（4）对违反制度未能完成绩效改善指标的，根据制度要求，进行绩效处罚。

（5）每月由各部门将各自的改善方法进行汇编整理发布，以备各部门参考。如果改善方法被企业采纳，则根据给企业带来的实际经济效益给予一定奖励。每季度或半年召开一次精益创新推介会，由绩效改善小组给予现场评定。

（6）绩效改善小组每月将不同部门反映的绩效问题进行归类汇总，发给相关部门，实行专案 PDCA 解决，并将之列入考核指标进行考核。

8.1.2　绩效考核

精益经营离不开围绕绩效开展的工作。绩效改善能力与绩效考核技巧则是管理者必备的经营能力。

所谓考核，是指在一定时间内对个人的工作能力和工作成绩所做出的判断。而绩效考核是指将战略转化成一整套可执行的绩效衡量标准与体系，并对照绩效标准，采用科学的考核方法评定员工的工作目标完成情况、员工的工作职责履行程度、员工的发展情况等。

从人力资源管理要求来看，绩效考核也要使用正式的评价系统，准确、公正、积极地对管理人员与员工的工作业绩进行考核与评定。企业通过设计和研制考核与评定系统，对员工的奖惩具有充分的科学性与合理性，也能通过考核结果去决定员工的调任、升迁、加薪等职业发展方向。因此，企业如何根据员工日常表现制定明确的标准进行绩效考核，同时据此施行适当的在职训练，是精益经营的重要内容。

绩效考核无疑要将绩效作为导向，但绩效导向并不意味着只关注结果，同样也要关注取得结果的过程，包括员工在取得未来优异绩效进程中的行为和素质。

目前，中国企业经营中的绩效考核普遍存在以下误区，这是企业在精益变革中必须着重避免的。

（1）绩效管理的过程烦琐，效率不高，考核成本巨大，无法将绩效考评中的很多工作进行细化、量化，难以保障绩效结果的公平、公正。

（2）绩效考核单纯被视为一项独立的管理行为，并未与企业整体的人力资源管理工作相联系，或认为绩效管理是人力资源部门的事，与业务部门无关。

（3）绩效实现的过程缺乏沟通和监控；绩效反馈不及时，信息不通畅；绩效考核的结果没有得到及时应用，最终失去对员工的激励作用，严重者可能导致员工大批量离职。

（4）考核过程中的非理性因素难以控制，如定性考核中的打分环节，"老好人""泄私愤"等现象难以避免，不能保证绩效考核结果的可信度和有效度。

针对上述问题，企业应根据下列原则进行绩效考核。

1. 统一全体认识

考核前，企业一定要让组织与员工之间达成一致意见，避免因绩效考核而"鸡飞狗跳"。同时，在制定考核制度、考核指标体系、考核标准时，要充分与员工做好沟通，听取员工的可行性意见和建议。

2. 依法实施规范操作

企业应建立考核制度，依法考核，避免随意更改考核方法、频率、目标等。

3. 明确规则、公开透明

企业的绩效考核应最大限度地减少考核者与被考核者之间的神秘感，考核者需要向被考核者明确说明绩效考核的指标体系、考核标准、考核程序、考核结果运用等，确保绩效考核的透明度，且考核过程是制度化、公开化的。

4. 客观公平、事实说话

绩效考核要以日常管理中的观察、记录为基础，注意定量与定性相结合，强调以数据和事实说话。

常用的绩效考核方法包括民主评议法、书面鉴定法、关键事件法、比较法、量表法、平衡计分卡、关键绩效指标法、目标管理法等。无论使用何种具体方法，绩效考核的常见步骤如图 8-1 所示。

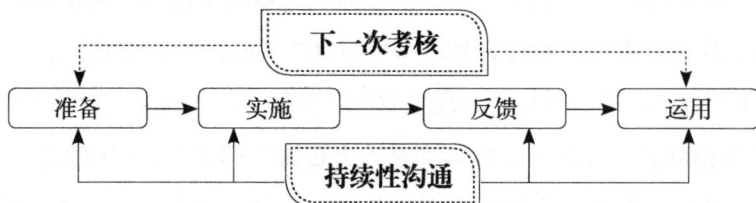

图 8-1　绩效考核的步骤

①准备阶段：该阶段的主要任务是制订绩效考核计划，做好技术准备工作。

②实施阶段：该阶段的主要任务是绩效沟通与绩效考核评价。在精益经营体系中，绩效考核需重点注意的内容包括绩效考核管理革新与价值分析课题管

理。企业利用部门 KPI 绩效考核、科研 KPI 分解管理、班组绩效评价制度、人力资源末位淘汰法等方式，进行绩效考核管理的革新；利用价值管理、价值工程、项目管理和有限元分析等方式，进行价值分析课题管理，以此实现绩效考核实施过程的公平、科学与严谨、全面。

③反馈阶段：该阶段的主要任务是上级领导围绕绩效考核结果，与考核对象进行沟通，具体指出员工在绩效方面存在的问题，指导员工制订出绩效改进的计划，并对该计划的执行效果跟踪指导。

④运用阶段：该阶段的主要任务是将考核结果所呈现的大量信息、资料进行分析整理，将这些结果合理地运用到精益革新的各个环节中，使之成为精益革新在不同环节工作中的重要依据。

8.1.3 战略目标管理

战略目标是企业对自身战略经营活动预期取得的主要成果的期望值。企业如何设定战略目标，影响着企业宗旨如何展开与具体化，也是对企业经营目的与社会使命进一步阐明与界定的过程，能够帮助企业在既定的经营领域达到所应达到的水平。

企业的战略目标通常不止一个，而是由若干不同目标项目所组成的战略目标体系，如图 8-2 所示。

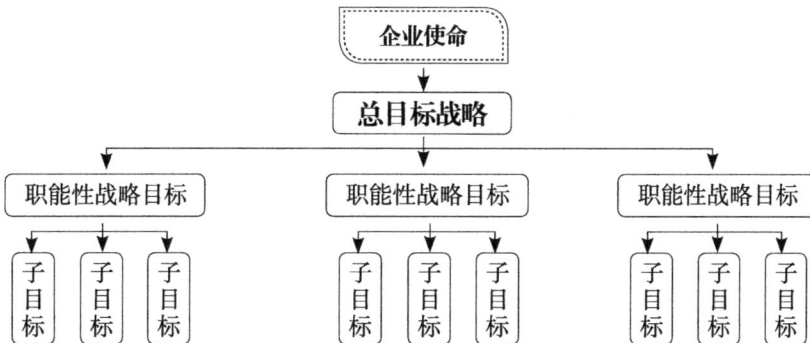

图 8-2　企业战略目标体系

企业在使命与宗旨的基础上形成总战略目标。为了保证这一目标的实现，必须加以分解，规定职能战略目标。从横向上看，这些目标又能够大致分为两类，第一类是用来满足企业生存与发展的业绩目标、能力目标；第二类则是用来满足与企业有利益关系的其他社会群体的有关目标。

在精益经营体系中，有关战略的经营主要体现在企业为实现战略目标而对有关规划的执行。为此，企业在明确自身战略目标之后，必须专注于如何通过精益改善，将其落实并转化为实际行动。

1. 战略实施阶段

战略目标管理作为一项自上而下的动态管理过程，需要在不断循环中实施，以达成战略目标。因此，战略实施起步于公司高层围绕战略目标达成一致，再向中下层传递，并在各项工作中进行分解和落实。

2. 战略发动阶段

战略实施中，企业需要发动广大员工，要向广大员工讲解企业内外环境变化所带来的机遇与挑战，从而保证员工能够认清精益经营面临的形势，认识到实施精益改善的必要性和迫切性。

3. 战略计划阶段

企业可以将战略目标分为几个实施阶段，其中每个阶段都有分阶段目标。企业通过制定分阶段目标的时间表，对分阶段目标进行统筹规划、全面安排，同时注意不同阶段之间的衔接。为此，企业还需制定年度目标、部门策略、方针与沟通等措施，使战略目标能够在不同阶段内最大限度地具体化，变成企业各个部门能够具体操作的业务。

其中尤其值得注意的措施包括：战略分析、战略经营分析、目标看板建立等。这些措施使企业能够对目标进行充分、科学、客观的管理，帮助全体员工对目标形成正确认识。

同时，在战略计划实施阶段，企业还应采取有力方式进行改善创新，把握战略实施的整体局势。其中包括：YB\GB\BB\MBB 课题分解，战略课题管理、经济环境、行业动态信息管理等。

YB\GB\BB\MBB 分别代指如下。

黄带 Yellow Belt 指受过六西格玛培训的个人，能在他们的工作范围内参与项目；

绿带 Green Belt 指经过精深培训的个人，能用六西格玛技巧在他们的项目中运用六西格玛技能；

黑带 Black Belt 指经过精深培训的六西格玛专家，能带领改善小组在全公司范围内做项目并辅导绿带 Green Belt；

黑带大师 Master Black Belt 指经过精深培训的质量经理，专门负责六西格玛战略、培训、辅导、推广和汇报结果。

4. 战略运作阶段

企业精益战略的实施运作主要与以下因素有关：各级领导人员的素质和价值观念；企业的组织机构；企业文化；资源结构与分配；信息沟通；控制及激励制度等。企业通过这 6 项因素，可使精益战略真正落实到企业的日常生产经营中，以制度化的形式确定为工作内容。

5. 战略控制与评估阶段

企业战略目标是在不断变化的环境中实现的。企业只有加强控制与评价战略执行，才能适应环境的变化并推动精益革新。因此，该阶段的主要任务是建立控制系统、监控绩效，并对其中的偏差进行评估、控制和纠正。

8.2　经营目标管理

8.2.1　经营系统评价标准

企业既是有机的组织，又是完整的系统。在这一系统中，生产要素被组合起来，为实现特定的系统目标而不断适应外部环境，合理利用内部资源，从而有效进行生产经营。

目前，国内许多企业的经营系统在精益革新进程中暴露出不少缺点。例如，作为能够对应外部环境变化的经营系统有所欠缺，企业领导层的意图并没有在经营中深入贯彻到基层、未能开展基层组织成员个人的目标管理。

为了让经营系统有序、连续高效地运行，企业就要正确认识经营活动过程，对上述问题进行改进，从而以经营系统评价标准去指导企业的经营。

企业的生产经营活动离不开物质与资金，为了客观反映和有效控制企业的物质与资金运动，并确保这些运动的结果能够达到最优，还需要连续不断地收集、传递、贮存和使用各种信息。因此，对企业的经营系统的评价，主要应从物质、资金和信息三方面着手。

1. 物质评价标准

企业经营中的物质运动是指企业经营过程中不同物质形态生产要素的购入、供应、储存、维护、使用、消耗，并最终形成产品。例如，制造业企业经营过程中的物质运动包括从企业外部吸收人力资源并购买生产资料，由劳动者在一定的生产场所，运用劳动资料并作用于生产原料，生产出一定的实物产品向企业外部销售。

从制造业企业来看，其物质运动包括供应、生产和销售3个过程。

（1）供应

在供应过程中，企业按照生产经营所需的数量、结构、质量来吸收并分配劳动力，购置并安装设备等劳动资料，采购并储备原材料等劳动对象，引进并开发科学技术。因此，相应的评价标准应围绕劳动力、劳动资料、劳动对象和技术的使用效率构建。

（2）生产

在生产过程中，企业投入生产要素并将之有机结合。在一定生产技术条件下，劳动者按照分工协作的原则，使一定的劳动资料按一定的程序和方法，作用于劳动对象并生产出新产品。对这一阶段的评价标准应着力体现出企业在生产阶段是如何整合各项要素的，是否将之发挥出最大价值。

（3）销售

企业根据市场需求，以一定的营销手段、销售方式和销售渠道销售自身的产品。只有不断扩大销售，才能让自身经营的物质与资金运动得以继续。为此，企业评价这一阶段的经营要着眼于销售是否有力满足外界的需求，是否能循环推动企业经营系统的运转。

2. 资金评价标准

在企业经营体系中，物质运动和资金运动是统一的。随着企业经营中物质运动的供应、生产和销售进行，企业资金也经过储备、生产和成品的环节而实现了增值。

制造业企业经营体系中的资金运动可分为以下几个阶段。

（1）储备资金

在供应过程中，企业以货币资金购进原材料等劳动对象，进行必要的物质储备。资金表现为原材料等形态。这一阶段的评价标准应着眼于货币是否最大限度地转化为储备资金。

（2）生产资金

在生产过程中，企业必然发生各种费用，如直接材料费、员工工资、职工福利费、制造费用等。这些生产资金来自储备资金和一部分货币资金。对该环节资金经营体系的评价重点应关注生产资金的转化来源和过程。

（3）成品资金

产品制造完成后，生产资金转化为成品资金。成品资金表现为产成品。此时的资金评价标准应能够反映出企业在成品制造过程中对成本的把控能力。

（4）货币资金

在销售过程中，企业销售出产品形成销售收入，成品转化为货币资金并完成资金的循环。此时的评价标准应突出企业回笼资金的能力与效果，并通过评价形成有效反馈，对经营体系中的薄弱环节进行弥补、强化。

3. 信息系统

企业内的信息活动对物质和资金运动起到了显示、跟踪、协调和控制的作用。经营体系中的信息是对经过加工处理后的各种情报、资料、讯号、指令和信息的统称。

一般而言，企业信息系统体系中的提供者包括班组、车间、职能部门、企业综合统计信息部门等纵向系统，也包括供应、生产、销售、技术、财务等横向系统。不同企业根据自身采取的不同管理组织结构形式，可设置不同的企业信息管理系统。

相对提供者，信息系统体系中的使用者一般指企业经营管理和决策机构。这些机构应根据经营管理和决策需要提出信息要求。提供者根据要求，在一定的信息范围内收集、整理和加工信息，并向使用者提供服务。

为此，企业精益变革的信息系统评价标准既要针对提供者对信息的收集、整理、传递进行评价，也要针对使用者如何开发和利用信息的价值做出评价。

8.2.2 共同目标设定策略

企业经营目标是指在经营管理过程中不同部门的具体生产任务。而企业经营共同目标，则指企业总体性的经营目标。

企业总体经营目标主要包括企业的理念及年度经营方针、企业的利益、附加价值及损益平衡点等目标，也包括企业总资本、销售额及员工的人数等目标，业务经营及新经营系统的目标，企业重要事项汇集目标以及企业资本、资产结构目标等。

在精益体系中，共同目标的设定与传递流程如图 8-3 所示。

经营系统
- ◆作为能够对应企业内外部环境变化的经营系统有些欠缺。
- ◆总裁经营目标没有渗透到基层组织。
- ◆未能展开组织成员个人的目标管理。

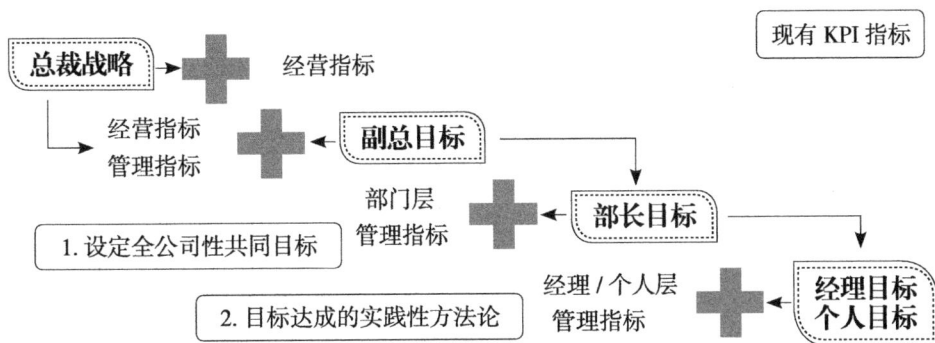

现有 KPI 指标

总裁战略 ➕ 经营指标

经营指标
管理指标

副总目标

部门层
管理指标

部长目标

1. 设定全公司性共同目标

经理 / 个人层
管理指标

经理目标
个人目标

2. 目标达成的实践性方法论

图 8-3　共同目标的设定与传递流程

毋庸置疑，共同目标最初的设定者来自企业的最高领导者，即总裁基于企业长远发展战略所制定的经营指标。随后，通过分解和传递，共同目标成为不同副总各自分管的工作目标，再由他们向下传递，形成部门管理指标和部长目标、经理个人目标和员工个人目标等。

在设定共同目标之前，总裁需要明确企业内部的盈利状况、生产效率、竞争地位、产品结构、财务状况、企业建设与发展、企业技术水平、人力资源等状况并进行分析，选择出其中影响企业目前发展的关键因素。同时，总裁应该对环境和行业发展趋势进行预测，找出其变化对本企业经营的关键性影响。

事实上，总裁在制定目标时，很容易出现两种错误倾向。

其一是对本企业的实力估计偏高，因此，他们容易提出超过实际可能而比较冒进的总体目标。结果，由于他们对内外环境了解不够深入，这样的总体目标难以分解转化为有效的策略。

与此相反，有些领导者习惯于传统的企业经营管理体系，他们的思想偏于保守，对外部环境变化缺乏充分的敏感和反应能力，不会分析外界环境可能给企业带来的机会与威胁，对企业内通过精益变革所能释放的巨大潜力无法做出充分估计。因此，他们希望总体目标宁可保守而不冒进。这样的思路导致企业丧失了通过变革迎接发展的机会，甚至很容易滑落到亏损的边缘。

针对上述两种问题，懂得实事求是地对内外环境进行预测分析，总裁才能制定出正确的企业共同目标和个人目标。

企业制定与贯彻共同目标的过程，可以分为以下 3 个步骤。

1. 企业总裁与领导层团队共同商定策略目标

总裁可以预先提出一个预定目标，再同分管副总、各部门主管等领导团队进行讨论商定。当然，企业也可以由领导团队成员各自提出工作目标，再由总裁汇总。将这两种形式结合也不失为可行方案。总体上，企业必须由总裁与领导层团队共同思考、讨论，决定企业总体目标，但前提是总裁必须对企业面临的变化形势以及可完成目标有清醒的认识。

2. 对组织结构与职责分工进行审议

总体目标的制定与贯彻，牵涉到将目标划分为诸多中间目标和具体目标，并使之成为企业内不同层级员工的确切责任。因此，在制定出企业总体目标前后，企业对现有组织结构与职责分工要加以审查，并结合目标做出对应变动，使职责分工与目标明确。企业应尽可能使总体目标中的分解目标只属于对应的副总、主管、部门；即便对精益变革中需要跨部门配合的目标，也应该明确负责者与配合者。

3. 确定下级目标

上级在向下级传递明确的目标时，要与其商定他们的个人目标。在商定过程中，要采用平等和信任的态度，尊重并耐心倾听他们的意见。帮助下级理顺目标的轻重缓急，将各级目标的重点与顺序明确，并对每个目标进行具体定量，以便进行考核。

企业在目标分解中应注重挑战性与可操作性相结合。目标太高，容易挫伤员工的积极性，目标太低则无法鼓舞士气。企业要努力让企业内的每个人都能感到自身在共同目标的实践中有发挥努力参与变革的机会和价值。

尤其值得注意的是，上下级要围绕实现不同目标所需要的支持条件、实现目标与否的相关奖惩事宜达成一致。上级还应授予下级相应的人、财、物等支配权力与沟通权力。

企业在制定总体目标时，首先要重视人的因素。如果共同目标的制定是参与式的自我控制过程，那么在未来的精益经营中，上下级的关系将是平等、尊重、信赖与支持的，下级在承接目标和被授权之后也将会以自觉、自主的态度投入到变革中。其次，企业要注重总目标、分目标和具体目标在方向上的一致性。各层级目标之间不能相互矛盾，而应相互配合并协调一致。例如，各层级目标在时间上不能相互矛盾，而应有顺序、有重点地相互配合、协调统一。

8.2.3 经营目标分析与测定

经营目标并非只是纸面上的数字，而是引导企业战略进步的旗帜。通过制定战略目标，企业才能明确经营方向及具体目标，将之逐级拆解后，才能实现各级员工工作方向的一致，实现良好的公司文化。

在不同时期，不同类型的企业确定经营目标的重点也有所不同，对其进行分析和测定的方法也有所差异。

企业在分析和测定公司战略目标时，重点应着手以下 5 个课题。

1. 建立人力绩效考核制度

任何目标的实施都离不开对人员的管理。要想精准地分析和测定经营目标，就要建立科学的人力绩效考核制度，明确人员绩效的考核目的和计算方法。

目前，我国大多数企业依然难以完整地将绩效考核业务与各类管理变革工作同时处置。一些企业在进行人力绩效考核工作时，其认识依然单纯地局限于传统的绩效考核机制建设上，忽视了利用制度约束去提升人力资源成本的管理。还有一些企业，无法在技术层面上将人力绩效考核与企业其他工作对接，难以在员工思想认识层面唤起足够的重视。此外，在人力绩效考核过程中，缺失了对考核证据收集的管理，缺少了对技术因素应用的规范，忽略了对人力资源绩效考核团队素质的提高，这些问题都有待解决。

正因如此，所有的人力绩效考核工作都必须按照全面的制度规范进行处置，不能单纯依靠考核人员的经验开展工作。例如，相关制度的设计和更改必须按照技术资源的特点与要求进行处置，增强绩效考核工作的操作价值，加强技术资源在绩效考核工作领域的应用普遍性。

2. 明确企业战略

企业的整体经营目标及实现方法必须来自企业的定位和整体战略方向。在这一课题中，企业要根据对内外环境与资源的分析，找到未来发展的目的、方向和路径。为此，领导者和课题相关成员要认真分析市场调研机构提供的产品、价格和市场发展情况等信息，据此确定企业能够把握的市场机会，并对目标做出相应分析和评价。

具体的战略制定关键问题如下。

（1）企业想要成为怎样的公司？规模大小、生产产品类型、市场类型、市场具体形象定位？

（2）企业倾向于生产何种具体产品？占领何种市场？是将有限资源集中在重点市场和产品进行投放，还是寻求更大规模的影响？

（3）企业计划怎样拓展生产设施？需要什么样的设置进行变革？上述问题应着重从生产设施的购置价格、生产能力、灵活性等角度去思考。

（4）企业计划采用怎样的融资策略？包括发行股票、债券、银行借款、应收账款质押贷款等。不同的融资方式有不同的特点和适用性，企业在制定策略时，应结合自身的发展现状做出融资规划。

3. 企业指标管理

有条不紊、循序渐进，企业的总体目标才能完成。能否在新阶段、新环境下取得新发展，归根结底在于企业是否将目标观念在全体员工的工作理念中加以确定，能否将基于目标的管理流程和数据统计方法全面普及。

企业在对内部指标进行定义时，必须要注重将课题从两个方面进行区分对待：横向发展与纵向发展。

横向上，企业的指标管理必须有充分的范围，包含企业内各个部门和全体员工，确保每个人都有改善的任务，每个人都能在革新中为企业创造利益，这是企业指标管理的终极目标。同时，指标管理还必须具备合理性，即结合企业自身情况和市场、竞争对手等外在环境，才能做到相对完善。

纵向上，企业要以时间的顺序来管理各个层级的指标，这也是对总体目标的细分评析。企业不能只是制订出 5 年计划、年度计划就认为建立了指标体系，因为随着时间的推移，市场和客户的需求很可能发生很大的变化，如果计划赶不上变化，企业就会被市场淘汰。因此，对指标的分析和评价周期要尽可能地缩短，变成季度、月度和周目标，甚至是每日的目标。

4. 企业目标管理看板体系

为了让企业总体目标的管理、分析和评价更具直观性和说服力，企业要应用看板技术，将总体目标进行拆分与传播，建立贯穿从总裁到基层员工的看板管理体系。

在看板管理体系中，分量最多、意义最大的看板当数中层管理人员目标看板和基层操作人员的点检看板，其效果如图 8-4 所示。

图 8-4　看板管理效果

实际上，管理看板的使用范围非常广泛，可根据目标分解需要，选用适当的看板形式。如果企业能全面有效地使用管理看板，将能产生良好的作用。

目标管理看板能够帮助企业管理者对目标计划进行标准化和量化，促使目标被准确无误地传达。同时，目标管理看板可以帮各部门管理者进一步将目标分为策略计划与行动计划，并对目标进行分析与测定。因此，目标管理看板可以从视角、范围、目标、描述、责任人、时间、指标、实际值、趋势、差距和计分11个维度进行设计，如表8-1所示。

表8-1　目标管理看板表

序号	视角	范围	目标	描述	责任人	时间	指标	实际值	趋势	差距	计分

目标管理看板强调突出以下几个要素。

（1）视角

视角描述应根据企业或政府及相关机构的具体需求确定。例如，企业可以以平衡计分卡为基础，从财务、客户、运营、成长四个维度对企业的总体目标进行分解，实现企业综合测评、管理控制。

（2）主题与范围

企业发展离不开对人、财、物、信息的管理把控。看板上的相关内容也应包括相关主题和范围。例如，企业的客户、运营和学习成长等内容体现出财务主题；产品合格率、产品退货率、客户满意度等体现出信息主题。

（3）差距、计分与排名

企业在对总体目标进行科学分析设定时，通过看板对不同部门工作的范围、目标、内容、责任人、时间和指标进行描述，也能用看板体现出目标实际值、趋势和指标值的对比，得出最终差距，并以计分的形式呈现出来。企业在这样的对比中发现问题，进行及时调整与再造。由此，目标管理看板实现对企业经营目标的分解与落地的有效监控。

（4）课题管理

为了达成挑战性目标，企业需要在内部组织动员全体员工，进行一系列自主课题的研发和实践，并将取得的成果应用于精益变革过程中。为此，课题管理能力的发挥和提高相当重要。

在选择课题上，企业应尽量引导基层课题的选择与设立，包括生产、管理、物流、营销等领域。企业通过对课题选择的优化，使课题改善实践覆盖面更广、内容更加丰富、改善主题更加多样化，同时，也能帮助员工更好地理解企业经营的总体目标，推进精益管理的载体作用，推动全员改善的氛围。

为了让课题的质量得到充分提高，同时做好已有优秀课题的推广应用，实现优秀成果的效益最大化，避免浪费，企业还可以围绕筛选出的课题组织一系列培训，引导不同单位针对课题中反映出的问题，利用以一带多、以点带面的方式研究和解决。在此过程中，企业的总体经营目标也会被更好地理解与贯彻。

8.3　目标管理计划及实现

8.3.1　目标管理计划设定策略

企业的目标管理不可能一步到位，只有通过计划、组织、指挥、控制和协调等要素的整体配合，才能让目标管理充分发挥应有的作用。

在制定目标管理时，企业必须通过合理的计划来控制成本、减少浪费。为此，在管理过程中，企业需要有理可依，制定的目标必须科学合理。

然而，在企业经营实践中，往往存在种种不合理的目标管理计划，其表现如下。

1.编制计划无依据

企业领导层和管理团队并不清楚如何设定与分解目标，制订计划也大多凭

"想当然"。这种管理计划缺乏可执行性，尤其对于非量化的目标无法进行细化，容易导致中长期计划和短期计划脱节。

2. 执行计划不严肃

领导层制订了目标管理计划，中基层员工却并未以严肃态度执行。其常见借口如"计划内容我不清楚""情况发生变化，无法执行计划""前道工序没有做好，无法落实计划"等，导致企业的现有计划难以落实或被歪曲执行。

3. 计划落实不彻底

虽然有计划，但在对指标设定、执行、检查和考核的过程中，大部分环节流于形式。例如，执行者没有认真检查计划的执行情况、考核部门未认真考核，或者虽然完成了计划中的目标，但并没有对成本和收益之间的关系进行分析。结果，计划虽然在纸面上很成功，但企业真正获益却很少。

为了解决上述问题，企业需要采用以下步骤去制定目标计划。

1. 说明目标

企业制定与实现目标的难易程度取决于目标的构成。目标应尽可能清楚、具体并容易衡量。确定这样的目标后，企业才可以向全体员工公布。

2. 确定方案

企业领导者有必要掌握几种不同的手段或方案来达成目标，并通过团队讨论确定所有可能实施的方案。在这一阶段，领导者应积极搜集下级的意见和建议，因为可供选择的方案越多，达到目标的成功概率也就越大。

3. 选择方案

一般而言，企业不可能将所有可供选择的方案都付诸实施。因此，各级管理者还需评价每种方案的实施可能性，选出能够最有效达到目标的方案。

在选择方案时，管理者必须考虑更多因素，例如所需的人员和资金、投资回报的时间、需要哪些部门的支持和配合、对员工个人的影响、获得的持续时间以及其他影响方案价值的因素等。

4. 制订实施方案的计划

各部门根据所选择的恰当方案，制订出按对应步骤排列的行动计划，通过有效汇总，形成整个企业的目标计划。

在实际操作中，不论是提出部门目标和计划的中层管理者，还是负责对之审查和批准的高级领导者，都应注意以下几点。

（1）分析按计划执行，是否有把握达到目标。如果不能，中层管理者就应对目标和计划重新制订，直到确保问题解决。

（2）检查所有可行的方案，是否能按时间表进行。

（3）是否已经形成了明确的时间进度表，并做过评价。

（4）所有与完成计划有关的工作人员，是否都能看懂该项计划。

（5）对可能利用到的资源，是否做出了合理利用规划。

完成上述步骤，企业就能准确设定目标管理计划，并使之在随后的企业发展中发挥出重要价值。

8.3.2　目标管理计划实施考核

目标管理计划得以实施是企业迈向成功经营的第一步。然而，如果缺失了对这一计划的有效考核，企业变革的路径也必将崎岖不平。

目标管理计划实施考核的阶段进程如表 8-2 所示。

1. 目标设定与数据统计分析

以年度计划为例，该阶段的考核重点为前 4 个月的计划实施内容。主要包括管理制度及组织、启动大会、现状调研情况和公司目标绩效指标建立情况。

考核内容为：分析精益目标管理推进委员会及架构搭建是否完整；目标管理系统导入动员培训是否取得应有效果；围绕现状调查进行的一系列战略统计、分析和选择是否忠实体现了企业的现状；从企业到部门的目标设定与绩效指标说明书是否建立起了操作性强的科学体系。

表8-2 目标管理计划实施考核的阶段进程表

目的/目标： 通过制定公司战略，明确公司经营方向及目标，通过对目标的逐级拆解，实现公司各层级工作方向的一致，实现公司合力和目标文化

实施课题

序号	实施课题
1	人力绩效考核制度建立：明确人员绩效战略考核目的及计算方法
2	公司战略制定：实现公司定位和战略发展方向，确定战略目标及实现方法
3	公司指标定义：确定目标观念，并基于目标的管理流程和数据统计方法
4	公司目标管理看板：中层管理人员目标分配及点检看板
5	公司课题管理：为达成挑战性目标而推进的全员课题管理方法

阶段实施内容 / 实施时程

序号	阶段实施内容	1月	2月	3月	4月	5月	6月	7月	8月	9月	10月	11月	12月	输出
一、	**目标设定与数据统计分析**													
1	精益目标管理推进委员会及架构搭建	■												管理制度及组织
2	目标管理系统导入动员培训		■											启动大会
3	现状调查、baseline统计、战略分析和战略选择、制定战略地图		■	■										现状调研报告
4	公司级、运营部门目标设定与绩效指标说明书建立及统计分析建立				■									公司目标绩效指标及绩效指标说明书
二、	**公司目标点检召开**													
5	目标绩效目视管理看板建立				■									目标管理点检看板
6	目标点检会制度导入与大会召开					■								目标点检大会
7	目标绩效管理制度建立与模拟核算				■	■								目标绩效管理制度
8	公司课题管理制度、FEA制度建立													FEA制度/课题备案
三、	**课题改善 评价与激励**													
9	专项目标达成课题推进及管理看板建立						■							课题管理看板
10	建立YB、GB、BB的评价考核制度和激励机制，普及班组长以上的YB培训										■	■		课题改善培训
11	课题评价与激励制机制实施/课题表彰大会											■		课题评价与表彰会

2. 公司目标点检

该阶段的考核重点为第 3 个、第 4 个和第 5 个月的计划执行情况。主要包括目标管理点检看板、目标点检大会、目标绩效管理制度、FEA 制度和课题备案情况。

考核内容为：企业及下属各部门是否建立了目标绩效目视管理看板；是否形成了目标点检会制度并召开大会进行宣传贯彻；是否建立了目标绩效管理制度并进行有效模拟核算；是否形成了公司课题管理制度和 FEA 制度。

3. 课题改善、评价激励

该阶段的考核重点为第 5 个月到第 12 个月的计划实施情况，该部分考核也是整个考核体系中的关键，主要包括课题管理看板、课题改善培训和课题评价与表彰大会。

考核内容为：是否围绕专项目标建立了课题推进及管理看板；有无建立 YB、GB、BB 的评价考核制度和激励机制，并对班组长以上举行 YB 培训；课题评价与激励的机制有无完备，是否召开了课题表彰大会等。